走吧!
一起用泰语去旅行!

璟玟 著

北京理工大学出版社
BEIJING INSTITUTE OF TECHNOLOGY PRESS

使用这本书的方式

适用对象
1. 想要具备初级泰语水平可以听说、阅读的人
2. 计划去泰国（自助）旅游的人

使用时机
1. 出国前针对语言能力及旅游情报进行准备
2. 带出国，在酒店临时恶补，或是放进包里带出门随时查阅

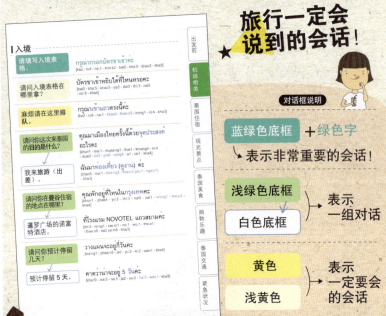

旅行一定会说到的会话！

对话框说明

蓝绿色底框 + 绿色字 → 表示非常重要的会话！

浅绿色底框 / 白色底框 → 表示一组对话

黄色 / 浅黄色 → 表示一定要会的会话

- 一定要会的基本会话，请见 25～29 页
- 会话内容涵盖多种情境
- 以中文句为主，方便读者查找

★ 本书附赠音频为MP3格式。
★ 音频即页码编号。

วิธีการใช้

★套上单词即可使用的万能句型

- 简短、实用的万能句型
- 补充可套用到句型里的单词
- 替换单词、补充实景照片

★在国外自助旅行一定会看到听到用到的单词

- 在泰国生活、游玩一定会用到的单词
- 单词搭配实景照片，更容易对照记忆
- 单词录音方式为 左→右 上→下

★旅游资讯与文化

- 补充实用的旅游资讯，提供规划行程的参考
- 讲述旅游中要知道的泰国文化
- 旅游心得或资讯补充笔记页，方便扩充资讯与记录

特别介绍 คำแนะนำ

泰语，是我们又熟悉又陌生的语言。我们熟悉泰语的外在（外形），但却对于它的内在（发音、组字规则）感到陌生。本书在最前面以简单明了的方式介绍泰语，让大家与泰语之间的距离更近一点，让在泰国旅行的乐趣更多一些！

★用拼音，便会发音

对于学习者来说，泰语是个看起来很复杂的语言，像毛毛虫般的字母连成一长串，要怎样才知道自己说到哪个字呢？如果整句话说不顺，对方会不会听不懂意思呢？

作者深知学习者的困扰，特在句子中以颜色标示出关键词，让你

1. 清楚表达句中的重点信息

2. 就算说不完整句话，也可以用关键词沟通

★ 蓝色字就是关键词

请问你在曼谷住宿的地点在哪里？	คุณพักอยู่ที่ไหนในกรุงเทพคะ [khun1 - phak4 - yu:2 - thi:3 - nai5 - nai1 - krung1 - the:p3 - kha4]
暹罗广场的诺富特酒店。	ที่โรงแรม NOVOTEL แถวสยามค่ะ [thi:3 - ro:ng1 - rae:m1 - no:1 - wo:1 - the:o1 - thae:o5 - sa2 ya:m5 - kha3]
请问你预计停留几天？	วางแผนจะอยู่กี่วันคะ [wa:ng1 - phae:n5 - ja2 - yu:2 - ki:2 - wan1 - kha4]

拼音中，若有“:”，则表示该发音要拉长音，而有“-”，则表示在这里可以略做停顿，如果没有“-”的话，则表示这是一个单词，要连在一起念，不能停顿与分开。

[**注意事项**]

泰语讲话都会有结尾，不同性别叫自己“我”的词汇也不同，例句中都以女生为主，男生则可以把“我”从 ฉัน [chan5] 换成 ผม [phom5]，结尾的 คะ [kha4] 或 ค่ะ [kha3]，换成 ครับ [khrab1] 就可以了。

泰语发音

先来认识泰语 |

泰语属于拼音文字，在说话发音上与中文最大的不同，就是中文的声调比较单纯平缓，要靠嘴型咬字清楚，才能传达你想要表达的句子。而泰国人在说话的时候声调高低起伏，靠声音的抑扬顿挫便能传达意思与说话时的情绪。

泰语"字"的组成 |

泰语主要有以下四大元素：

1. 辅音
泰语辅音共有 44 个，常用的大约只有一半，可以分成中音、高音、低音三组。

2. 元音
泰语元音基本上有 32 个。泰语字最基本的单位，必须由"辅音 + 元音"组成，才能构成基本且完整的一个字。

3. 尾音
由部分的辅音担任此角色。

4. 声调符号
如同注音的 ˊ（二声）、ˇ（三声）、ˋ（四声），用来表示不同的声调。不同中、高、低音的辅音，搭配声调符号时，会有不同的声调变化规则。

那么，要如何将上述的元素组成泰语文字呢？

以辅音为主角，搭配元音，就能完成一个最基本的单位了：

辅音：ก、ป、ม……

辅音+元音：กา、ปี、แม……

但有时候并不是有“辅音+元音”就足以表达所有的字，那么就要加上尾音与声调符号，要记得，声调符号永远在元音的上方：

辅音+元音+尾音： กาม、ปีน、แมน……

辅音+元音+尾音+声调： ก้าม、ปี๊น、แม่น……

声调符号 |

泰语有五种声调、四种符号，声调符号的位置在辅音的上方，若辅音上方有元音的话，声调符号则要在元音的上方。

中音、高音、低音的不同声调变化规则：

中音和高音的第一声是中平声，念起来像没有语气的音调。

中音的第四声和低音的第三声属于高升音调，像中文注音的第一声。

项目	第一声	第二声	第三声	第四声	第五声
声调符号	（不标示）	่	้	๊	๋
中音辅音	กา [ka:1]	ก่า [ka:2]	ก้า [ka:3]	ก๊า [ka:4]	ก๋า [ka:5]
高音辅音	สา [sa:5]	ส่า [sa:2]	ส้า [sa:3]		
低音辅音	มา [ma:1]	ม่า [ma:3]	ม้า [ma:4]		

泰语字母"辅音表"

ก [k] 中	ข [kh] 高	ฃ [kh] 高	ค [kh] 低	ฅ [kh] 低
ฆ [kh] 低	ง [ng] 低	จ [j] 中	ฉ [ch] 高	ช [ch] 低
ซ [s] 低	ฌ [ch] 低	ญ [y] 低	ฎ [d] 中	ฏ [t] 中
ฐ [th] 高	ฑ [th] 低	ฒ [th] 低	ณ [n] 低	ด [d] 中
ต [t] 中	ถ [th] 高	ท [th] 低	ธ [th] 低	น [n] 低
บ [b] 中	ป [p] 中	ผ [ph] 高	ฝ [f] 高	พ [ph] 低
ฟ [f] 低	ภ [ph] 低	ม [m] 低	ย [y] 低	ร [r] 低
ล [l] 低	ว [w] 低	ศ [s] 高	ษ [s] 高	ส [s] 高
ห [h] 高	ฬ [l] 低	อ [无] 中	ฮ [h] 低	

泰语字母“元音表”

◌ะ [a]	◌า [a:]	◌ิ [i]	◌ี [i:]	◌ึ [ue]	◌ือ [ue:]
◌ุ [u]	◌ู [u:]	เ◌ะ [e]	เ◌ [e:]	แ◌ะ [ae]	แ◌ [ae:]
เ◌ียะ [ia]	เ◌ีย [ia:]	เ◌ือะ [uea]	เ◌ือ [uea:]	◌ัวะ [ua]	◌ัว [ua:]
โ◌ะ [o]	โ◌ [o:]	เ◌าะ [or]	◌อ [or:]	เ◌อะ [oe]	เ◌อ [oe:]
◌ำ [am]	ไ◌ [ai]	ใ◌ [ai]	เ◌า [ao]	ฤ [rue4]	ฤๅ [rue:1]
ฦ [lue4]	ฦๅ [lue:1]				

泰语数字　ตัวเลข

泰语数字

　　泰语数字，常见于观光景点的价目表上，当价格分本地人价与外国游客价时，本地人价通常会用泰语数字标示，而外国游客价则使用阿拉伯数字。泰语数字的使用方法和阿拉伯数字的用法相同。

๑ หนึ่ง [nueng2]	๒ สอง [sor:ng5]	๓ สาม [sa:m5]	๔ สี่ [si:2]	๕ ห้า [ha:3]
1	2	3	4	5
๖ หก [hok2]	๗ เจ็ด [jet2]	๘ แปด [pae:t2]	๙ เก้า [kao3]	๐ ศูนย์ [su:n5]
6	7	8	9	0

目录

สารบัญ

Chapter 1 出发前 ▸001

- 赴泰国旅游基本介绍 ▸002
- 一定要会的基本招呼语 ▸011

Chapter 2 机场相关 ▸017

- 准备出发去泰国 ▸018
  [情境] 订机票、柜台报到、行李托运、安全检查
- 顺利抵达泰国了▸028
  [情境] 准备登机、飞机服务、飞机餐点、入境、领取行李、离开机场

Chapter 3 泰国住宿 ▸039

- 先去酒店办理入住吧 ▸040
  [情境] 订房间、酒店入住、房间介绍、早餐介绍、询问服务
- 退房，往下个地点前进 ▸052
  [情境] 客房服务、寻求帮忙、赞美与抱怨、退房

Chapter 4 观光景点 ▸061

- 体验当地的风土民情 ▸062
  [情境] 在游客服务中心、在展览馆、展览馆里参观、参观庙宇
- 徜徉在自然美景中 ▸074
  [情境] 参观风景名胜、沙滩与潜水、一日游行程、纪念品专卖店

Chapter 5 泰国美食 ▸89

- 去餐厅吃地方特色美食 ▸90
  [情境] 等位、点餐、特殊需求

011

目录 สารบัญ

• 便利商店也有好吃的 ▸ 106

［情境］点鲜食、询问店员、结账、吃吃喝喝

• 下午茶时间补充能量 ▸ 116

［情境］咖啡店、下午茶、路边点心、路边小吃

Chapter 6 购物乐趣 ▸ 133

• 去百货公司大采购 ▸ 134

［情境］解决手机问题、百货公司服务台、百货公司专柜 / 品牌专卖店、试穿、结账、退税

• 享受逛街的乐趣 ▸ 149

［情境］了解折扣规则、脸部美容保养、身体保养用品、药品店、伴手礼大采购

Chapter 7 泰国交通 ▸ 169

• 坐地铁就能到处走走逛逛 ▸ 170

［情境］买票、自动售票机、询问路线、机场轻轨、BRT

• 尝试不同的交通方式 ▸ 182

［情境］公交车、双条车、出租摩托车、出租汽车、船、小巴士、大巴士

Chapter 8 紧急状况 ▸ 201

• 换钱、取钱，一次搞定 ▸ 202

［情境］换钱、跨国提款、汇款、信用卡挂失

• 寄信和纪念品回家 ▸ 212

［情境］寄信和明信片、寄包裹

• 应对特殊情况 ▸ 220

［情境］东西丢失、遭到盗窃、发生意外、生病就医、打电话

Chapter 1 出发前

去泰国之前，先了解泰国的基本信息。在这一章里，除了简单介绍泰国、推荐泰国具有代表性的都市和景点之外，还会介绍去泰国不可不知的会话。

เที่ยวเมืองไทย...ไปด้วยกัน!
[thia:o3 - muea:ng1 thai1... pai1 - duai3 - kan1]
去泰国玩……一起走吧！

赴泰国旅游基本介绍

介绍泰国

泰国，旧称"暹罗"，于1939年6月24日改国名为"泰"，有"自由"之意。

泰国国境分为北、东北、西、中、东、南六大部分，国土面积约513 120平方千米。全国划分为77个府（"府"相当于中国的"省"），其中"曼谷府"为特别行政区。首都"曼谷"位于整个国家的中央位置。因位于中南半岛的地理位置，形成多种民族的多元文化。泰国国旗有三种颜色，红色代表国土与民族，白色代表宗教，蓝色代表皇室。

基本资讯

人 口	6 512 万人
官方语言	泰语
政治体制	君主立宪制
主要宗教	南传佛教
首 都	曼谷
地理最高点	因他暖山（海拔 2 565 米）
时 区	UTC+7 比中国晚 1 个小时
电 压	220V
道路通行方向	靠左行驶

泰国货币

纸 币

泰国市面流通的纸币，主要面额有 20 铢、50 铢、100 铢、500 铢、1 000 铢。泰国中央银行发行新款货币时，并不会强制回收旧款纸币，所以市面上会看到两种同额不同款的纸币，它们都可以合法流通使用。

硬 币

硬币则有 10 铢、5 铢、2 铢、1 铢、50 分、25 分共 6 种。（1 铢 = 100 分）

铢：บาท [ba:t2]

分：สตางค์ [sa2 ta:ng1]

出发前 | 机场相关 | 泰国住宿 | 观光景点 | 泰国美食 | 购物乐趣 | 泰国交通 | 紧急状况

泰国美食

泰国菜肴口味偏酸、辣，口味较重，按烹饪方式分为热炒、油炸、凉拌、汤品、生菜等，因地处热带地区的缘故，许多食材可以逼汗驱热。泰国甜食和饮料讲求香、甜的双重享受，常见的成分有砂糖、炼乳、椰奶，对中国人习惯的口味而言，属于甜死人不要命的程度（但还是会忍不住一口接一口地喝）。

宋丹（ส้มตำ [som3 – tam1]）

又称“青木瓜沙拉”，所使用的材料几乎不含油脂，是女孩们的减肥圣品。口味酸咸中带有甜味，通常搭配白糯米和烤鸡一起享用。

炒河粉（ผัดไทย [phat2 – thai1]）

炒河粉的起源为第二次世界大战时，泰国经济衰退，米饭价格贵，因此当时的总理鼓励泰国人食用面食。泰国炒河粉模仿中式炒面，将常见的河粉加入豆芽、虾米等一起炒，搭配韭菜、柠檬一起食用，营养均衡，也因此为这道料理提高了知名度。

冬阴功汤（ต้มยำกุ้ง [tom3 – yam1 – gung3]）

分清汤与浓汤，其中差别在于浓汤加椰奶，多了一层口感。口味酸辣咸，可依照个人喜好调整成分和口味比例。冬阴功汤通常会加许多药材类的食材，营养丰富，冬天喝了可以暖身。冬阴功汤曾于 2011 年获选为 CNN 调查全球最好吃的美食第八名。

绿咖喱汤（แกงเขียวหวาน [kae:ng1 – khia:o5 – wa:n5]）

顾名思义是绿色的咖喱料理，其颜色来自绿色小辣椒，加入椰奶添加香甜度，通常还会加入鸡肉、猪肉、牛肉等，搭配白饭一起食用。绿咖喱也可以做成炒饭，或做蘸酱食用，搭配生菜或烫青菜。

玛莎曼咖喱（แกงมัสมั่น [kae:ng1 – mat4 – sa2 – man3]）

被誉为咖喱美食之王，甚至获选为 CNN 调查全球最好吃的美食第一名。玛莎曼源自马来族的食物，泰式的玛莎曼加的水比较多，口味咸中带酸甜，搭配白饭一起食用。在国内的泰式餐厅不容易点到这道美食，既然到了泰国，当然不可错过！

杧果糯米（ข้าวเหนียวมะม่วง [kha:o3 – nia:o5 – ma4 – mua:ng3]）

浓浓的椰奶味糯米，淋上浓郁的椰奶酱，搭配香甜的杧果，味道十分好。即使小小一份，吃起来饱腹感也非常强，需要注意的一点是，可别不小心吃太多了，因为它的热量非常高。

庙宇礼仪

泰国随处可见大大小小的庙宇,当地人对僧人特别尊重,也有非常多礼仪需要遵守。以下针对游客易疏忽的事项,特别提醒。

- 女生不可以触碰到僧人。
- 去寺庙或拜佛须注意穿着,可以穿拖鞋,但衣着不可裸露(短裤、短裙、无袖、低胸都是禁止的),也不要穿着太薄、花俏、性感、紧身、洞洞装、露大腿、露腰、细肩带的服装。不建议穿高跟鞋。
- 要保持肃静与清洁,不可以出现唱歌或跳舞等娱乐行为。
- 禁止吸烟、喝酒,以及一切违法的行为。
- 情侣不应手牵手,或出现亲昵举止。
- 脚部(脚踝以下)不应抬太高,泰国人认为脚属于较脏的部位,因此不要随便把脚踩在佛塔、墙壁、门槛或座位上,即使已经脱鞋或自认为脚已经洗干净了,也不适合。

一些庙宇会收取门票费用,但会出现游客价和当地人价两种标准,主要是因为泰国人到庙里时,通常会主动添香、添加香油钱,这些香油钱都是庙宇用来维护、修缮的重要资金来源,往往游客会疏忽或不知道,因此庙宇会对外国游客收取门票钱。虽然会有游客靠跟当地人一起买票进入,可以省一些钱,但仍希望大家遵守规定进入寺庙。

提醒一下,如果认为到了泰国没人听得懂你讲的中文,那你可就大错特错了。在泰国,不仅有大学设有中文系,就连部分高中学校也有中文课程,所以不少人都懂中文。如果想在泰国说悄悄话,记得要声音小一点,毕竟想用中文正式交流或许有限,但是讲坏话可能会被听出来的。

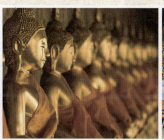

泰国热门观光城市介绍

曼谷（Bangkok กรุงเทพ）

曼谷是泰国首都，是泰国最发达的地方，也是泰国唯一有轻轨和地铁的城市。建议尽量利用快轨和地铁出行，这样至少避免在路上堵车。许多购物商场、大卖场、夜市、酒店也都沿着轻轨与地铁路线开设。如果你有一周的时间可以游玩，想要逛街、拜佛、欣赏艺术展览、按摩等，来曼谷就对了！

曼谷是泰国非常重要的旅游城市，许多地方都会有双语（泰语、英语）标示。现在的曼谷为了迎接众多的中国游客，在很多地方增加了中文的标志，就连一些餐厅的菜单也会加注中文。

推荐景点：喜欢购物的人可以去JJ周末市集、Central World 购物商圈、SIAM 购物商圈、水门成衣批发市场。喜欢拜佛的人可以去四面佛、玉佛寺、卧佛寺、黎明寺（郑王庙）。喜欢看艺术展览的人可以去 TCDC 和 BACC。喜欢文化之旅的人可以去柚木行宫、暹罗博物馆。喜欢逛夜市的人可以去 Asiatique 码头夜市、火车市集，以及新开的 ArtBox 市集。喜欢享受夜生活的人，不要错过 RCA。

清迈（Chiang Mai เชียงใหม่）

清迈是泰国北部最大的历史文化城市，气候宜人，冬暖夏凉。市区集中在旧城区，旧城区仍保留着古代的城墙、城门、护城河等，寺庙也相当密集，艺廊大多集中在这一区。

推荐景点：素贴寺（วัดพระธาตุดอยสุเทพ）、柴迪隆寺（วัดเจดีย์หลวงวรวิหาร）、松达寺（วัดสวนดอก）、帕邢寺（วัดพระสิงห์วรมหาวิหาร）。喜欢逛夜市的游客不可错过周末夜市和清迈大学对面的 CMU Night Market。来到清迈一定要去 Nim man hae min 路（ถนนนิมมานเหมินท์），最潮的餐厅都集中在此地。

普吉（Phuket ภูเก็ต）

普吉位于泰国南部，靠近安达曼海，是泰国最大的岛屿，自成一个"府"。这里拥有丰富的自然资源，是世界知名的热带度假胜地，许多电影、电视剧都曾经在此地取景。几十年来，由于旅游，这里已经形成多元文化。普吉周边有很多小岛，出海、浮潜也是很棒的选择。

推荐行程：Simon Cabaret 变性人表演秀、幻多奇主题乐园（Phuket FantaSea）。附近还有攀牙府与甲米府的小岛，景点也不错，可浮潜、喂鱼、玩拖曳伞、参观蝙蝠洞和燕窝洞等。

芭提雅（Pattaya พัทยา）

从曼谷开车约 2 小时，就可以到这座阳光、沙滩、夜店、购物一应俱全的海边城镇。芭提雅分成北、中、南和中天区。其中，中天区比较宁静悠闲，最热闹的地方则属南芭提雅。

推荐景点：Walking Street、芭提雅沙滩、格兰岛、Tiffany 秀、Alcazar Cabaret 秀（变性人表演秀）、Royal Garden 购物商场。

华欣（Huahin หัวหิน）

华欣距曼谷3小时车程，这里是泰国王室的避暑胜地，也是国际知名的旅游景点。在华欣，有大小石头分布在沙滩上，这是当地的特色景点，也是游客一定要拍照的地方。

推荐景点：华欣沙滩、华欣火车站、Plearn Wan复古市集（เพลินวาน）、Sam Phan Nam水上市场（สามพันนาม）、大象村（หมู่บ้านช้าง）、汇蒙空寺（วัดห้วยมงคล）、Hin Lek Fai观景处（จุดชมวิวเขาหินเหล็กไฟ）、The Venezia市集。

北碧府（Kanchanaburi กาญจนบุรี）

北碧府位于曼谷以西128千米，多处为高山地形，在第二次世界大战期间，日军为了修建铁路到达缅甸，命令战俘进行施工，但是因地形环境恶劣，牺牲数万人，后来这一条铁路又被称为"死亡铁路"。因为这样的战争背景，北碧府有不少关于纪念战争的景点，如闻名世界的"桂河大桥"。此外，北碧府有许多自然景观，如森林、山洞、瀑布、热喷泉、国家公园等。在水上竹屋用餐或住宿，也是不可错过的体验。

推荐景点：死亡铁路、桂河、狮城历史国家公园（อุทยานประวัติศาสตร์เมืองสิงห์）、艾拉弯国家公园（อุทยานแห่งชาติเอราวัณ）、诗娜卡琳水坝国家公园（อุทยานแห่งชาติเขื่อนศรีนครินทร์）、赛右国家公园（อุทยานแห่งชาติไทรโยค）。

素可泰（Sukhothai สุโขทัย）

素可泰位于曼谷以北约422千米，是泰国历史上第一个王朝的首都所在地。素可泰王朝存在于1249年至1583年，其在泰国历史上具有极重要的历史地位，"素可泰历史遗迹公园"被联合国教科文组织列为世界文化遗产。到素可泰参观世界文化遗产，可以感受壮观的历史与静置近千年的痕迹。

推荐景点：素可泰历史遗迹公园（อุทยานประวัติศาสตร์ สุโขทัย）、玛哈泰寺（วัดมหาธาตุ）、西撒查纳莱历史公园（อุทยานประวัติศาสตร์ ศรีสัชนาลัย）、兰坎亨国家公园（อุทยานแห่งชาติรามคำแหง）。

大城府（Ayutthaya อยุธยา）

大城府又称“阿育他耶府”，是素可泰王朝后期与其同时存在的阿育陀耶王朝的所在地，华人习惯把这里称为“大城府”。大城府距离曼谷约 76 千米，在历史上有重要的地位，经济也相当发达。“大城历史遗迹公园”于 1991 年被联合国教科文组织正式列为世界遗产。

推荐景点：玛哈泰寺（วัดมหาธาตุ）、拉查布拉娜寺（วัดราชบูรณะ）、柴瓦塔那兰寺（วัดไชยวัฒนาราม）、落卡雅素塔兰寺（วัดโลกยสุธาราม）、崖柴蒙空寺（วัดใหญ่ชัยมงคล）、金山塔（เจดีย์ภูเขาทอง）。

签证须知

泰国旅游签证，可以到泰国驻华使馆或指定机构办理，停留期限不超过 60 天，可以亲自办理，也可以委托旅行社代办。

如果想快速前往，也可以准备好材料，打印好返程机票行程单，到泰国办理落地签证。目前，泰国主要的国际机场都可以办理落地签证。到泰国办理落地签，先要用英语填表，如果英语不好，最好在国内办理签证。在泰国办理落地签，填好表后就可以排队了，人少时，很快就办理了，人多时，会等半个小时以上。

自 2015 年 9 月起，泰国针对 19 个国家开放线上申请落地签证，可以先在线上填写资料，完成后将申请表打印出来，入境泰国时在“Visa on Arrival”出示护照与回程的机票证明，便可快速办好落地签。

泰国主要的节日

1 月	元旦
2 月	中国春节、万佛节
4 月	泼水节
5 月	春耕节、佛祖诞辰日
6 月	鬼面节（黎府）
7 月	佛祖开示纪念日
8 月	母亲节
10 月	五世王纪念日
11 月	水灯节、天灯节（清迈）、大象节（素辇）
12 月	父亲节、宪法纪念日

- 泰国普遍使用佛历与公历，日和月皆相同，年的算法则是：佛历－543＝公历。例如：公历若为 2016 年，加上 543 年就是佛历 2559 年。

- 泰国的日期格式一律为：日／月／年。

关于小费

许多国家都有付小费或服务费的文化，泰国也不例外，一般在餐厅消费中已经包含了 10% 的服务费（Service Charge ค่าบริการ），这种情况通常不需要另外给小费，除非你对服务员很满意，希望能用小费作为鼓励，想多给也没有关系。

泰国的小费文化并没有约定的价码，但你若希望不失礼，建议给小费的金额为总消费金额的 5%～15%，依满意程度而定。泰国大部分的服务员都是领日薪（休假日无薪），因此小费通常是他们重要的收入来源。

像打扫房间的清洁员，你可以在床头放 20～100 铢的纸钞作为小费（不建议放铜板），你可以根据酒店等级、对清洁员是否有额外的要求，或房间脏乱的程度而决定给多少小费。

到餐厅用餐结账后，当服务员把找的钱拿给你时，可以只取回纸钞，剩余的零钱可当作给他的小费。如果你对其他服务员的服务也很满意的话，也可以另外给他 20～100 铢纸钞。顺口说一声 ขอบคุณค่ะ / ครับ [khor:b2 - khun1 - kha3] / [khor:b2 - khun1 - khrab1] 也会让他们心情大好。

一定要会的基本招呼语

日常生活中常见的招呼语

你好。
สวัสดี
[sa2 - wat2 - di:1]

早安。
อรุณสวัสดิ์
[a2 - run1 - sa2 - wat2]

晚安。
ราตรีสวัสดิ์
[ra:1 - tri:1 - sa2 - wat2]

拜拜。
บ๊ายบาย
[ba:i4 - ba:i1]

再见。
ไว้เจอกัน
[wai4 - joe:1 - kan1]

先走了。
ไปก่อนนะ
[pai1 - kor:n2 - na4]

常用的表达感谢与道歉

谢谢你。
ขอบคุณ
[khor:b2 - khun1]

非常感谢你。
ขอบคุณมากๆ
[khor:b2 - khun1 - ma:k3 - ma:k3]

对不起 / 不好意思。
ขอโทษ
[khor:5 - tho:t3]

不是的。
ไม่ใช่
[mai3 - chai3]

不用客气。
ไม่ต้องเกรงใจ
[mai3 - tor:ng3 - kre:ng1 - jai1]

麻烦你了。
รบกวนด้วยนะ
[rob4 - kua:n1 - duai3 - na4]

没关系。
ไม่เป็นไร
[mai3 - pen1 - rai1]

是的。
ใช่
[chai3]

常用的问句

谁?
ใคร
[khrai1]

哪里?
ที่ไหน
[thi:3 - nai5]

什么?
อะไร
[a1 - rai1]

什么时候?
เมื่อไหร่
[muea:3 - rai2]

怎么样了?
เป็นยังไง
[pen1 - yang1 - ngai1]

为什么?
ทำไม
[tham1 - mai1]

常用的语句

你来自哪里?
คุณมากจากไหนคะ
[khun1 - ma:1 - ja:k2 - nai5 - kha4]

我来自清迈。
ฉันมาจากเชียงใหม่ค่ะ
[chan4 - ma:1 - ja:k2 -chi:ang1 - mai2 - wan5 - kha3]

很高兴认识你。
ยินดีที่ได้รู้จักค่ะ
[yin1 - di:1 - thi:3 - dai3 - ru:4 - jak2 - kha3]

你几岁?
คุณอายุเท่าไหร่คะ
[khun1 - a:1 - yu4 - thao3 - rai2 - kha4]

你叫什么名字?
คุณชื่ออะไรคะ
[khun1 - chue:3 - a1 - rai1 - kha4]

我 25 岁。
ฉันอายุ 25 ปีค่ะ
[chan4 - a:1 - yu4 - yi:3 - sib2 - ha:3 - pi:1 - kha3]

我叫 Summer。
ฉันชื่อซัมเมอร์ค่ะ
[chan4 - chue:3 - sam1 moe:3 - kha3]

请求帮忙的会话

不好意思／对不起。
ขอโทษนะคะ
[khor:5 - tho:t3 - na4 - kha4]

可以请你再说一次吗?
ช่วยพูดอีกครั้งได้ไหมคะ
[chuai3 - phu:t3 - i:k2 - krang4 - dai3 - mai5 - kha4]

有这个东西吗?
มีอันนี้ไหมคะ
[mi:1 - an1 - ni:4 - mai5 - kha4]

这里有会说中文（英语）的人吗?
ที่นี่มีคนพูดภาษาจีน (ภาษาอังกฤษ) ได้ไหมคะ
[thi:3 - ni:3 - mi:1 - khon1 - phu:t3 - pha:1 sa:5 ji:n1 (pha:1 sa:5 ang1 krit2) - dai3 - mai5 - kha4]

帮帮我／救命。
ช่วยด้วย
[chuai3 - duai3]

可以麻烦你说慢一点吗?
ช่วยพูดช้าๆได้ไหมคะ
[chuai3 - phu:t3 - cha:4 cha:4 - dai3 - mai5 - kha4]

我不懂你的意思。
ฉันไม่ค่อยเข้าใจที่คุณพูด
[chan5 - mai3 - khor:i3 - khao3 - jai1 - thi:3 - khun1 - phu:t3]

能请你写在纸上吗?
ช่วยเขียนบนกระดาษได้ไหมคะ
[chuai3 - khi:an5 - bon1 - kra2 - da:d2 - dai3 - mai5 - kha4]

可以请你帮忙吗?
รบกวนคุณช่วยฉันหน่อยได้ไหมคะ
[rob4 - kua:n1 - khun1 - chuai3 - chan5 - nor:i2 - dai3 - mai5 - kha4]

能请你带我去吗?
ช่วยพาฉันไปหน่อยได้ไหมคะ
[chuai3 - pha:1 - chan5 - pai1 - nor:i2 - dai3 - mai5 - kha4]

我需要帮忙。
ฉันต้องการความช่วยเหลือ
[chan5 - tor:ng3 - ka:n1 - khwa:m1 - chuai3 - luea:5]

出发前 | 机场相关 | 泰国住宿 | 观光景点 | 泰国美食 | 购物乐趣 | 泰国交通 | 紧急状况

♪ 013

旅游中不可不知的会话

结账。
เช็คบิลค่ะ
[chek1 - bin1 - kha3]

这个多少钱?
อันนี้เท่าไหร่คะ
[an1 - ni:4 - thao3 - rai2 - kha4]

算钱。
คิดเงินค่ะ / เก็บตังค์ค่ะ
[khit4 - ngoe:n1 - kha3] /
[keb2 - tang1 - kha3]

可以用信用卡(现金)结账吗?
ชำระเป็นบัตรเครดิต (เงินสด) ได้ไหมคะ
[cham1 - ra4 - pen1 - bat2 khre:1 dit2 (ngoe:n1 sot2) - dai3 - mai5 - kha4]

可以试吃吗?
ขอลองชิมได้ไหมคะ
[khor:5 - lor:ng1 - chim1 - dai3 - mai5 - kha4]

现在有折扣吗?
ตอนนี้มีโปรโมชั่นไหมคะ
[tor:n1 - ni:4 - mi:1 - pro:1 - mo:1 - chan3 - mai5 - kha4]

你想要这个吗?
คุณอยากได้อันนี้ไหมคะ
[khun1 - ya:k2 - dai3 - an1 - ni:4 - mai5 - kha4]

可以试穿吗?
ขอลองใส่ได้ไหมคะ
[khor:5 - lor:ng1 - sai2 - dai3 - mai5 - kha4]

♪ 014

好的。
ได้ค่ะ
[dai3 - kha3]

没问题。
ไม่มีปัญหาค่ะ
[mai3 - mi:1 - pan1 - ha:5 - kha3]

不用了。
ไม่ต้องค่ะ
[mai3 - tor:ng3 - kha3]

要点餐了。
จะสั่งอาหารค่ะ
[ja1 - sang2 - a:1 - ha:n5 - kha3]

请问有位置吗？
ไม่ทราบว่ามีโต๊ะว่างไหมคะ
[mai3 - sa:p3 - wa:3 - mi:1 - to4 - wa:ng3 - mai5 - kha4]

我想要买饮料。
ฉันอยากไปซื้อน้ำค่ะ
[chan5 - ya:k2 - pai1 - sue:4 - nam4 - kha3]

我考虑一下。
ขอคิดดูก่อนนะคะ
[khor:5 - khit4 - du:1 - kor:n2 - na4 - kha4]

可以打包回家吗？
ห่อกลับบ้านได้ไหมคะ
[hor:2 - klab2 - ba:n3 - dai3 - mai5 - kha4]

出发前 | 机场相关 | 泰国住宿 | 观光景点 | 泰国美食 | 购物乐趣 | 泰国交通 | 紧急状况

♪ 015

一定要会的句型	适用状况
请给我_____。 ขอ_____หน่อยค่ะ [khor:5 _____ nor:i2 - kha3]	适用于想要索取物品的场合，空白处可填上动词或名词，例如：点餐、购物、看账单、想买的东西、想索取的物品。
_____在哪里？ _____อยู่ไหนคะ [_____ yu:2 - nai5 - kha4]	迷路时可使用的句型，只要填入想去的地点就可以了。空格也可放想买的物品、想找的人。
你们有_____吗？ คุณมี_____ไหมคะ [khun1 - mi:1 _____ mai5 - kha4]	在商场找寻某种物品时，会花太多时间在"寻找"上，便可以用这句直接询问店员。
我在找_____。 ฉันกำลังหา_____อยู่ [chan5 - kam1 - lang1 - ha:5 _____ yu:2]	寻找地点、寻找物品、寻找想买的东西……都可以使用这个句型。
_____多少钱？ _____เท่าไหร่ [_____ thao3 - rai2]	此句型适用于询问价钱，如果不确定想买的物品该怎么说，也可以直接说"อันนี้เท่าไหร่คะ [an1 - ni:4 - thao3 - rai2 - kha4]"
我可以_____吗？ ฉันขอ_____ได้ไหม [chan5 - khor:5 _____ dai3 - mai5]	不确认是否可以做某些事情（例如：拍照、预约……）时，可以询问服务人员。
可以麻烦你帮忙_____吗？ คุณช่วย _____ ให้หน่อยได้ไหม [khun1 - chua:i3 _____ hai3 - nor:i2 - dai3 - mai5]	需要他人帮助时，可以使用这个句型，空格中可填入想请对方帮忙的事情。

Chapter 2 机场相关

去泰国之前,首先要处理的就是机票和签证问题。在中国买机票可以用中文,但是当你在泰国国内的航班上,就不能不知道以下的对话了。无论是一般的航空公司还是廉价航空公司,基本的订票与出入境程序都差不多,出国前需要先研究航空公司的规定以及泰国入境时需要注意的事项。

ยินดีต้อนรับสู่ประเทศไทย
[yin1 - di:1 - tor:n3 - rab4 - su:2 - pra1 - the:t3 - thai1]
泰国欢迎您!

准备出发去泰国

订机票

我想订一张飞往曼谷的**机票**。	ฉันอยากจองตั๋วเครื่องบินไปกรุงเทพ 1 ใบค่ะ [chan5 - ya:k2 - jor:ng1 - tua:5 - khruea:ng3 - bin1 - pai1 - krung1 - the:b3 - nueng2 - bai1 - kha3]
飞往清迈的最早**班机**是几点呢？	เที่ยวบินไปเชียงใหม่เที่ยวแรกกี่โมงหรอคะ [thi:ao3 - bin1 - pai1 - chi:ang1 - mai2 - thi:ao3 - rae:k3 - ki:2 - mo:ng1 - ror:5 - kha3]
有 2 月 26 日早上的航班吗？	มีเที่ยวบินของวันที่ 26 กุมภาพันธ์รอบเช้าไหมคะ [mi:1 - thi:ao3 - bin1 - khor:ng5 - wan1 - thi:3 - yi:3 sib2 hok2 - kum1 pha:1 phan1 - ror:b3 - chao4 - mai4 - kha4]
飞机是降落在素万那普**机场**吗？	เครื่องบินลงจอดที่สนามบินสุวรรณภูมิใช่ไหมคะ [khruea:ng3 - bin1 - long1 - jor:t2 - thi:3 - sa2 na:m5 bin1 - su2 wan1 na1 phu:m1 - chai3 - mai5 - kha4]
现在**订票**有优惠吗？	จองตั๋วตอนนี้มีโปรโมชั่นไหมคะ [jor:ng1 - tua:5 - tor:n1 - ni:4 - mi:1 - pro:1 - mo:1 - chan3 - mai4 - kha4]
飞机几点出发？	เครื่องบินออกกี่โมงคะ [khruea:ng3 - bin1 - aor:k2 - ki:2 - mo:ng1 - kha4]
飞机几点**降落**？	เครื่องบินลงจอดกี่โมงคะ [khruea:ng3 - bin1 - long1 - jor:t2 - ki:2 - mo:ng1 - kha4]
可以请你解释订票**流程**吗？	รบกวนคุณช่วยอธิบายขั้นตอนการจองตั๋วได้ไหมคะ [rob4 - kua:n1 - khun1 - chuai3 - a1 thi4 ba:i1 - khan3 - tor:n1 - ka:n1 - jor:ng1 - tua:5 - dai3 - mai5 - kha4]

♪ 018

我要在几日前完成开票呢？	ฉันต้อง<u>ออกตั๋ว</u>ก่อนวันที่เท่าไหร่คะ [chan5 - tor:ng3 - aor:k2 - tua:5 - kor:n2 - wan1 - thi:3 - thao3 - rai2 - kha4]
红眼航班会**比较便宜**吗？	เที่ยวบินรอบเช้าสุด หรือรอบดึกสุด ราคาจะ<u>ถูกกว่า</u>ไหมคะ [thi:ao3 - bin1 - ror:b3 - chao4 - sut2 rue:5 - ror:b3 - duek2 - sut2 ra:1 ka:1 - ja2 - thu:k2 - kwa:2 - mai5 - kha4]
机票多少钱？	ตั๋วเครื่องบินราคาเท่าไหร่คะ [tua:5 - khruea:ng3 - bin1 - ra:1 ka:1 - thao3 - rai2 - kha4]
费用已经包含所有**税金**了吗？	ราคานี้รวม<u>ค่าภาษี</u>ทุกอย่างหรือยังคะ [ra:1 ka:1 - ni:4 - rua:m1 - kha:3 - pha:1 si:5 - thuk4 - ya:ng2 - rue:5 - yang1 - kha4]
我的飞机餐想要订**素食**餐。	อาหารบนเครื่องฉันอยากจองอาหาร<u>มังสวิรัติ</u> [a:1 - ha:n5 - bon1 - khruea:ng3 - chan5 - ya:k2 - jor:ng1 - a:1 - ha:n5 - mang1 - sa2 - wi4 - rat4]

▎柜台报到

你好，我要办理**报到**。	สวัสดีค่ะ ฉันต้องการ<u>เช็คอิน</u> [sa2 - wat2 - di:1 - kha3 - chan5 - tor:ng3 - ka:n1 - chek4 - in1]
请问是在这里报到吗？	ไม่ทราบว่าเช็คอินที่นี่หรือเปล่าคะ [mai3 - sa:p3 - wa:3 - chek4 - in1 - thi:3 - ni:3 - rue:5 - plao2 - kha4]
请问 CI0836 班机到哪里报到？	ไม่ทราบว่าเที่ยวบิน CI0836 ต้องไปเช็คอินตรงไหนคะ [mai3 - sa:p3 - wa:3 - thi:ao3 - bin1 - si:1 ai1 pae:t2 sa:m5 hok2 - tor:ng3 - pai1 - chek4 - in1 - trong1 - nai5 - kha4]

♪019

走吧！一起用泰语去旅行！

请问华航的**柜台**在哪里？	ไม่ทราบว่าเคาน์เตอร์ของสายการบิน China Airlines อยู่ตรงไหนคะ [mai3 - sa:p3 - wa:3 - khao4 toe:3 - khor:ng5 - sa:i5 ka:n1 bin1 - chai1 na:3 ae:1 lai1 - yu:2 - trong1 - nai5 - kha4]
请问 IT506 开始报到了吗？	เที่ยวบิน IT506 เปิดให้เช็คอินได้หรือยังคะ [thi:ao3 - bin1 - ai1 thi:1 ha:3 su:n5 hok2 - poe:t2 - hai3 - chek4 - in1 - dai3 - rue:5 - yang1 - kha4]
ZV008 航班的**旅客**请到柜台报到。	ท่านผู้โดยสารของเที่ยวบิน ZV008 กรุณาเช็คอิน ที่เคาน์เตอร์ได้แล้วค่ะ [tha:n3 - phu:3 - do:i1 - sa:n5 - khor:ng5 - thi:ao3 - bin1 - sae:t3 wi:1 su:n5 su:n5 pae:t2 - ka2 - ru4 - na:1 - chek4 - in1 - thi:3 - khao4 toe:3 - dai3 - lae:o4 - kha3]
7:05 飞往清迈的旅客请到柜台。	ท่านผู้โดยสารที่จะบินไปเชียงใหม่ ณ เวลา 7:05 ขอเชิญที่เคาน์เตอร์ค่ะ [tha:n3 - phu:3 - do:i1 - sa:n5 - thi:3 - ja2 - bin1 - pai1 - chi:ang1 - mai2 - na4 - we:1 la:1 - jet2 - na:1 - li4 - ka:1 - ha:3 - na:1 - thi:1 - khor:5 - choe:n1 - thi:3 - khao4 toe:3 - kha3]
你想要靠窗位置还是靠过道的？	คุณอยากได้ที่นั่งติดหน้าต่าง หรือริมทางเดินคะ [khun1 - ya:k2 - dai3 - thi:3 - nang3 - tit2 - na:3 - ta:ng2 - rue:5 - rim1 - tha:ng1 - doe:n1 - kha4]
请给我靠窗（过道）的位置。	ฉันขอที่นั่งติดหน้าต่าง (ริมทางเดิน) ค่ะ [chan5 - khor:5 - thi:3 - nang3 - tit2 - na:3 - ta:ng2 - (rim1 - tha:ng1 - doe:n1) - kha3]
麻烦给我你的**护照**。	ขอหนังสือเดินทางด้วยค่ะ [khor:5 - nang5 - sue:5 - doe:n1 - tha:ng1 - duai3 - kha3]
护照在这里。	นี่ค่ะหนังสือเดินทาง [ni:3 - kha3 - nang5 - sue:5 - doe:n1 - tha:ng1]
请问是庄小姐吗？	คุณชื่อคุณจวงใช่ไหมคะ [khun1 - chue:3 - khun1 - jua:ng1 - chai3 - mai5 - kha4]

♪ 020

请将护照套取下。	กรุณาถอดปกหนังสือเดินทางออกค่ะ [ka2 ru4 na:1 - thor:t2 - pok2 - nang5 - sue:5 - doe:n1 - tha:ng1 - or:k2 - kha3]
请在 10:35 前抵达 G5 号登机门。	กรุณาขึ้นเครื่องที่ประตู G5 ก่อนเวลา 10:35 ค่ะ [ka2 ru4 na:1 - khuen3 - khruea:ng3 - thi:3 - pra1 - tu:1 - ji:1 - ha:3 - kor:n2 - we:1 - la:1 - sip2 - na:1 - li4 - ka:1 - sa:m5 - sip2 - ha:3 - na:1 - thi:1 - kha3]
登机门在 G5 号。	ขึ้นเครื่องที่ประตู G5 ค่ะ [khuen3 - khruea:ng3 - thi:3 - pra1 - tu:1 - ji:1 - ha:3 - kha3]

行李托运

请问有要**托运**的行李吗？	มีสัมภาระต้องการโหลดใต้ท้องเครื่องไหมคะ [mi:1 - sam5 pha:1 ra4 - tor:ng3 - ka:n1 - lo:t2 - tai3 - thor:ng4 - khruea:ng3 - mai5 - kha4]
请将行李放到秤上。	รบกวนวางสัมภาระลงบนที่ชั่งน้ำหนักค่ะ [rop4 - kua:n1 - wa:ng1 - sam5 pha:1 ra4 - long1 - bon1 - thi:3 - chang3 - nam4 - nak2 - kha3]
托运行李中有**移动电源**吗？	มี POWER BANK อยู่ในกระเป๋าไหมคะ [mi:1 - phao1 - woe:3 - bae:ng4 - yu:2 - nai1 - kra1 pao5 - mai5 - kha4]
托运行李中**不能**有电池。	ในสัมภาระห้ามมีแบตเตอรี่ค่ะ [nai1 - sam5 pha:1 ra4 - ha:m3 - mi:1 - bae:t2 - toe:1 - ri:3 - kha3]
托运行李只有一件吗？	สัมภาระเช็คอินมีแค่ชิ้นเดียวใช่ไหมคะ [sam5 pha:1 ra4 - chek4 - in1 - mi:1 - khae:3 - chin4 - dia:o1 - chai3 - mai5 - kha4]
你的行李超重了。	สัมภาระของคุณน้ำหนักเกินค่ะ [sam5 pha:1 ra4 - khor:ng5 - khun1 - nam4 - nak2 - koe:n1 - kha3]

走吧！一起用泰语去旅行！

必须跟你收取行李超重费用。	จำเป็นต้องเก็บค่าน้ำหนักเกินนะคะ [jam1 - pen1 - tor:ng3 - kep2 - kha:3 - nam4 - nak2 - koe:n1 - na4 - kha4]
行李确认通过 X 光机后就可以了。	เมื่อกระเป๋าผ่านเครื่อง X-RAY แล้วก็เสร็จเรียบร้อยค่ะ [muea:3 - kra1 pao5 - pha:n2 - khruea:ng3 - ek4 sa2 re:1 - lae:o4 - kor:3 - set2 - ria:p3 - ror:i4 - kha3]
这是你的随身行李吗？	กระเป๋าใบนี้เป็นสัมภาระขึ้นเครื่องของคุณใช่ไหมคะ [kra1 pao5 - bai1 - ni:4 - pen1 - sam5 pha:1 ra4 - khuen3 - khruea:ng3 - khor:ng5 - khun1 - chai3 - mai5 - kha3]

安全检查

随身行李里不能有尖锐物品。	กระเป๋าที่นำขึ้นเครื่อง ห้ามมีของมีคมค่ะ [kra1 pao5 - thi:3 - nam1 - khuen3 - khruea:ng3 - ha:m3 - mi:1 - khor:ng5 - mi:1 - khom1 - kha3]
不能携带超过 100ml 的液体。	ห้ามนำของเหลวมากกว่า 100 มิลลิลิตรขึ้นเครื่อง [ha:m3 - nam1 - khor:ng5 - le:o5 - ma:k3 - kwa:2 - nueng2 - ror:i4 - min1 li4 lit4 - khuen3 - khruea:ng3]
麻烦请走过金属探测器。	กรุณาเดินผ่านเครื่องตรวจจับโลหะด้วยค่ะ [ka2 - ru4 - na:1 - doe:n1 - pha:n2 - khruea:ng3 - trua:t2 - jap2 - lo:1 - ha2 - duai3 - kha3]
请脱下手表，再走一次。	กรุณาถอดนาฬิกา แล้วเดินผ่านอีกครั้งค่ะ [ka2 ru4 na:1 - thor:t2 - na:1 - li4 - ka:1 lae:o4 - doe:n1 - pha:n2 - i:k2 - krang4 - kha3]
包与外套请放在不同的篮子里。	กระเป๋าและเสื้อคลุมรบกวนวางแยกตระกร้าค่ะ [kra2 - pao5 - lae4 - suea:3 - khlum1 rob4 - kua:n1 - wa:ng1 - yae:k3 - tra2 - kra:3 - kha3]
不好意思，请你配合进行搜身检查。	ขอความร่วมมือในการตรวจค้นร่างกายด้วยค่ะ [khor:5 - khwa:m1 - rua:m3 - mue:1 - nai1 - ka:n1 - trua:t2 - khon4 - ra:ng3 - ka:i1 - duai3 - kha3]

♪ 022

麻烦站直，双手举起，手掌摊开。	กรุณาช่วยยืนตรง ชูมือขึ้น แล้วแบมือ [ka2 ru4 na:1 - chuai3 - yue:n1 - trong1 - chu:1 - mue:1 - khuen3 - lae:o4 - bae:1 - mue:1]
请将电子产品从包中取出。	กรุณานำ เครื่องใช้อิเล็กทรอนิกส์ ออกจากกระเป๋า [ka2 - ru4 - na:1 - nam1 - khruea:ng3 - chai4 - i1 lek4 thror:1 nik2 - or:k2 - ja:k2 - kra2 - pao5]
请问 G5 登机门在哪里？	ไม่ทราบว่าประตูขึ้นเครื่อง G5 อยู่ที่ไหนคะ [mai3 - sa:p3 - wa:3 - pra1 - tu:1 - khuen3 - khruea:ng3 - ji:1 - ha:3 - yu:2 - thi:3 - nai5 - kha4]
免税店购物，请出示护照与登机证。	เมื่อจะซื้อสินค้าในร้าน Duty Free กรุณาแสดงหนังสือเดินทางและบัตรขึ้นเครื่องค่ะ [muea:3 - ja1 - sue:4 - sin5 - kha:4 - nai1 - ra:n4 - dio1 - ti:3 - fri:1 - ka2 ru4 na:1 - sa2 dae:ng1 - nang5 - sue:5 - doe:n1 - tha:ng1 - lae4 - bat2 - khuen3 - khruea:ng3 - kha3]
我想用机场的免费 Wi-Fi。	ฉันต้องการใช้ Free Wi-Fi ของสนามบินค่ะ [chan5 - tor:ng3 - ka:n1 - chai4 - fri:1 - wai1 - fai1 - khor:ng5 - sa2 na:m5 bin1 - kha3]
需要使用账号与密码，可以使用一个小时。	นี่คือ USERNAME และ PASSWORD สามารถใช้ได้ 1 ชั่วโมง [ni:3 - khue:1 - yut4 soe:3 ne:m1 - lae4 - pha:s4 woe:t2 - sa:5 - ma:t3 - chai4 - dai3 - nueng2 - chua:3 - mo:ng1 - kha3]

[机场会碰到的人]

		เจ้าหน้าที่ศุลกากร [jao3 - na:3 - thi:3 - sun5 - la1 - ka:1 - kor:n1] 海关人员
ตำรวจท่องเที่ยว [tam1 - rua:t2 - thor:ng3 - thia:o3] 旅游警察	พนักงานขาย [pha1 nak4 nga:n1 - kha:i5] 销售人员	ตรวจหนังสือเดินทาง [trua:t2 - nang5 - sue:5 - doe:n1 - tha:ng1] 检验护照
ผู้โดยสาร [phu:3 - do:i1 - sa:n5] 旅客	มัคคุเทศก์ [mak4 - ku4 - te:t3] 导游	เจ้าหน้าที่ [jao3 - na:3 - thi:3] 工作人员

出发前
机场相关
泰国住宿
观光景点
泰国美食
购物乐趣
泰国交通
紧急状况

句型

一张去_____的机票。
ตั๋วเครื่องบินไป_____ 1 ใบ
[tua:5 - khruea:ng3 - bin1 - pai1 _____ nueng2 - bai1]

[城市]

กรุงเทพ
[krung1 - the:b3]
曼谷

เชียงใหม่
[chi:ang1 - mai2]
清迈

เชียงราย
[chi:ang1 - ra:i1]
清莱

ขอนแก่น
[khor:n5 - kae:n2]
孔敬

ภูเก็ต
[phu:1 - ket2]
普吉

บุรีรัมย์
[bu2 - ri:1 - ram1]
武里南

กระบี่
[kra2 - bi:2]
甲米

ตรัง
[trang1]
董里

[机场]

สนามบินดอนเมือง
[sa2 na:m5 bin1 - dor:n1 - muea:ng1]
廊曼机场

นครพนม
[na4 - khor:n1 - pha1 - nom1]
那空拍侬

สนามบินภูเก็ต
[sa2 na:m5 bin1 - phu:1 - ket2]
普吉机场

สนามบินสุวรรณภูมิ
[sa2 na:m5 bin1 - su2 - wan1 - na1 - phu:m1]
素万那普机场

สนามบินเชียงใหม่
[sa2 na:m5 bin1 - chi:ang1 - mai2]
清迈机场

请问_____在哪里?
_____อยู่ที่ไหนหรอคะ
[_____yu:2 - thi:3 - nai5 - ror:5 - kha4]

เคาน์เตอร์เช็คอิน
[khao4 - toe:3 - chek4 - in1]
报到柜台

ประตูขึ้นเครื่อง
[pra1 - tu:1 - khuen3 - khruea:ng3]
登机门

ด่านตรวจความปลอดภัย
[da:n2 - trua:t2 - khwa:m1 - plor:t2 - phai1]
安检处

รถเวียนสนามบิน
[rot4 - wi:an1 - sa2 na:m5 bin1]
机场摆渡车

出发前
机场相关
泰国住宿
观光景点
泰国美食
购物乐趣
泰国交通
紧急状况

ร้านค้าปลอดภาษี
[ra:n4 - kha:4 - plor:t2 - pha:1 - si:5]
免税店

ศูนย์บริการนักท่องเที่ยว
[su:n5 - bor:1 - ri1 - ka:n1 - nak4 - thor:ng3 - thia:o3]
旅客服务台

ห้องน้ำ
[hor:ng3 - nam4]
厕所

โซนร้านอาหาร
[so:n1 - ra:n4 - a:1 - ha:n5]
美食区

ห้องรับรอง VIP
[hor:ng3 - rap4 - ror:ng1 - wi:1 - ai1 - phi:1]
贵宾休息室

ตู้น้ำดื่ม
[tu:3 - nam4 - due:m2]
饮水机

เครื่องขายน้ำดื่ม
[khruea:ng3 - kha:i5 - nam4 - due:m2]
售卖机

สำนักงานคืนภาษี
[sam5 - nak4 - nga:n1 - khue:n1 - pha:1 - si5]
退税服务处

禁止携带______。
ห้ามพกพา_____
[ha:m3 - phok4 - pha:1_____]

ของมีคมทุกชนิด
[khor:ng5 - mi:1 - khom1 - thuk4 - cha1 - nit4]
刀类

ปืน
[pue:n1]
枪支

ท่อนไม้ / ท่อนเหล็ก
[thor:n3 - mai4] / [thor:n3 - lek2]
棍棒

สัตว์มีพิษ
[sat2 - mi:1 - phit4]
有毒性动物

ของเหลว 100ml
[khor:ng5 - le:o5 - nueng2 - ror:i4 - min1 li4 lit4]
100ml 液体

อาหารที่มีกลิ่นแรง
[a:1 - ha:n5 - thi:3 - mi:1 - klin2 - rae:ng1]
味道重的食物

ไฟแช็ค
[fai1 - chae:k4]
打火机

วัตถุไวไฟ
[wat4 - thu2 - wai1 - fai1]
易燃物品

单词

[行李]

กระเป๋าโหลดใต้ท้องเครื่อง
[kra1 pao5 - lo:t2 - tai3 - thor:ng4 - khruea:ng3]
托运行李

กระเป๋าถือขึ้นเครื่อง
[kra1 pao5 - thue:5 - khuen3 - khruea:ng3]
随身行李

เสื้อผ้า
[suea:3 - pha:3]
衣物

TAG / ป้ายติดกระเป๋า
[thaek2] / [pa:i3 - tit2 - kra1 pao5]
行李挂牌

ครีมอาบน้ำ
[khri:m1 - a:p2 - nam4]
沐浴乳

เครื่องสำอาง
[khruea:ng3 - sam5 - a:ng1]
化妆品

ยาส่วนตัว
[ya:1 - sua:n2 - tua:1]
个人药品

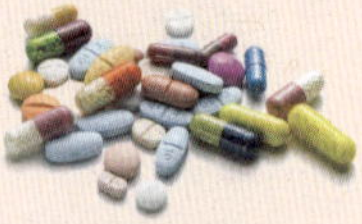

ชุดชั้นใน
[chut4 - chan4 - nai1]
内衣裤

POWER BANK
[phao1 - woe:3 - bae:ng4]
แบตสำรอง
[bae:t2 - sam5 - ror:ng1]
移动电源

โทรศัพท์มือถือ
[tho:1 - ra1 - sap2 - mue:1 - thue:5]
手机

สายชาร์จมือถือ
[sa:i5 - cha:t4 - mue:1 - thue:5]
手机充电器

กล้องถ่ายรูป
[klor:ng3 - tha:i2 - ru:p3]
相机

เงินบาท
[ngoe:n1 - ba:t2]
泰铢

บัตรเครดิต
[bat2 - khre:1 - dit2]
信用卡

คู่มือท่องเที่ยว
[khu:3 mue:1 - thor:ng3 - thia:o3]
旅游书

ไม้ถ่ายรูป
[mai4 - tha:i2 - ru:p3]
ไม้เซลฟี่
[mai4 - se:o1 - fi:3]
自拍杆

ตารางเวลา
[ta:1 - ra:ng1 - we:1 - la:1]
行程表

ขาตั้งกล้อง
[kha:5 - tang3 - klor:ng3]
相机脚架

[机场]

ป้าย [pa:i3] — 指示牌

รถเข็นกระเป๋าเดินทาง [rot4 - khen5 - kra1 pao5 - doe:n1 - tha:ng1] — 行李推车

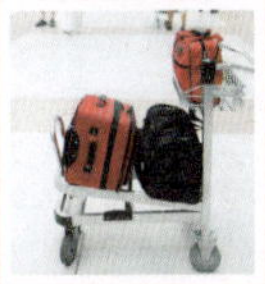

จุดแลกเปลี่ยนเงินตรา [jut2 - lae:k3 - pli:an2 - ngoe:n1 - tra:1] — 外币柜台

จุดรับฝากกระเป๋า [jut2 - rap4 - fa:k2 - kra2 - pao5] — 行李寄放处

FREE Wi-Fi [fri:1 - wai1 - fai1] — 免费 Wi-Fi

ห้องโถงผู้โดยสารขาออก [hor:ng3 - tho:ng5 - phu:3 - do:i1 - sa:n5 - kha:5 - or:k2] — 机场出境大厅

ผู้โดยสาร [phu:3 - do:i1 - sa:n5] — 旅客

รถเวียนภายในสนามบิน [rot4 - wi:an1 - pha:i1 - nai1 - sa2 na:m5 bin1] — 机场摆渡车

[机场人员]

พนักงานสายการบิน [pha1 - nak4 - nga:n1 - sa:i5 - ka:n1 - bin1] — 航空地勤人员

นักบิน [nak4 - bin1] — 飞行员

แอร์โฮสเตส [ae:1 - ho:s4 - te:t2] — 空姐

[机票资讯]

ตั๋วเครื่องบิน [tua:5 - khruea:ng3 - bin1] — 机票

ต้นทาง [ton3 - tha:ng1] — 出发地

เวลาเครื่องออก [we:1 - la:1 - khruea:ng3 - or:k2] — 出发时间

ประตูขึ้นเครื่อง [pra1 - tu:1 - khuen3 - khruea:ng3] — 登机口

เที่ยวบิน [thia:o3 - bin1] — 航班

ปลายทาง [pla:i1 - tha:ng1] — 抵达地

เวลาเครื่องลง [we:1 - la:1 - khruea:ng3 - long1] — 抵达时间

เวลาขึ้นเครื่อง [we:1 - la:1 - khuen3 - khruea:ng3] — 登机时间

ที่นั่ง [thi:3 - nang3] — 座位

♪ 027

顺利抵达泰国了

▎准备登机

班机 **IT506** 将在 10 分钟后开始登机。	เที่ยวบิน IT506 พร้อมให้ขึ้นเครื่องได้ในอีก 10 นาทีค่ะ [thi:ao3 - bin1 - ai1 - thi:1 - ha:3 - su:n5 - hok2 - phror:m4 - hai3 - khuen3 - khruea:ng3 - dai3 - nai1 - i:k2 - sip3 - na:1 - thi:1 - kha3]
请带小孩的旅客先行登机。	เชิญท่านผู้โดยสารที่มากับเด็กเล็กขึ้นเครื่องได้ก่อนค่ะ [choe:n1 - tha:n3 - phu:3 - do:i1 - sa:n5 - thi:3 - ma:1 - kap2 - dek2 - lek4 khuen3 - khruea:ng3 - dai3 - kor:n2 - kha3]
现在请第 30~50 排座位的旅客登机。	เชิญท่านผู้โดยสารที่นั่งแถวที่ 30 ~ 50 ขึ้นเครื่องได้ค่ะ [choe:n1 - tha:n3 - phu:3 - do:i1 - sa:n5 - thi:3 - nang3 - thae:o5 - thi:3 - sa:m5 - sip2 - thueng5 - ha:3 - sip2 – khuen3 - khruea:ng3 - dai3 - kha3]
请出示你的**登机证**及护照。	กรุณาแสดง**บัตรขึ้นเครื่อง**และหนังสือเดินทางค่ะ [ka2 - ru4 - na:1 - sa2 dae:ng1 - bat2 - khuen3 - khruea:ng3 - lae4 - nang5 - sue:5 - doe:n1 - tha:ng1 - kha3]
这是 CI0839 的最后一次登机广播。	นี่เป็นประกาศครั้งสุดท้ายของเที่ยวบิน CI0839 [ni:3 - pen1 - pra2 - ka:t2 - khrang4 - sut2 - tha:i4 - khor:ng5 - thi:ao3 - bin1 - si:1 - ai1 - pae:t2 - sa:m5 - kao3]
欢迎搭乘泰国航空。	ยินดีต้อนรับทุกท่านสู่เที่ยวบินของสายการบินไทยค่ะ [yin1 - di:1 - tor:n3 - rap4 - thuk4 - tha:n3 - su:2 - thia:o3 - bin1 - khor:ng5 - sa:i5 - ka:n1 - bin1 - thai1 - kha3]

飞机服务

| 座位 09A 请**直走**后右转。 | ที่นั่ง 09A เดินตรงไป แล้วเลี้ยวขวาค่ะ
[thi:3 - nang3 - kao3 - e:1 - doe:n1 - trong1 - pai1
- lae:o4 - lia:o4 - khwa:5 - kha3] |

| 请问有**空位**吗？
我想换位置。 | ไม่ทราบว่ามีที่ว่างไหมคะ?
ฉันอยากเปลี่ยนที่นั่งค่ะ
[mai3 - sa:p3 - wa:3 - mi:1 - thi:3 - wa:ng3 - mai5 - kha4 ?
chan5 - ya:k2 - pli:an2 - thi:3 - nang3 - kha4] |

| 麻烦请多给我一条毛毯和一个枕头。 | รบกวนขอผ้าห่มและหมอนค่ะ
[rob4 - kua:n1 - khor:5 - pha:3 - hom2
- lae4 - mor:n5 - kha3] |

| 请问有**报纸**吗？ | มีหนังสือพิมพ์ไหมคะ
[mi:1 - nang5 - sue:5 - phim1 - mai5 - kha4] |

| 麻烦请系紧**安全带**。 | กรุณารัดเข็มขัดให้แน่นค่ะ
[ka2 - ru4 - na:1 - rat4 - khem5 - khat2
- hai3 - nae:n3 - kha3] |

| 行李请放到舱顶置物柜。 | โปรดวางกระเป๋า ในชั้นวางของด้านบนค่ะ
[pro:t2 - wa:ng1 - kra1 pao5 - nai1 - chan4 - wa:ng1 - khor:ng5 -
da:n3 - bon1 - kha3] |

| 麻烦请将椅背竖直。 | กรุณาปรับที่นั่งของท่าน ให้ตั้งตรง
[ka2 ru4 na:1 - prap2 - thi:3 - nang3 - khor:ng5 - tha:n3 - hai3 -
tang3 - trong1] |

| 耳机没有声音。 | หูฟังของฉันไม่มีเสียง
[hu:5 - fang1 - khor:ng5 - chan5
- mai3 - mi:1 - si:ang5] |

| 我想要购买机上的免税品。 | ฉันอยากซื้อสินค้าบนเครื่องบินค่ะ
[chan5 - ya:k2 - sue:4 - sin5 - kha:4
- bon1 - khruea:ng3 - bin1 - kha3] |

♪ 029

走吧！一起用泰语去旅行！

飞机滑行时请勿走动。	ห้ามลุกเดินขณะเครื่องบินยังไม่จอดสนิทค่ะ [ha:m3 - luk4 - doe:n1 - kha2 na2 - khruea:ng3 - bin1 - yang1 - mai3 - jor:t2 - sa2 nit2 - kha3]	

▎飞机餐点

这是您预订的素食餐。	นี่คืออาหารมังสวิรัติที่คุณจองไว้ค่ะ [ni:3 - khue:1 - a:1 - ha:n5 - mang1 sa2 wi4 rat4 - thi:3 - khun1 - jor:ng1 - wai4 - kha3]
请问要鸡肉面还是猪肉饭？	อยากทานหมี่ไก่ หรือข้าวหมูอบคะ [ya:k2 - tha:n1 - mi:2 - kai2 rue:5 - kha:o3 - mu:5 - op2 - kha4]
鸡肉面，谢谢。	ขอหมี่ไก่ค่ะ ขอบคุณค่ะ [khor:5 - mi:2 - kai2 - kha3 - khor:p2 - khun1 - kha3]
请问要喝什么饮料？	ต้องการรับเครื่องดื่มอะไรคะ [tor:ng3 - ka:n1 - rap4 - khruea:ng3 - due:m2 - a2 - rai1 - kha4]
苹果汁，谢谢。	ขอน้ำแอปเปิ้ลค่ะ ขอบคุณค่ะ [khor:5 - nam4 - ae:p4 - poe:n3 - kha3 - khor:p2 - khun1 - kha3]
我想要一杯可乐。	ฉันขอโค้กแก้วนึงค่ะ [chan5 - khor:5 - kho:k4 - kae:o3 - nueng1 - kha3]
我可以点一杯红酒吗？	ฉันขอไวน์แดงแก้วนึงได้ไหมคะ [chan5 - khor:5 - wai:1 - dae:ng1 - kae:o3 - nueng1 - dai3 - mai5 - kha4]
可以请你给我一杯温水吗？	ฉันขอน้ำอุ่นแก้วนึงได้ไหมคะ [chan5 - khor:5 - nam4 - un2 - kae:o3 - nueng1 - dai3 - mai5 - kha4]
咖啡需要加糖还是奶精呢？	กาแฟต้องการเสิร์ฟพร้อมน้ำตาล หรือคอฟฟี่เมทคะ [ka:1 - fae:1 - tor:ng3 - ka:n1 - soe:p2 - phror:m4 - nam4 - ta:n1 - rue:5 - khor:f4 - fi:3 - me:t2 - kha4]

入境

请填写入境表格。	กรุณากรอกบัตรขาเข้าค่ะ [ka2 - ru4 - na:1 - kror:k2 - bat2 - kha:5 - khao3 - kha3]
请问入境表格在哪里拿？	บัตรขาเข้าหยิบได้ที่ไหนหรอคะ [bat2 - kha:5 - khao3 - yip2 - dai3 - thi:3 - nai5 - ror:5 - kha4]
麻烦请在这里排队。	กรุณาเข้าแถวตรงนี้ค่ะ [ka2 - ru4 - na:1 - khao3 - thae:o5 - trong1 - ni:4 - kha3]
请问你这次来泰国的**目的**是什么？	คุณมาเมืองไทยครั้งนี้ด้วย**จุดประสงค์**อะไรคะ [khun1 - ma:1 - muea:ng1 - thai1 - khrang4 - ni:4 - duai3 - jut2 - pra2 - song5 - a1 - rai1 - kha4]
我来旅游（出差）。	ฉันมา**ท่องเที่ยว** (**ดูงาน**) ค่ะ [chan5 - ma:1 - thor:ng3 - thia:o3 (du:1 - nga:n1) - kha3]
请问你在**曼谷**住宿的地点在哪里？	คุณพักอยู่ที่ไหนใน**กรุงเทพ**คะ [khun1 - phak4 - yu:2 - thi:3 - nai5 - nai1 - krung1 - the:p3 - kha4]
暹罗广场的诺富特酒店。	ที่โรงแรม NOVOTEL แถวสยามค่ะ [thi:3 - ro:ng1 - rae:m1 - no:1 - wo:1 - the:o1 - thae:o5 - sa2 ya:m5 - kha3]
请问你预计停留几天？	วางแผนจะอยู่กี่วันคะ [wa:ng1 - phae:n5 - ja2 - yu:2 - ki:2 - wan1 - kha4]
预计停留 5 天。	คาดว่าน่าจะอยู่ 5 วันค่ะ [kha:t3 - wa:3 - na:3 - ja2 - yu:2 - ha:3 - wan1 - kha3]

走吧！一起用泰语去旅行！

领取行李

我不知道要去哪里领行李箱。	ไม่ทราบว่าไปรับกระเป๋าเดินทางได้ที่ไหน [mai3 - sa:p3 - wa:3 - pai1 - rap4 - kra1 - pao5 - doe:n1 - tha:ng1 - dai3 - thi:3 - nai5]
CI0839 的行李箱在 21 号行李转盘。	กระเป๋าเดินทางของเที่ยวบิน CI0839 รับได้ที่สายพานเบอร์ 21 ค่ะ [kra1 - pao5 - doe:n1 - tha:ng1 - khor:ng5 - thi:ao3 - bin1 - si:1 - ai1 - pae:t2 - sa:m5 - kao3 - rap4 - dai3 - thi:3 - sa:i5 - pha:n1 - boe:1 - yi:3 - sip2 - et2 - kha3]
行李箱似乎还没有出来。	กระเป๋าเดินทางน่าจะยังไม่ได้ออกมา [kra1 - pao5 - doe:n1 - tha:ng1 - na:3 - ja2 - yang1 - mai3 - dai3 - or:k2 - ma:1]
我的行李**不见**了。	กระเป๋าของฉัน**หาย**ค่ะ [kra1 - pao5 - khor:ng5 - chan5 - ha:i5 - kha2]

离开机场

机场快线要去哪里买票？以及到哪里搭乘？	จะไปซื้อตั๋ว Airport Link ได้ที่ไหนคะ? และจะขึ้นรถไฟ Airport Link ได้ที่ไหนคะ? [ja1 - pai1 - sue:4 - tua:5 - ae:1 phor:t2 ling4 - dai3 - thi:3 - nai5 - kha4 ? lae4 - ja1 - khuen3 - rot4 - fai1 - ae:1 phor:t2 ling4 - dai3 - thi:3 - nai5 - kha4 ?]
机场摆渡车的站牌在**几楼**呢？	รถเวียนสนามบิน ต้องไปขึ้นที่ชั้นไหนคะ [rot4 - wi:an1 - sa:2 na:m5 bin1 tor:ng3 - pai1 - khuen3 - thi:3 - chan4 - nai5 - kha4]
下一班机场快线何时发车？	รถ Airport Link ขบวนต่อไปออกกี่โมงคะ [rot4 - ae:1 phor:t2 ling4 - kha2 bua:n1 - tor:2 - pai1 - or:k2 - ki:2 - mo:ng1 - kha4]
有哪些车可以到芭提雅？	มีรถอะไรบ้างที่ไปพัทยา [mi:1 - rot4 - a2 rai1 - ba:ng3 - thi:3 - pai1 - phat4 tha1 ya:1]

我想买手机 SIM 卡。	ฉันอยากซื้อซิมมือถือ [chan5 - ya:k2 - sue:4 - sim1 - mue:1 - thue:5]

你要搭乘到哪里？	คุณจะนั่งไปไหน [khun1 - ja1 - nang3 - pai1 - nai5]

我想去这个地址。	ฉันอยากไปตามที่อยู่นี้ค่ะ [chan5 - ya:k2 - pai1 - ta:m1 - thi:3 - yu:2 - ni:4 - kha3]

[机场常见地点]

	เครื่องเช็คอินด้วยตนเอง [khruea:ng3 - chek4 - in1 - duai3 - ton1 - e:ng1] 自助报到机

แอร์พอตลิงค์ [ae:1 - phor:t2 - ling4] 机场快线	เคาน์เตอร์แลกเปลี่ยนเงินตราต่างประเทศ [khao4 - toe:3 - lae:k3 - pli:an2 - ngoe:n1 - tra:1 - ta:ng2 - pra1 - the:t3] 外币兑换柜台	เคาน์เตอร์ให้บริการซิมมือถือ [khao4 - toe:3 - hai3 - bor:1 ri4 ka:n1 - sim1 - mue:1 thue:5] 电信公司柜台
ป้ายรอรถเวียนสนามบิน [pa:i3 - ror:1 - rot4 - wi:an1 - sa2 na:m5 bin1] 机场摆渡车候车处	จุดบริการ รถแท็กซี่ [jut2 - bor:1 ri4 ka:n1 rot4 - thae:k4 - si:3] 出租车候车处	ห้องพักรอผู้โดยสาร [hor:ng3 - phak4 - ror:1 - phu:3 - do:i1 - sa:n5] 候机室
ไปรษณีย์ [prai1 sa2 ni:1] 邮局	จุดรับสัมภาระ [jut2 - rap4 - sam5 - pha:1 - ra4] 提领行李处	จุดบริการนักท่องเที่ยว [jut2 - bor:1 ri4 ka:n1 - nak4 - thor:ng3 - thia:o3] 旅游资讯中心

♪ 033

单词

[飞机上]

ที่นั่ง
[thi:3 - nang3]
座位

ติดหน้าต่าง
[tit2 - na:3 - ta:ng2]
靠窗

ริมทางเดิน
[rim1 - tha:ng1 - doe:n1]
靠过道

สะพานเทียบเครื่องบิน
[sa2 - pha:n1 - thi:ap3 - khruea:ng3 - bin1]
登机桥

ที่นั่งชั้นหนึ่ง / ที่นั่ง First Class
[thi:3 - nang3 - chan4 - nueng2] / [thi:3 - nang3 - foe:t4 - khla:s4]
头等舱

ที่นั่งชั้นประหยัด
[thi:3 - nang3 - chan4 - pra1 - yat2]
经济舱

ผ้าห่ม
[pha:3 - hom2]
毛毯

หมอนอิง
[mor:n5 - ing1]
靠枕

หูฟัง
[hu:5 - fang1]
耳机

แคตตาล็อกสินค้าปลอดภาษี
[khae:t4 - ta:1 - lor:k4 - sin5 - kha4 - plor:t2 - pha:1 - si:5]
免税品目录

ตารางรายการบันเทิงบนเครื่อง
[ta:1 - ra:ng1 - ra:i1 - ka:n1 - ban1 - thoe:ng1 - bon1 - khruea:ng3]
节目表

เสื้อชูชีพ
[suea:3 - chu:1 - chi:p3]
救生衣

หน้ากากออกซิเจน
[na:3 - ka:k2 - or:k4 - si1 - je:n3]
氧气罩

ทางออกฉุกเฉิน
[tha:ng1 - or:k2 - chuk2 - choe:n5]
紧急出口

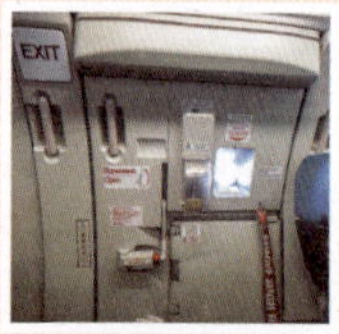

จอมอนิเตอร์
[jor:1 - mor:1 - ni4 - toe:3]
荧幕

โต๊ะ
[to4]
桌子

[餐点饮料]

โค้ก
[kho:k4]
可乐

สไปรท์
[sa2 - prai4]
雪碧

น้ำอัดลม
[nam4 - at2 - lom1]
汽水

เครื่องดื่ม
[khruea:ng3 - due:m2]
饮料

♪ 034

น้ำผลไม้
[nam4 - phon5 - la1 - mai4]
果汁

น้ำแอปเปิ้ล
[nam4 - ae:p4 poe:n3]
苹果汁

น้ำส้ม
[nam4 - som3]
橙汁

ชาร้อน
[cha:1 - ror:n4]
热茶

กาแฟ
[ka:1 - fae:1]
咖啡

ไวน์แดง
[wai:1 - dae:ng1]
红酒

ไวน์ขาว
[wai:1 - kha:o5]
白酒

แชมเปญ
[chae:m1 - pe:n1]
香槟

น้ำแข็ง
[nam4 - khaeng5]
冰块

[泰国机场]

บัตรขาเข้า(ออก) / ใบ ตม.
[bat2 - kha:5 - khao3 (or:k2)] / [bai1 - tor:1 - mor:1]
入（出）境表

หนังสือเดินทาง
[nang5 - sue:5 - doe:n1 - tha:ng1]
护照

ปกหนังสือเดินทาง
[pok2 - nang5 - sue:5 - doe:n1 - tha:ng1]
护照套

ด่านตรวจคนเข้าเมือง
[da:n2 - trua:t2 - khon1 - khao3 - muea:ng1]
护照检验 / 入境检验

แบบฟอร์มสำแดงภาษี
[bae:p2 - for:m1 - sam5 - dae:ng1 - pha:1 - si:5]
报税表格

บันไดเลื่อน
[ban1 - dai1 - luea:n3]
手扶梯

ลิฟท์
[lip4]
电梯

ขาเข้า
[kha:5 - khao3]
入境

ต่อเครื่อง
[tor:2 - khruea:ng3]
转机

ขาออก
[kha:5 - or:k2]
出境

จุดนัดพบผู้โดยสาร
[jut2 - nat4 - phop4 - phu:3 - do:i1 - sa:n5]
见面汇合处

出入境表格介绍

到泰国无论是入境还是出境都需要填写表格,可以在飞机上先向空乘人员索取填写,或落地后在到达入境检查护照柜台之前,有柜台可以索取并填写入境表。填写时需要使用**英文**工整书写,据实填写和护照与登机证上一致的信息。请事先准备好住宿的地址(若住朋友家也需要准备住址),务必确认正反面的每栏都要填写,避免到了现场因为表格信息错误,而需要重新填写与排队,浪费很多宝贵的时间。

外国人入境表格

正面

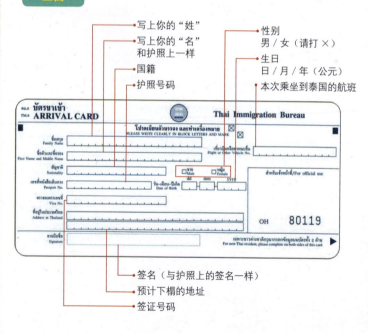

- 写上你的"姓"
- 写上你的"名"和护照上一样
- 国籍
- 护照号码
- 性别 男/女(请打×)
- 生日 日/月/年(公元)
- 本次乘坐到泰国的航班
- 签名(与护照上的签名一样)
- 预计下榻的地址
- 签证号码

背面

- 来泰国的目的:
  度假　开会
  商务　招待
  求学　研讨会
  工作　展览
  转机　其他

- 居住地
  城市:
  国家:

- 职业:
  上班族可写
  "EMPLOYEE"

- 是否第一次来泰国:
  是 / 否

- 航班类型:
  包机 / 固定航班

เฉพาะชาวต่างชาติ/For non-Thai resident only

PLEASE MARK ☒　　　　　　　　PLEASE COMPLETE IN ENGLISH

Type of flight
☐ Charter　☐ Schedule

First trip to Thailand
☐ Yes　☐ No

Traveling on group tour
☐ Yes　☐ No

Accommodation
☐ Hotel　☐ Friend's Home
☐ Youth Hostel　☐ Apartment
☐ Guest House　☐ Others

Purpose of visit
☐ Holiday　☐ Meeting
☐ Business　☐ Incentive
☐ Education　☐ Conventions
☐ Employment　☐ Exhibitions
☐ Transit　☐ Others

Yearly income
☐ Under 20,000 US$
☐ 20,000–40,000 US$
☐ 40,001–60,000 US$
☐ 60,001–80,000 US$
☐ 80,001 and over
☐ No income

Occupation

Country of residence
City/State
Country

From/Port of embarkation

Next city/Port of disembarkation

โรงพิมพ์ตำรวจ 1.10.10

- 住宿地点:
  酒店　　朋友家
  青年旅社　公寓
  民宿　　其他

- 年收入（单位：美元）

- 下一个目的地
- 出发地点

- 是否跟着团体来？

外国人出境表格

- 写上你的"姓"
- 写上你的"名"
  和护照上一样
- 生日
  日 / 月 / 年（公元）

- 性别
  男 / 女（请打 ×）
- 本次离境的航班

บัตรขาออก　　　　　　　　　　　Thai Immigration Bureau
TM.6 DEPARTURE CARD

โปรดเขียนตัวบรรจง และทำเครื่องหมาย ☒
PLEASE WRITE CLEARLY IN BLOCK LETTERS AND MARK

ชื่อสกุล / Family Name
ชื่อตัวและชื่อรอง / First Name and Middle Name
วัน-เดือน-ปีเกิด / Date of Birth　dd mm yyyy
สัญชาติ / Nationality
เลขที่หนังสือเดินทาง / Passport No.
ลายมือชื่อ / Signature

เที่ยวบินหรือยานพาหนะอื่น
Flight or Other Vehicle No.

☐ ชาย Male　☐ หญิง Female

สำหรับเจ้าหน้าที่ / For official use

OH　80118

- 国籍
- 护照号码
- 签名（与护照上的签名一样）

泰国入境注意事项

事先知道各种信息，才不会浪费时间。

泰国入境检查跟中国一样严格，该检查的都会检查，该罚的也会罚，因此配合工作人员遵守规定进行审查的话，可以减少不必要的麻烦，毕竟他们担任为国家安全把关的工作，若有合理的理由怀疑你可能对国家带来危害的话（携带危险物品、拒绝配合检查、资料填写有问题等），是可以拒绝你入境的。

以下提醒几项入境审查时的注意事项：

1. 禁止拍照、摄影。

2. 入境表请先填写完整，若被发现未填写完整者，会被请出排队的队伍，填写完整后重新排队。

3. 一开始拿到入境表，是连同出境表一起的，可以先写入境表，也可以两张都写好，审查人员会把出境表钉在护照内页中，离境时可以直接使用。

4. 若有幼童，入境审查时可由一名大人陪同。

5. 若携带超过额定数量的东西，或列管的物品，必须依照规定申报，否则将罚该物品市值的四倍金额，加上必须支付的税金。

6. 审查护照的时候，会有摄影机现场拍照与指纹扫描，请按照审查人员的指示，站在定位上，脱下帽子，并看着镜头，拿回护照后即可顺利入境，前往行李提取处。

7. 在泰国持有任何毒品皆属违法，若携带超过一定的量，则视为贩毒行为，最高可处死刑。因此绝对不要替陌生人拿（或保管）任何东西（或小宝宝）。

Chapter 3 泰国住宿

订完机票,接下来就要解决住宿的问题。建议住宿地点尽量选择在交通便利的地方,最好是离轻轨、地铁站走 10 分钟可以到达的位置,或提供到地铁站接驳车的酒店,这样游玩比较方便,也不会浪费太多时间与金钱在往返酒店的路程上。

สุขใจ สุขกาย หลับสบาย
[suk2 - jai1 - suk2 - ka:i1 - lab2 - sa1 ba:i1]
身心愉悦,舒服好眠!

先去酒店办理入住吧

先到酒店放个行李，休息后再整装出发。

订房间

我想要**订房**。	ฉันอยากจะจองห้องค่ะ [chan5 - ya:k2 - ja1 - jor:ng1 - hor:ng3 - kha3]
6月1日到6月5日有空的**双人间**吗？	มีห้องว่างสำหรับ 2 ท่าน 1 ห้อง ช่วงวันที่ 1 ถึง 5 มิถุนายนไหม [mi:1 - hor:ng3 - wa:ng3 - sam5 - rap2 - sor:ng5 - tha:n3 - nueng2 - hor:ng3 - chua:ng3 - wan1 - thi:3 - nueng2 - thueng5 - ha:3 - mi:4 - thu2 - na:1 - yon1 - mai5]
今天晚上还有**空房**吗？	คืนนี้มีห้องว่างไหม [khue:n1 - ni:4 - mi:1 - hor:ng3 - wa:ng3 - mai5]
我想住两晚。	ฉันจะพัก 2 คืน [chan5 - ja1 - phak1 - sor:ng5 - khue:n1]
我想要有阳台的房间。	ฉันอยากได้ห้องที่มีระเบียง [chan5 - ya:k2 - dai3 - hor:ng3 - thi:3 - mi:1 - ra4 bi:ang1]
可以**加床**吗？	ขอเสริมเตียงได้ไหมคะ [khor:5 - soe:m5 - ti:ang1 - dai3 - mai5 - kha4]
单人间一个晚上多少钱？	ห้องเดี่ยวคืนละเท่าไหร่ [hor:ng3 - dia:o2 - khue:n1 - la4 - thao3 - rai2]
我需要事先支付**房间订金**吗？	ฉันต้องชำระค่าจองห้องล่วงหน้าไหม [chan5 - tor:ng3 - cham1 - ra4 - kha:3 - jor:ng1 - hor:ng3 - lua:ng3 - na:3 - mai5]
有**包月**住宿的优惠价格吗？	ถ้าจะเหมาเป็นเดือน มีส่วนลดไหม [tha:3 - ja2 - mao5 - pen1 - duea:n1 - mi:1 - sua:n2 - lot4 - mai5]

♪ 040

请问附带早餐吗？	รวมอาหารเช้าด้วยไหมคะ [rua:m1 - a:1 - ha:n5 - chao4 – duai3 - mai5 - kha4]
请问有机场接送服务吗？	มีบริการรับส่งสนามบินไหมคะ [mi:1 - bor:1 ri1 ka:n1 - rap4 - song2 - sa2 na:m5 bin1 - mai5 - kha4]
酒店入住、退房时间是几点？	เช็คอิน / เช็คเอ้าท์กี่โมงคะ [chek4 - in1 / chek4 - ao4 - ki:2 - mo:ng1 - kha4]

▌酒店入住

请问入住柜台在哪里？	ไม่ทราบว่าเคาน์เตอร์เช็คอินอยู่ที่ไหนคะ [mai3 - sa:p3 - wa:3 - khao4 - toe:3 - chek4 - in1 - yu:2 - thi:3 - nai5 - kha4]
我想要入住。	ฉันอยากจะเช็คอิน [chan5 - ya:k2 - ja2 - chek4 - in1]
你好，我订过房间了。	สวัสดีค่ะ ฉันจองห้องพักเอาไว้แล้วค่ะ [sa2 wat2 di:1 kha3 - chan5 - jor:ng1 - hor:ng3 phak4 - ao1 - wai4 - lae:o4 - kha3]
我的订房编号是1503。	เลขที่จองของฉันคือ 1503 [le:k3 - thi:3 - jor:ng1 - khor:ng5 - chan5 - khue:1 - nueng2 - ha:3 - su:n5 - sa:m5]
这间是双人间吗？	ห้องนี้เป็นห้องพักสำหรับสองท่านใช่ไหมคะ [hor:ng3 - ni:4 - pen1 - hor:ng3 phak4 - sam5 - rap2 - sor:ng5 - tha:n3 - chai3 - mai5 - kha4]
有会说中文的服务人员吗？	มีพนักงานที่พูดภาษาจีนได้ไหมคะ [mi:1 - pha1 nak4 nga:n1 - thi:3 - phu:t3 - pha:1 - sa:5 - ji:n1 - dai3 - mai5 - kha4]

♪ 041

走吧！一起用泰语去旅行！

我可以先寄放行李在柜台吗？

ฉันขอฝากกระเป๋าไว้ที่เคาน์เตอร์ได้ไหมคะ

[chan5 - khor:5 - fa:k2 - kra1 - pao5 - wai4 - thi:3 - khao4 - toe:3 - dai3 - mai5 - kha4]

我可以提早入住房间吗？

ฉันขอเข้าพักก่อนเวลาได้ไหมคะ

[chan5 - khor:5 - khao3 - phak4 - kor:n2 - we:1 - la:1 - dai3 - mai5 - kha4]

请问要在几点前办理入住呢？

ต้องเช็คอินก่อนกี่โมงคะ

[tor:ng3 - chek4 - in1 - kor:n2 - ki:2 - mo:ng1 - kha4]

请问我可以延迟退房吗？

ฉันขอเช็คเอ้าท์ช้าหน่อยได้ไหมคะ

[chan5 - khor:5 - chek4 - ao4 - cha:4 - nor:i2 - dai3 - mai5 - kha4]

麻烦帮我填写这张表格并签名。

กรุณาช่วยกรอกแบบฟอร์มใบนี้และเซ็นต์ชื่อด้วยค่ะ

[ka2 - ru4 - na:1 - chuai3 - kror:k2 - bae:p2 - for:m1 - bai1 - ni:4 - lae4 - sen1 - chue:3 - duai3 - kha3]

麻烦请出示你的护照及信用卡。

รบกวนขอดูหนังสือเดินทางและบัตรเครดิตของคุณด้วยค่ะ

[rob4 - kua:n1 - khor:5 - du:1 - nang5 - sue:5 - doe:n1 - tha:ng1 - lae4 - bat2 - khre:1 - dit2 - khor:ng5 - khun1 - duai3 - kha3]

请问你有信用卡吗？我们必须先预扣押金。

ไม่ทราบว่ามีบัตรเครดิตไหมคะ ทางเราต้องหักค่ามัดจำไว้ก่อนค่ะ

[mai3 - sa:b3 - wa:3 - mi:1 - bat2 - khre:1 - dit2 - mai5 - kha4 tha:ng1 - rao1 - tor:ng3 - hak2 - kha:3 - mat4 - jam1 - wai4 - kor:n2 - kha3]

我没有信用卡，可以用现金吗？

ฉันไม่มีบัตรเครดิต ขอใช้เงินสดได้ไหมคะ

[chan5 - mai3 - mi:1 - bat2 - khre:1 - dit2 - khor:5 - chai4 - ngoe:n1 - sot2 - dai3 - mai5 - kha4]

请问多少钱？接受美元吗？

ต้องจ่ายเงินเท่าไหร่ คุณรับ US ดอลล่าไหมคะ

[tor:ng3 - ja:i2 - ngoe:n1 - thao3 - rai2 - khun1 - rab4 - yu:1 - e:s4 - dor:n1 - la:3 - mai5 - kha4]

房间介绍

你订的是一间豪华双人间，住 2 晚。	คุณจองห้อง Deluxe Suite เอาไว้ 1 ห้อง 2 คืนนะคะ [khun1 - jor:ng1 - hor:ng3 - di:1 - lak4 - sa2 wi:t2 - ao1 - wai4 - nueng2 - hor:ng3 - sor:ng5 - khue:n1 - na4 - kha4]
这是你的**房卡**，721 号房。	นี่คือคีย์การ์ดของห้อง 721 ของคุณค่ะ [ni:3 - khue:1 - khi:1 - ka:t4 - khor:ng5 - hor:ng3 - jet2 - sor:ng5 - nueng2 - khor:ng5 - khun1 - kha3]
你的房间在 8 楼，816 号房。	ห้องของคุณอยู่ที่ชั้น 8 ห้อง 816 [hor:ng3 - khor:ng5 - khun1 - yu:2 - thi:3 - chan4 - pae:t2 - hor:ng3 - pae:t2 - nueng2 - hok2]
两间房间都在 6 楼，624 号和 626 号房。	ห้องของคุณอยู่ชั้น 6 ทั้งสองห้องค่ะ เบอร์ห้อง 624 และห้อง 626 [hor:ng3 - khor:ng5 - khun1 - yu:2 - chan4 - hok2 - thang4 - sor:ng5 - hor:ng3 - kha3 - boe:1 - hor:ng3 - hok2 - sor:ng5 - si:2 - lae4 - hor:ng3 - hok2 - sor:ng5 - hok2]
房间面对河景，景观很漂亮。	ในห้องพักสามารถเห็นแม่น้ำ วิวสวยมากค่ะ [nai1 - hor:ng3 - phak4 - sa:5 - ma:t3 - hen5 - mae:3 - nam4 - wio1 - suai5 - ma:k3 - kha3]
往前走右转，即可看到电梯。	เดินไปด้านหน้า แล้วเลี้ยวขวา ก็จะเจอลิฟท์ค่ะ [doe:n1 - pai1 - da:n3 - na:3 - lae:o4 - lia:o4 - khwa:5 - kor:3 - ja1 - joe:1 - lip4 - kha3]
用室内电话拨 0 即可以联络客房服务部。	กด 0 เมื่อต้องการติดต่อฝ่ายบริการห้องพักค่ะ [kot2 - su:n5 - muea:3 - tor:ng3 - ka:n1 - tit2 - tor:2 - fa:i2 - bor:1 ri1 ka:n1 - hor:ng3 - phak4 - kha3]

出发前 | 机场相关 | 泰国住宿 | 观光景点 | 泰国美食 | 购物乐趣 | 泰国交通 | 紧急状况

♪ 043

走吧！一起用泰语去旅行！

早餐介绍

| 这是你的早餐券。 | นี่คือคูปองอาหารเช้าของคุณค่ะ
[ni:3 - khue:1 - khu:1 - por:ng1 - a:1 - ha:n5 - chao4 - khor:ng5 - khun1 - kha3] |

| 请问早餐供应是几点到几点呢？ | ไม่ทราบว่าอาหารเช้าให้บริการกี่โมงถึงกี่โมงคะ
[mai3 - sa:p3 - wa:3 - a:1 - ha:n5 - chao4 - hai3 - bor:1 ri1 ka:n1 - ki:2 - mo:ng1 - thueng5 - ki:2 - mo:ng1 - kha4] |

↓

| 早餐供应时间为 7 点到 10 点半。 | อาหารเช้าให้บริการตั้งแต่ 7 โมง ถึง 10 โมงครึ่งค่ะ
[a:1 - ha:n5 - chao4 - hai3 - bor:1 ri1 ka:n1 - tang3 tae:2 - jet2 - mo:ng1 - thueng5 - sip2 - mo:ng1 - khrueng3 - kha3] |

| 请问在哪里吃早餐呢？ | ไม่ทราบว่าที่รับประทานอาหารเช้าอยู่ไหนคะ
[mai3 - sa:p3 - wa:3 - thi:3 - rap4 - pra1 - tha:n1 - a:1 - ha:n5 - chao4 - yu:2 - nai5 - kha4] |

↓

| 在一楼餐厅。 | อยู่ที่ห้องอาหารชั้นหนึ่งค่ะ
[yu:2 - thi:3 - hor:ng3 - a:1 - ha:n5 - chan4 - nueng2 - kha3] |

| 将早餐券交给服务人员，便可以直接进去用餐。 | นำคูปองอาหารเช้าให้พนักงาน แล้วเข้าไปทานได้เลยค่ะ
[nam1 - khu:1 - por:ng1 - a:1 - ha:n5 - chao4 - hai3 - pha1 nak4 nga:n1 lae:o4 - khao3 - pai1 - tha:n1 - dai3 - loe:i1 - kha3] |

询问服务

| 请问提供 Wi-Fi 吗？ | ไม่ทราบว่ามี Wi-Fi ไหมคะ
[mai3 - sa:p3 - wa:3 - mi:1 - wa:i1 - fa:i1 - mai5 - kha4] |

↓

| 酒店大厅（房间）有免费 Wi-Fi。 | ห้องโถงโรงแรม (ในห้องพัก) มี Wi-Fi ฟรีค่ะ
[hor:ng3 - tho:ng5 - ro:ng1 - rae:m1 (nai1 - hor:ng3 - phak4) - mi:1 - wa:i1 - fa:i1 - fri:1 - kha3] |

请问 Wi-Fi 的密码是多少？	ขอพาสเวิร์ด Wi-Fi ด้วยค่ะ [khor:5 - pha:s4 - woe:t2 - wa:i1 - fa:i1 - duai3 - kha3]
Wi-Fi 的密码就是你的房号，536。	พาสเวิร์ด Wi-Fi คือเบอร์ห้องพักของคุณเบอร์ 536 ค่ะ [pha:s4 - woe:t2 - wa:i1 - fa:i1 - khue:1 - boe:1 - hor:ng3 - phak4 - khor:ng5 - khun1 - boe:1 - ha:3 - sa:m5 - hok2 - kha3]
请问有**代寄**明信片的服务吗？	ไม่ทราบว่ามีบริการฝากส่งโปสการ์ดไหมคะ [mai3 - sa:p3 - wa:3 - mi:1 - bor:1 ri1 ka:n1 - fa:k2 - song2 - po:s4 - ka:t4 - mai5 - kha4]
请问有我的包裹吗？	ไม่ทราบว่ามีพัสดุส่งถึงฉันไหมคะ [mai3 - sa:p3 - wa:3 - mi:1 - phat4 sa2 du2 - song2 - thueng5 - chan5 - mai5 - kha4]
请问有**这个地区**的地图吗？	ไม่ทราบว่าคุณมีแผนที่ของย่านนี้ไหมคะ [mai3 - sa:p3 - wa:3 - khun1 - mi:1 - phae:n5 - thi:3 - khor:ng5 - ya:n3 - ni:4 - mai5 - kha4]
（客房打扫人员来敲门）不好意思，可以**半小时**后再过来吗？	ขอโทษนะคะ อีกครึ่งชั่วโมงค่อยมาได้ไหมคะ [khor:5 - tho:t3 - na4 - kha4 i:k2 - khueng3 - chua:3 - mo:ng1 - khor:i3 - ma:1 - dai3 - mai5 - kha4]

♪ 045

句型

一间_____。
_____ หนึ่งห้อง
[_____ nueng2 - hor:ng3]

ห้องเดี่ยว
[hor:ng3 - dia:o2]
单人间

ห้องพักคู่
[hor:ng3 - phak4 - khu3]
双人间

ห้องพัก สำหรับสี่ท่าน
[hor:ng3 - phak4 - sam5 - rap2 - si:2 - tha:n3]
四人间

ห้องพักชั้นธุรกิจ
[hor:ng3 - phak4 - chan4 - thu4 ra1 kit2]
商务套房

โซนสูบบุหรี่
[so:n1 - su:p2 - bu2 - ri:2]
吸烟区

ห้ามสูบบุหรี่
[ha:m3 - su:p2 - bu2 - ri:2]
禁烟

ห้องสำหรับ ครอบครัว
[hor:ng3 - sam5 - rap2 - khror:p3 - khrua:1]
家庭套房

ห้องสวีท วิวแม่น้ำ
[hor:ng3 - sa2 wi:t2 - wio1 - mae:3 - nam4]
水景套房

เตียงบน
[ti:ang1 - bon1]
上铺

เตียงล่าง
[ti:ang1 - la:ng3]
下铺

请问房间有_____吗？
ไม่ทราบว่าในห้องมี_____ไหมคะ
[mai3 - sa:p3 - wa:3 - nai1 - hor:ng3 - mi:1 _____ mai5 - kha4]

ทีวี / โทรทัศน์
[thi:1 - wi:1] / [tho:1 - ra1 - that4]
电视

ตู้เย็น
[tu:3 - yen1]
冰箱

เตารีด
[tao1 - ri:t3]
熨斗

ตู้เซฟ
[tu:3 - se:p4]
保险箱

ไดร์เป่าผม
[dai1 - pao2 - phom5]
吹风机

อุปกรณ์ทำความสะอาดร่างกาย
[up2 - pa2 - kor:n1 - tham1 - khwa:m1 - sa2 a:t2 - ra:ng3 - ka:i1]
盥洗用品

โต๊ะทำงาน
[to4 - tham1 - nga:n1]
办公桌

ระเบียง
[ra4 - bi:ang1]
阳台

เตียงเดี่ยว
[ti:ang1 - dia:o2]
单人床

เตียงคู่
[ti:ang1 - khu:3]
双人床

กาต้มน้ำร้อน
[ka:1 - tom3 - nam4 - ror:n4]
热水壶

แก้วน้ำ
[kae:o3 - nam4]
杯子

ไม้แขวนเสื้อ
[mai4 - khwae:n5 - suea:3]
衣架

ตู้เสื้อผ้า
[tu:3 - suea:3 - pha:3]
衣柜

请问酒店有_____吗？
ไม่ทราบว่าที่โรงแรมมี_____ไหมคะ
[mai3 - sa:p3 - wa:3 - thi:3 - ro:ng1 - rae:m1 - mi:1 _____ mai5 - kha4]

ห้องอาหาร
[hor:ng3 - a:1 - ha:n5]
餐厅

ห้องโถง
[hor:ng3 - tho:ng5]
宴会厅

ห้องประชุม
[hor:ng3 - pra1- chum1]
会议室

ห้องฟิตเนส
[hor:ng3 - fit4 - ne:s2]
健身房

ห้อง SPA
[hor:ng3 - sa2 pa:1]
SPA 馆

ร้านค้า
[ra:n4 - kha:4]
便利店

เครื่องขายน้ำดื่ม
[khruea:ng3 - kha:i5 - nam4 - due:m2]
贩卖机

รถบริการรับส่ง
[rot4 - bor:1 ri1 ka:n1 - rap4 - song2]
酒店接驳车

ห้องซักรีด
[hor:ng3 - sak4 - ri:t3]
洗衣间

คู่มือท่องเที่ยว
[khu:3 - mue:1 - thor:ng3 - thia:o3]
旅游手册

บริการเรียกรถ
[bor:1 ri1 ka:n1 - ri:ak3 - rot4]
叫车服务

แผนที่ในเมือง
[phae:n5 - thi:3 - nai1 - muea:ng1]
市区地图

出发前 | 机场相关 | 泰国住宿 | 观光景点 | 泰国美食 | 购物乐趣 | 泰国交通 | 紧急状况

单词

[投宿地点]

โรงแรม	รีสอร์ท	โรงแรมแคปซูล
[ro:ng1 - rae:m1]	[ri:1 - sor:t2]	[ro:ng1 - rae:m1 - khae:p4 - su:n1]
酒店	旅馆	胶囊旅馆

เกสเฮ้าส์	เซอร์วิสอพาร์ทเม้นท์	โรงแรมห้าดาว	โฮสเทล
[ke:s4 - hao4]	[soe:1 - wis2 - a1 pa:t4 - me:n4]	[ro:ng1 - rae:m1 - ha:3 - da:o1]	[ho:s4 - the:o1]
民宿	公寓式酒店	五星级酒店	青年旅社

[酒店人员]

พนักงานต้อนรับ	บริกร	พนักงานยกกระเป๋า
[pha1 nak4 nga:n1 - tor:n3 - rap4]	[bor:1 ri1 kor:n1]	[pha1 nak4 nga:n1 - yok4 - kra1 - pao5]
接待人员	服务人员	行李员

ลูกค้า
[lu:k3 - kha:4]
住客／客人

[房间设备]

เตียงนอน	โต๊ะ	เก้าอี้
[ti:ang1 - nor:n1]	[to4]	[kao3 - i:3]
床铺	桌子	椅子

ห้องพัก
[hor:ng3 - phak4]
房间

ไฟ	ไฟตั้งโต๊ะ	แอร์ / เครื่องปรับอากาศ	โต๊ะข้างเตียง
[fai1]	[fai1 - tang3 - to4]	[ae:1] / [khruea:ng3 - prap2 - a:1 - ka:t2]	[to4 - kha:ng3 - ti:ang1]
电灯	台灯	冷气	床头桌

		โซฟา	ลิ้นชัก
		[so:1 - fa:1]	[lin4 - chak4]
		沙发	抽屉

ห้องน้ำ [hor:ng3 - nam4] 浴室	**อ่างอาบน้ำ** [a:ng2 - a:p2 - nam4] 浴缸	**ชักโครก** [chak4 - khro:k3] 马桶	**ก๊อกน้ำ** [kor:k4 - nam4] 水龙头

ฝักบัว [fak2 - bua:1] 莲蓬头	**ผ้าม่าน** [pha:3 - ma:n3] 浴帘	[盥洗用品]	**แปรงสีฟัน** [prae:ng1 - si:5 - fan1] 牙刷
		ประตู [pra1 - tu:1] 门 **สบู่หอม** [sa2 bu:2 - hor:m5] 香皂	
ครีมอาบน้ำ [khri:m1 - a:p2 - nam4] 沐浴乳	**แชมพู** [chae:m1 - pu:1] 洗发乳	**ครีมนวดผม** [khri:m1 - nua:t3 - phom5] 润发乳	**ยาสีฟัน** [ya:1 - si:5 - fan1] 牙膏

หวี [wi:5] 梳子	**มีดโกนหนวด** [mi:t3 - ko:n1 - nua:t2] 刮胡刀	**หมวกอาบน้ำ** [mua:k2 - a:p2 - nam4] 浴帽	**สำลีก้าน** [sam5 - li:1 - ka:n3] 棉花棒
			สำลีเช็ดหน้า [sam5 - li:1 - chet4 - na:3] 化妆棉

出发前 | 机场相关 | 泰国住宿 | 观光景点 | 泰国美食 | 购物乐趣 | 泰国交通 | 紧急状况

♪ 049

泰国按摩知多少

到了泰国当然不能错过泰式按摩了！舒畅筋骨，除去一身疲劳。酒店都会有SPA按摩馆，在旅馆民宿附近也能轻易发现按摩馆，价位则因服务品质与地点、环境而异。

按摩并非适合所有的人，应该先了解自身的健康状况，再选择适合的按摩服务类型，以及向按摩师表明希望避开什么部位（尤其是近几年开过刀的地方）。

享受按摩时最重要的是要全身放松，这样才能让按摩达到最大的功效。

在按摩的过程中若有不舒服的感觉，应该立即向按摩师反映，以免放松不成，反倒带着疼痛回家。

如果你的身体有以下状况，应该避免按摩：高血压、心脏病、骨质疏松、神经疾病、脊髓疾病、关节疏松、血管疾病、淋巴系统疾病、糖尿病等，因为泰式按摩会刺激血液循环，其过程也会拉伸肌肉与筋骨，可能会造成身体受到伤害。

如果身上有伤口，也应该避免按摩，否则伤口感染的范围有可能会扩大。

去按摩的人都希望能够去除身上的疲乏与不舒服感，但是对于过度疲累的人，也不适合进行按摩，尤其是由以下原因导致疲惫者，如鼻窦炎患者，可能会引起视线不清楚，严重者可能会引发呕吐；肩颈酸痛、手脚无力者，或无法动肩、手臂、脚者，或手脚出现红肿、刺痛者；背部酸痛感已延伸到腰部者，手脚麻或发烧者，都不应该接受按摩，而应尽快向专科医生求助。

[按摩时会用到的词句]

ตรงนี้เบาๆ
[trong1 - ni:4 - bao1 - bao1]
这边轻一点。

ตรงนี้ขอหนักๆ
[trong1 - ni:4 - khor:5 - nak2 - nak2]
这边麻烦你重一点。

เจ็บ
[jep2]
痛！

ทำตัวสบายๆ
[tham1 - tua:1 - sa2 ba:i1 - sa2 ba:i1]
请放轻松。

จั๊กจี้
[jak4 ka1 ji:5]
好痒（怕痒）。

ขอพักสักครู่
[khor:5 - phak4 - sak2 - khru:3]
请先暂停一下。

退房,往下个地点前进

以酒店为中心,玩遍附近景点后再移动吧!

客房服务

你好,这里是客房服务柜台。	สวัสดีค่ะ เคาน์เตอร์บริการห้องพักค่ะ [sa2 wat2 di:1 kha3: khao4 toe:3 - bor:1 ri1 ka:n1 - hor:ng3 - phak4 - kha3]
这里是823号房,想联系客房服务部。	โทรจากห้อง 823 นะคะ ฉันอยากติดต่อ ฝ่ายรูมเซอร์วิสค่ะ [tho:1 - ja:k2 - hor:ng3 - pae:t2 - sor:ng5 - sa:m5 - na4 - kha4 - chan5 - ya:k2 - tit2 - tor:2 - fa:i2 - ru:m1 - soe:1 - wis2 - kha3]
请问需要什么服务呢?	คุณต้องการบริการอะไรคะ [khun1 - tor:ng3 - ka:n1 - bor:1 ri1 ka:n1 - a2 - rai1 - kha4]
我想多要一条浴巾。	ฉันอยากได้ผ้าเช็ดตัวอีกผืนนึงค่ะ [chan5 - ya:k2 - dai3 - pha:3 - chet4 - tua:1 i:k2 – phue:n5 - nueng1 - kha3]
我可以再要一个枕头吗?	ขอหมอนเพิ่มอีกใบได้ไหมคะ [khor:5 - mor:n5 - phoe:m3 - i:k2 - bai1 - dai3 - mai5 - kha4]
我想要两瓶水。	ฉันอยากได้น้ำดื่มสองขวด [chan5 - ya:k2 - dai3 - nam4 - due:m2 - sor:ng5 - khua:t2]
我想要点一份鲜虾炒饭。	ฉันอยากสั่งข้าวผัดกุ้งที่นึงค่ะ [chan5 - ya:k2 - sang2 - kha:o3 - phat2 - gung3 - thi:3 - nueng1 - kha3]
麻烦快点帮我送餐。	รบกวนช่วยส่งมาเร็วๆหน่อย [rob4 - kua:n1 - chuai3 - song2 - ma:1 - reo1 - reo1 - nor:i2]
现在就帮您处理。	จะจัดการให้เดี๋ยวนี้เลยค่ะ [ja1 - jat2 - ka:n1 - hai3 - dia:o5 - ni:4 - loe:i1 - kha3]

麻烦早上 9 点叫我起床。	รบกวนโทรปลุกฉันตอน 9 โมงเช้าค่ะ [rob4 - kua:n1 - tho:1 - pluk2 - chan5 - tor:n1 - kao3 - mo:ng1 - chao4 - kha3]
好的，没有问题。	ไม่มีปัญหาค่ะ [mai3 - mi:1 - pan1 - ha:5 - kha3]
你好，客房服务。	สวัสดีค่ะ รูมเซอร์วิสค่ะ [sa2 wat2 di:1 kha3 - ru:m1 - soe:1 - wis2 - kha3]
非常谢谢你。	ขอบคุณมากค่ะ [khor:p2 - khun1 - ma:k3 - kha3]

寻求帮忙

房间的电视无法看。	ทีวีในห้องดูไม่ได้ค่ะ [thi:1 - wi:1 - nai1 - hor:ng3 - du:1 - mai3 - dai3 - kha3]
浴室的电灯坏掉了。	ไฟในห้องน้ำเสียค่ะ [fai1 - nai1 - hor:ng3 - nam4 - si:a5 - kha3]
排水口堵住了。	รูระบายน้ำตันค่ะ [ru:1 - ra4 - ba:i1 - nam4 - tan1 - kha3]
马桶堵塞了。	ชักโครกตันค่ะ [chak4 - khro:k3 - tan1 - kha3]
Wi-Fi 无法连接。	ต่อเข้า Wi-Fi ไม่ได้ค่ะ [tor:2 - khao3 - wa:i1 - fa:i1 - mai3 - dai3 - kha3]
网络无法使用。	อินเตอร์เน็ตใช้ไม่ได้ค่ะ [in1 - toe:1 - net2 - chai4 - mai3 - dai3 - kha3]

走吧！一起用泰语去旅行！

水龙头没有热水。	ก๊อกน้ำไม่มีน้ำร้อนออกมาค่ะ [kor:k4 - nam4 - mai3 - mi:1 - nam4 - ror:n4 - or:k2 - ma:1 - kha3]
我被锁在房间外面了。	ฉันโดนล็อคอยู่นอกห้องค่ะ [chan5 - do:n1 - lor:k4 - yu:2 - nor:k3 - hor:ng3 - kha3]
我把房卡放在房间里了。	ฉันลืมคีย์การ์ดไว้ในห้องค่ะ [chan5 - lue:m1 - khi:1 - ka:t4 - wai4 - nai1 - hor:ng3 - kha3]
空调温度无法调节。	ปรับอุณหภูมิของแอร์ไม่ได้ค่ะ [prap2 - un1 na1 phu:m1 - khor:ng5 - ae:1 - mai3 - dai3 - kha3]
可以请你来帮忙看一下吗？	รบกวนคุณช่วยมาดูหน่อยได้ไหมคะ [rob4 - kua:n1 - khun1 - chuai3 - ma:1 - du:1 - nor:i2 - dai3 - mai5 - kha4]
我忘记房间保险箱的密码了。	ฉันลืมรหัสตู้เซฟในห้องค่ะ [chan5 - lue:m1 - ra2 hat2 - tu:3 - se:p4 - nai1 - hor:ng3 - kha3]
请问可以借变压器吗？	ขอยืมปลั๊กแปลงไฟได้ไหมคะ [khor:5 - yue:m1 - plak4 - plae:ng1 - fai1 - dai3 - mai5 - kha4]
请问有延长线可以借用吗？	ไม่ทราบว่าจะขอยืมปลั๊กพ่วงได้ไหมคะ [mai3 - sa:p3 - wa:3 - ja2 - khor:5 - yue:m1 - plak4 - phua:ng3 - dai3 - mai5 - kha4]
请借我一个电器的转接头。	ขอยืมปลั๊กแปลงขาหน่อยค่ะ [khor:5 - yue:m1 - plak4 - plae:ng1 - kha:5 - nor:i2 - kha3]

赞美及抱怨

谢谢你们的各种**帮助**和温暖的服务。	ขอบคุณสำหรับความช่วยเหลือต่างๆ และบริการอันอบอุ่นค่ะ [khor:p2 - khun1 - sam5 - rap2 - khwa:m1 - chuai3 - luea:5 - ta:ng2 - ta:ng2 lae4 - bor:1 ri1 ka:n1 - an1 - op2 - u:n2 - kha3]
房间的景观很漂亮。	วิวที่ห้องสวยมากค่ะ [wio1 - thi:3 - hor:ng3 - suai5 - ma:k3 - kha3]
在这里住宿很**开心**。	พักที่นี่รู้สึกดีมากค่ะ [phak4 - thi:3 - ni:3 - ru:4 - suek2 - di:1 - ma:k3 - kha3]
棉被与枕头有霉味。	ผ้าห่มและหมอนมีกลิ่นเหม็นอับ [pha:3 - hom2 - lae4 - mor:n5 - mi:1 - klin2 - men5 - ap2]
隔壁房客很吵，无法睡觉。	ห้องข้างๆเสียงดังหนวกหูมาก นอนไม่หลับเลยค่ะ [hor:ng3 - kha:ng3 - kha:ng3 - si:ang5 - dang1 - nua:k2 - hu:5 - ma:k3 - nor:n1 - mai3 - lap2 - loe:i1 - kha3]
环境好安静，而且很有隐私感。	บรรยากาศเงียบสงบ และเป็นส่วนตัวดีค่ะ [ban1 ya:1 ka:t2 - ngi:ap3 - sa2 ngop2 - lae4 - pen1 - sua:n2 - tua:1 - di:1 - kha3]
服务快速，而且好亲切。	ให้บริการรวดเร็ว และเป็นกันเองดีค่ะ [hai3 - bor:1 ri1 ka:n1 - rua:t3 - reo1 - lae4 - pen1 - kan1 - e:ng1 - di:1 - kha3]
服务人员讲话好凶，语气不好。	พนักงานพูดจาดุ น้ำเสียงไม่ค่อยดีเลยค่ะ [pha1 nak4 nga:n1 - phu:t3 - ja:1 - du2 - nam4 - si:ang5 - mai3 - kor:i3 - di:1 - loe:i1 - kha3]
房间问题太多了，希望尽快改进。	ในห้องมีปัญหาเยอะเกินไป กรุณาปรับปรุงด่วน! [nai1 - hor:ng3 - mi:1 - pan1 - ha:5 - yoe4 - koe:n1 - pai1 - ka1 ru4 na:1 - prap2 - prung1 - dua:n2]

♪ 055

有奇怪的味道，不知道哪里来的。

มีกลิ่นแปลกๆ ไม่รู้มาจากไหน
[mi:1 - klin2 - plae:k2 - plae:k2 - mai3 - ru:4 - ma:1 - ja:k2 - nai5]

退房

你好，我要退房。

สวัสดีค่ะ ฉันต้องการเช็คเอาท์ค่ะ
[sa2 wat2 di:1 kha3 - chan5 - tor:ng3 - ka:n1 - chek4 - ao4 - kha3]

526号房要退房。

ห้อง 526 ต้องการเช็คเอาท์ค่ะ
[hor:ng3 - ha:3 - sor:ng5 - hok2 - tor:ng3 - ka:n1 - chek4 - ao4 - kha3]

麻烦请帮我确认一下账单。

รบกวนช่วยดูบิลให้หน่อยค่ะ
[rob4 - kua:n1 - chuai3 - du:1 - bin1 - hai3 - nor:i2 -kha3]

不好意思，账单金额**有点问题**。

ขอโทษนะคะ จำนวนเงินในบิล**มีผิดพลาด**
[khor:5 - tho:t3 - na4 - kha4
jam1 - nua:n1 – ngoe:n1 - nai1 - bin1 - **mi:1 - phit2 - phla:t3**]

我没有点客房服务。

ฉันไม่ได้สั่งรูมเซอร์วิสค่ะ
[chan5 - mai3 - dai3 - sang2 - ru:m1 - soe:1 - wis2 - kha3]

请问是**刷卡**还是付现金？

ไม่ทราบว่าคุณจะ**รูดบัตร**
หรือชำระเป็นเงินสดคะ
[mai3 - sa:p3 - wa:3 - khun1 - ja2 - **ru:t3 - bat2**
rue:5 - cham1 - ra4 - pen1 - ngoe:n1 - sot2 - kha4]

我想用现金结账。

ฉันอยากจ่ายเงินสดค่ะ
[chan5 - ya:k2 - ja:i2 - ngoe:n1 - sot2 - kha3]

这张优惠券可以使用吗？

คูปองใบนี้ใช้ได้ไหมคะ
[khu1 - por:ng1 - bai1 - ni:4 - chai4 - dai3 - mai5 - kha4]

请问我可以多住一晚吗？	ไม่ทราบว่าฉันจะพักต่ออีกคืนนึงได้ไหมคะ [mai3 - sa:p3 - wa:3 - chan5 - ja1 - phak4 - tor:2 - i:k2 - khue:n1 - nueng1 - dai3 - mai5 - kha4]
不好意思，没有空房了。	ต้องขอโทษด้วยนะคะ ตอนนี้ห้องเต็มหมดค่ะ [tor:ng3 - khor:5 - tho:t3 - duai3 - na4 - kha4 tor:n1 - ni:4 - hor:ng3 - tem1 - mot2 - kha3]
我把手机忘在房间里了。	ฉันลืมมือถือไว้ในห้องค่ะ [chan5 - lue:m1 - mue:1 - thue:5 - wai4 - nai1 - hor:ng3 - kha3]

[形容酒店的词]

		เงียบสงบ [ngi:ap3 - sa2 ngop2] 安静、宁静
วิวสวย [wio1 - suai5] 景观漂亮	สภาพแวดล้อมสะอาด [sa2 pha:p3 - wae:t3 - lor:m4 - sa2 a:t2] 环境很干净	ตกแต่งสวยงาม [tok2 - tae:ng2 - suai5 - nga:m1] 装饰很美
ดีไซน์เก๋ไก๋ [di:1 - sai1 - ke:5 - kai5] 设计巧妙	หรูหรามีระดับ [ru:5 - ra:5 - mi:1 - ra1 - dap2] 豪华高档	เดินทางสะดวก [doe:n1 - tha:ng1 - sa2 - dua:k2] 交通方便
บริการดี [bor:1 ri1 ka:n1 - di:1] 服务好	คุ้มค่าราคา [khum4 - kha:3 - ra:1 kha:1] 超值划算	เป็นกันเอง [pen1 gan1 e:ng1] 亲切

句型

我想多要一个______。
ฉันอยากได้ ______
เพิ่มอันนึงค่ะ
[chan5 - ya:k2 - dai3 _____
phoe:m3 - an1 - nueng1 - kha3]

ผ้าห่ม
[pha:3 - hom2]
棉被

หมอน
[mor:n5]
枕头

ผ้าขนหนู
[pha:3 - khon5 - nu:5]
毛巾

ผ้าเช็ดตัว
[pha3 - chet4 - tua:1]
浴巾

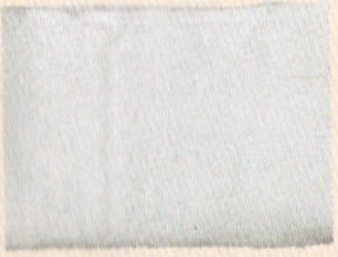

ไดร์เป่าผม
[dai1 - pao2 - phom5]
吹风机

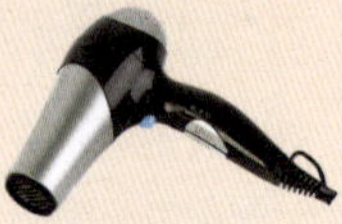

ปลั๊กแปลงไฟ
[plak4 - plae:ng1 - fai1]
变压器

ปลั๊กพ่วง
[plak4 - phua:ng3]
延长线

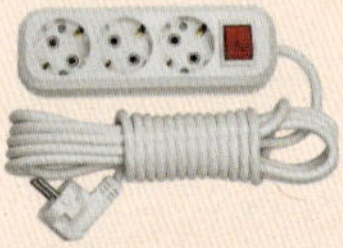

ที่เขี่ยบุหรี่
[thi:3 - khi:a2
- bu2 - ri:2]
烟灰缸

请问可以寄放______在柜台吗?
ไม่ทราบว่าขอฝาก______
ไว้ที่เคาน์เตอร์ได้ไหมคะ
[mai3 - sa:p3 - wa:3 - kor:5 - fa:k2 _____ wai4
- thi:3 - khao4 - toe:3 - dai3 - mai5 - kha4]

กระเป๋าเดินทาง / สัมภาระ
[kra1 - pao5 - doe:n1 - tha:ng1] / [sam5 - pha:1 - ra4]
行李

พัสดุ
[phat4 - sa2 - du2]
包裹

ของมีค่า
[khor:ng5 - mi:1 - kha:3]
贵重物品

อาหารแช่เย็น
[a:1 - ha:n5
- chae:3 - yen1]
需冷藏的食物

单词

[费用]

ฟรี [fri:1] 免费

ลดราคา [lot4 - ra:1 - ka:1] 打折

ทิป [thip4] 小费

ค่าใช้จ่าย [kha:3 - chai4 - ja:i2] 费用

เก็บเงิน / เก็บตังค์ [kep2 - ngoe:n1] / [kep2 - tang1] 收钱

ค่าใช้จ่าย เพิ่มเติม [kha:3 - chai4 - ja:i2 - phoe:m3 - toe:m1] 追加费用

ค่าบริการ [kha:3 - bor:1 ri1 ka:n1] 服务费

ค่าใช้จ่าย ที่พัก [kha:3 - chai4 - ja:i2 - thi:3 - phak4] 房间费用

ค่าจอดรถ [kha:3 - jor:t2 - rot4] 停车费用

ค่ารูมเซอร์วิส [kha:3 - ru:m1 - soe:1 - wis2] 客房服务费用

ค่าอาหาร [kha:3 - a:1 - ha:n5] 餐点费用

[票券]

คีย์การ์ด [khi:1 - ka:t4] 房卡

ตั๋วผ่านประตู ของสถานที่ ท่องเที่ยว [tua:5 - pha:n2 - pra2 - tu:1 - khor:ng5 - sa2 - tha:n5 - thi:3 - thor:ng3 - thia:o3] 旅游景点门票

คูปอง อาหารเช้า [khu:1 - por:ng1 - a:1 - ha:n5 - chao4] 早餐券

คูปองส่วนลด [khu:1 - por:ng1 - sua:n2 - lot4] 优惠券

บัตรจอดรถ [bat2 - jor:t2 - rot4] 停车卡

วินมอเตอร์ไซค์ [win1 - mor:1 - toe:1 - sai1] 出租摩托车服务处

ป้ายเรียกแท็กซี่ [pa:i3 - ri:ak3 - thae:k4 - si:3] 出租车招呼站

ป้ายรถเมล์ [pa:i3 - rot4 - me:1] 公交车站牌

[酒店外部]

ถนน [tha2 - non5] 马路

出发前 | 机场相关 | 泰国住宿 | 观光景点 | 泰国美食 | 购物乐趣 | 泰国交通 | 紧急状况

订房的注意事项

酒店

有规模的酒店和旅馆,大多可在订房网站上进行订房,而且会比直接住酒店或旅馆订房更优惠。也可以请旅行社代为订房。需要注意的地方如下:

1. 住宿的地点、交通、入住与退房的日期与时间。
2. 住宿费用是否有优惠方案,例如:早订优惠、长住优惠,或平日住宿是否比较便宜等。
3. 是否提供 Wi-Fi,有些需另加钱,或有住宿人数的限制(1~2人)。
4. 该价格是否已含早餐服务。
5. 该价格是否可以取消或变更订房,需另加费用吗?
6. 入住时若刷卡,酒店则会要求预刷一笔保证金。
7. 如果线上完成订房手续,则应将最后确认的 E-mail 打印出来,入住时交给柜台人员即可。
8. 前往酒店前,先与酒店联系,了解乘车路线。

民宿

想预订民宿或旅馆,可直接通过该旅馆网站的订房系统或 E-mail 联络订房事宜,除了上面的注意事项之外,还要注意的地方如下:

1. 必须收到民宿或旅馆的确认 E-mail,最好将确认的 E-mail 打印出来带着,若单方面寄 E-mail 却没有收到回信的话,极有可能是该联络方式早已无效。
2. 沟通好要入住的时间,若到达的时间太晚的话,他们是否愿意等候。
3. 有些民宿是利用大楼中几间小套房改建的,建议事先研究该民宿的可信度与安全性。

Chapter 4 观光景点

每个人的旅游目的都不同，有人喜欢和好友疯狂购物，有人喜欢享受独自漫步在忙乱城市中或海边的孤独感，也有人喜欢去庙宇感受宗教与历史的痕迹。无论是何种目的，在安排行程上要留意景点的开放时间、游玩的交通路线。在曼谷，请尽量乘坐地铁，这样才不会让堵车问题浪费你的宝贵时间。

เที่ยวเมืองไทย ไปด้วยกัน
[thia:o3 - muea:ng1 - thai1 - pai1 - duai3 - kan1]
泰国旅游，一起走吧！

体验当地的风土民情

在游客服务中心

| 请问旅客资讯中心在哪里? | ไม่ทราบว่าศูนย์ข้อมูลนักท่องเที่ยวอยู่ที่ไหนคะ
[mai3 - sa:p3 - wa:3 - su:n5 - khor:3 - mu:n1 - nak4 - thor:ng3 - thia:o3 - yu:2 - thi:3 - nai5 - kha4] |

| 在地铁车站的二楼。 | อยู่ในสถานี BTS ชั้นสองค่ะ
[yu:2 - nai1 - sa2 tha:5 ni:1 - bi:1 - thi:1 - e:s4 - chan4 - sor:ng5 - kha3] |

| 顺着指示标走,就可以找到了。 | ไปตามป้ายบอกทาง ก็จะเจอค่ะ
[pai1 - ta:m1 - pa:i3 - bor:k2 - tha:ng1 - kor:3 - ja2 - joe:1 - kha3] |

| 请问有旅游地图发放吗? | ไม่ทราบว่ามีแผนที่ท่องเที่ยวไหมคะ
[mai3 - sa:p3 - wa:3 - mi:1 - phae:n5 - thi:3 - thor:ng3 - thia:o3 - mai5 - kha4] |

| 我可以拿一份旅游地图吗? | ฉันขอแผนที่ท่องเที่ยวใบนึงได้ไหมคะ
[chan5 - khor:5 - phae:n5 - thi:3 - thor:ng3 - thia:o3 - bai1 - nueng1 - dai3 - mai5 - kha4] |

| 请问地图有**中文**版的吗? | ไม่ทราบว่ามีแผนที่ฉบับภาษาจีนไหมคะ
[mai3 - sa:p3 - wa:3 - mi:1 - phae:n5 - thi:3 - cha2 bab2 - pha:1 - sa:5 - ji:n1 - mai5 - kha4] |

| 旅游地图在那里,欢迎取用。 | แผนที่ท่องเที่ยวอยู่ตรงนั้น เชิญหยิบได้เลยค่ะ
[phae:n5 - thi:3 - thor:ng3 - thia:o3 - yu:2 - trong1 - nan4 choe:n1 - yib2 - dai3 - loe:i1 - kha3] |

| 我想知道要如何去拜四面佛。 | ฉันอยากทราบว่าศาลพระพรหมต้องไปยังไงคะ
[chan5 - ya:k2 - sa:b3 - wa:3 - sa:n5 - phra4 - phrom1 - tor:ng3 - pai1 - yang1 - ngai1 - kha4] |

♪ 062

从这里可以**走路**过去吗？

จากที่นี่ เดินไปได้ไหมคะ
[ja:k2 - thi:3 - ni:3
doe:n1 - pai1 - dai3 - mai5 - kha4]

要坐地铁到 SIAM 站，然后走天桥过去。

ต้องนั่ง BTS ไปลงที่สถานีสยาม แล้วเดินสะพาน Skywalk ไปได้ค่ะ
[tor:ng3 - nang3 - bi:1 - thi:1 - e:s4
- pai1 - long1 - thi:3 - sa2 tha:5 ni:1 - sa2 ya:m5
- lae:o4 - doe:n1 - sa2 pha:n1 - sa2 ka:i1 wor:k4
- pai1 - dai3 - kha3]

你有**推荐**的景点吗？

คุณมีแหล่งท่องเที่ยวแนะนำไหมคะ
[khun1 - mi:1 - lae:ng2 - thor:ng3 - thia:o3
- nae4 - nam1 - mai5 - kha4]

这个地方离这里很远吗？

สถานที่นี้ ไกลจากที่นี่มากไหมคะ
[sa2 tha:n5 thi:3 - ni:4
klai1 - ja:k2 - thi:3 - ni:3 - ma:k3 - mai5 - kha4]

走路去**大约** 10 分钟。

เดินไประมาน 10 นาทีค่ะ
[doe:n1 - pai1 - pra1 - ma:n1 - sib2 - na:1 - thi:1 - kha3]

可以请你帮我在地图上**指路**吗？

ช่วยชี้ทางบนแผนที่ให้หน่อยได้ไหมคะ
[chuai3 - chi:4 - tha:ng1 - bon1 - phae:n5 - thi:3
- hai3 - nor:i2 - dai3 - mai5 - kha4]

我需要走路，还是坐**地铁**呢？

ฉันต้องเดินไป หรือนั่งรถใต้ดินไปดีคะ
[chan5 - tor:ng3 - doe:n1 - pai1
rue:5 - nang3 - rot4 - tai3 - din1 - pai1 - di:1 - kha4]

那附近有什么地标可以**注意**的吗？

แถวนั้นมีจุดอะไรให้สังเกตไหมคะ
[thae:o5 - nan4 - mi:1 - jut2 - a1 - rai1
- hai3 - sang5 - ke:t2 - mai5 - kha4]

在展览馆

开放时间是几点到几点呢？

เปิดให้เข้าได้กี่โมงถึงกี่โมงคะ
[poe:t2 - hai3 - khao3 - dai3 - ki:2 - mo:ng1
- thueng5 - ki:2 - mo:ng1 - kha4]

走吧！一起用泰语去旅行！

早上 10 点到下午 6 点。

10 โมงเช้าถึง 6 โมงเย็นค่ะ
[sip2 - mo:ng1 - chao4 - thueng5 - hok2 - mo:ng1 - yen1 - kha3]

每天都可以进去参观吗？

เปิดให้เข้าได้ทุกวันไหมคะ
[poe:t2 - hai3 - khao3 - dai3 - thuk4 - wan1 - mai5 - kha4]

每个星期休一天。

ปิดทุกวันจันทร์ค่ะ
[pit2 - thuk4 - wan1 - jan1 - kha 3]

每天都开放参观。

เปิดให้เข้าได้ทุกวันค่ะ
[poe:t2 - hai3 - khao3 - dai3 - thuk4 - wan1 - kha3]

入口在哪里呢？

ทางเข้าอยู่ไหนคะ
[tha:ng1 - khao3 - yu:2 - nai5 - kha4]

哪里可以买门票呢？

ซื้อตั๋วเข้าได้ที่ไหนคะ
[sue:4 - tua:5 - khao3 - dai3 - thi:3 - nai5 - kha4]

请问门票多少钱?

ไม่ทราบว่าบัตรผ่านประตูราคาเท่าไหร่คะ
[mai3 - sa:p3 - wa:3 - bat2 - pha:n2 - pra1 tu:1 - ra:1 kha:1 - thao3 - rai2 - kha4]

大人 200 泰铢，小孩 100 泰铢。

ผู้ใหญ่ 200 บาท เด็ก 100 บาทค่ะ
[phu:3 - yai2 - sor:ng5 - ror:i4 - ba:t2 dek2 - nueng2 - ror:i4 - ba:t2 - kha3]

我要两张全票，谢谢。

ขอซื้อตั๋วผู้ใหญ่ 2 ใบคะ
[khor:5 - sue:4 - tua:5 - phu:3 - yai2 - sor:ng5 - bai1 - kha3]

今天开放参观到几点？

วันนี้เปิดให้เข้าได้ถึงกี่โมงคะ
[wan1 - ni:4 - poe:t2 - hai3 - khao3 - dai3 - thueng5 - ki:2 - mo:ng1 - kha4]

今天有什么特别的展览吗？

วันนี้มีนิทรรศการอะไรน่าสนใจไหมคะ
[wan1 - ni:4 - mi:1 - ni4 that4 sa2 ka:n1 - a1 - rai1 - na:3 - son5 - jai1 - mai5 - kha4]

有中文版的**导览**简介吗？	นิทรรศการนี้ มีแผ่นพับภาษาจีนไหมคะ	[ni4 that4 sa2 ka:n1 - ni:4 - mi:1 - phae:n2 - phap4 - pha:1 - sa:5 - ji:n1 - mai5 - kha4]
博物馆里有**置物柜**吗？	ข้างในพิพิธภัณฑ์ มีล็อกเกอร์เก็บของไหมคะ	[kha:ng3 - nai1 - phi4 phit4 tha2 phan1 mi:1 - lor:k4 - koe:3 - kep2 - khor:ng5 - mai5 - kha4]
请问里面有洗手间吗？	ข้างในมีห้องน้ำไหมคะ	[kha:ng3 - nai1 - mi:1 - hor:ng3 - nam4 - mai5 - kha4]

展览馆里参观

参观方向是往这里走吗？	เส้นทางชมงาน เดินทางนี้ใช่ไหมคะ	[se:n3 - tha:ng1 - chom1 - nga:n1 doe:n1 - tha:ng1 - ni:4 - chai3 - mai5 - kha4]
我可以**拍照**吗？	ฉันถ่ายรูปได้ไหมคะ	[chan5 - tha:i2 - ru:p3 - dai3 - mai5 - kha4]
禁止所有静态摄影或**动态录影**。	ห้ามถ่ายภาพนิ่ง หรือภาพเคลื่อนไหวทุกชนิด	[ha:m3 - tha:i2 - pha:p3 - ning3 rue:5 - pha:p3 - khluea:n3 - wai5 - thuk4 - cha2 nit4]
可以拍照，但不可以用闪光灯。	ถ่ายภาพได้ แต่ห้ามใช้แฟลช	[tha:i2 - pha:p3 - dai3 - tae:2 - ha:m3 - chai4 - flae:t2]
不好意思，**博物馆**内禁止饮食。	ขอโทษนะคะ ห้ามทานอาหารและเครื่องดื่มในพิพิธภัณฑ์ค่ะ	[khor:5 - tho:t3 - na4 - kha4 - ha:m3 - tha:n1 - a:1 - ha:n5 - lae4 - khruea:ng3 - due:m2 - nai1 - phi4 phit4 tha2 phan1 - kha3]
请问有地方可以寄放物品吗？	ไม่ทราบว่ามีที่ให้ฝากของไหมคะ	[mai3 - sa:p3 - wa:3 - mi:1 - thi:3 - hai3 - fa:k2 - khor:ng5 - mai5 - kha4]

走吧！一起用泰语去旅行！

| 请问**纪念品**店在哪里？ | ไม่ทราบว่าร้านขายของที่ระลึกอยู่ที่ไหนคะ
[mai3 - sa:p3 - wa:3 - ra:n4 - kha:i5 - khor:ng5 - thi:3 - ra4 - luek4 - yu:2 - thi:3 - nai5 - kha4] |

| 参观这个展览是往这个方向走吗？ | จะชมนิทรรศการนี้ต้องเดินไปทางนี้ใช่ไหมคะ
[ja2 - chom1 - ni4 that4 sa2 ka:n1 - ni:4 - tor:ng3 - doe:n1 - pai1 - tha:ng1 - ni:4 - chai3 - mai5 - kha4] |

| 专人导览是几点开始呢？ | กิจกรรมนำชมนิทรรศการ เริ่มกี่โมงหรอคะ
[kit2 ja2 kam1 - nam1 - chom1 - ni4 that4 sa2 ka:n1 - roe:m3 - ki:2 - mo:ng1 - ror:5 - kha4] |

| 离开展馆后可以**再次**入场吗？ | เดินออกจากนิทรรศการแล้วกลับเข้าไปอีกครั้งได้ไหมคะ
[doe:n1 - or:k2 - ja:k2 - ni4 that4 sa2 ka:n1 - lae:o4 - klap2 - khao3 - pai1 - i:k2 - khrang4 - dai3 - mai5 - kha4] |

参观庙宇

| 请问进去要门票吗？ | ไม่ทราบว่าต้องเสียค่าเข้าไหมคะ
[mai3 - sa:p3 - wa:3 - tor:ng3 - si:a5 - kha:3 - khao3 - mai5 - kha4] |

| 可以告诉我**拜佛**的方法吗？ | รบกวนช่วยบอกวิธีไหว้พระให้หน่อยได้ไหมคะ
[rob4 - kua:n1 - chuai3 - bor:k2 - wi4 - thi:1 - wai3 - phra4 - hai3 - nor:i2 - dai3 - mai5 - kha4] |

| 我想要为家人祈求身体健康。 | ฉันอยากขอพรให้ครอบครัวมีสุขภาพดี
[chan5 - ya:k2 - khor:5 - phor:n1 - hai3 - khror:b3 - khrua:1 - mi:1 - suk4 kha2 pha:p3 - di:1] |

| 请问一份**祭品**要多少钱？ | ไม่ทราบว่าเครื่องสักการะชุดละเท่าไหร่คะ
[mai3 - sa:p3 - wa:3 - khruea:ng3 - sak2 ka:1 ra4 - chut4 - la4 - thao3 - rai2 - kha4] |

这座寺庙有多少年的历史？	วัดนี้มีอายุกี่ปี [wat4 - ni:4 - mi:1 - a:1 yu4 - ki:2 - pi:1]
保持肃静。	กรุณาอย่าส่งเสียงดัง [ka1 ru4 na:1 - ya:2 - song2 - si:ang5 - dang1]

[寺庙相关词汇]

		วัด [wat4] 庙宇
โบสถ์ [bo:t2] 佛堂	**พระ** [phra4] 僧侣、神佛	**เณร** [ne:n1] 沙弥
ศาลา [sa:5 - la:1] 亭、厅、堂	**ตู้รับบริจาค** [tu:3 - rap4 - bor:1 ri1 ja:k2] 功德箱	**นมัสการ** [na4 mat4 sa2 ka:n1] 参拜、朝拜
จิตรกรรมฝาผนัง [jit2 ta1 kam1 - fa:5 - pha2 - nang5] 艺术壁画	**ทำบุญ** [tham1 - bun1] 行善、做功德	**สักการะบูชา** [sak2 - ka:1 - ra4 - bu:1 - cha:1] 敬奉、供奉

句型

我想要去______。

ฉันอยากจะไป______ค่ะ

[chan5 - ya:k2 - ja2 - pai1 ______ kha3]

[曼谷]

ตลาดนัดจตุจักร
[ta1 la:t2 - nat4 - ja2 tu2 - jak2]
JJ 洽都洽
周末市集

หอศิลป์กรุงเทพ
[hor:5 - sin5 - krung1 - the:p3]
曼谷艺术文化中心
（BACC）

บ้านจิมทอมสัน
[ba:n3 - jim1 - thor:m1 - san5]
金汤普森博物馆

พระบรมมหาราชวัง
[phra1 - ba1 rom1 - ma1 ha:5 - ra:t3 cha1 wang1]
大王宫

ตลาดนัดรถไฟ
[ta1 la:t2 - nat4 - rot4 - fai1]
火车市集

เอเชียทีค
[e:1 - chi:a1 - thi:k4]
码头夜市

วัดพระแก้ว
[wat4 - phra4 - kae:o3]
玉佛寺

ซาฟารีเวิร์ด
[sa:1 - fa:1 - ri:1 - woe:1]
SAFARI
野生动物园

ห้าง Central World
[ha:ng3 - sen1 - than3 - woe:1]
Central World
百货公司

พระที่นั่งวิมานเมฆ
[pra4 - thi:3 - nang3 - wi4 - ma:n1 - me:k3]
威玛曼宫
（柚木行宫）

พระพรหม
[phra4 - phrom1]
四面佛

ประตูน้ำ
[pra1 - tu:1 - nam4]
水门市集

เมืองโบราณ
[muea:ng1 - bo:1 - ra:n1]
古城

เกาะเกร็ด
[kor2 - kret2]
陶瓷岛

ท่าเรือสาทร
[tha:3 - ruea:1 - sa:5 - thor:n1]
沙吞码头

TCDC
[thi:1 - si:1 - di:1 - si:1]
TCDC
艺术展示中心

มิวเซียมสยาม
[mio1 - si:am3 - sa2 ya:m5]
暹罗博物馆

ตลาดน้ำตลิ่งชัน
[ta1 la:t2 - nam4 - ta1 ling2 - chan1]
大林江水上市场

ถนนข้าวสาร
[tha1 non5 - kha:o3 - sa:n5]
考山路

[其他景点]

วัดร่องขุ่น
[wat4 - ror:ng3 - khun2]
白龙寺（白庙）

ดอยอินทนนท์
[dor:i1 - in1 - tha1 - non1]
因他农山

ปาย
[pa:i1]
拜镇

พิพิธภัณฑ์บ้านดำ
[phi4 phit4 tha2 phan1 - ba:n3 - dam1]
黑屋博物馆（黑庙）

สามเหลี่ยมทองคำ
[sa:m5 - li:am2 - thor:ng1 - kham1]
金三角

ปราสาทหินพิมาย
[pra:1 - sa:t2 - hin5 - phi4 - ma:i1]
披迈石宫

จังหวัดเลย
[jang1 - wat2 - loe:i1]
雷府

เชียงคาน
[chi:ang1 - kha:n1]
清崁镇

ตลาดน้ำอัมพวา
[ta1 la:t2 - nam4 - am1 pha1 wa:1]
安帕瓦水上市场

เพลินวาน หัวหิน
[phloe:n1 - wa:n1 - hua:5 - hin5]
Plearn Wan 复古小镇

ตลาดร่มหุบ
[ta1 la:t2 - rom3 - hup2]
铁道市集

ตลาดน้ำดำเนินสะดวก
[ta1 la:t2 - nam4 - dam1 - noe:n1 - sa2 - dua:k2]
丹能沙都水上市场

ทางรถไฟสายมรณะ
[tha:ng1 - rot4 - fai1 - sa:i5 - mor:1 ra1 na4]
死亡铁路（泰缅铁路）

น้ำตกเอราวัณ
[nam4 - tok2 - e:1 - ra:1 - wan1]
Erawan 瀑布

เขาใหญ่
[khao5 - yai2]
考艾（国家公园）

Alpaca Hill
[ao1 - pa:1 - ka:3 - hio1]
羊驼牧场

หมู่บ้านช้าง
[mu:2 - ba:n3 - cha:ng4]
大象村

单词

[海岛、海边]

เกาะล้าน
[kor2 - la:n4]
格兰岛

เกาะแม่เกาะ
[kor2 - mae:3 - kor2]
岛中湖

หัวหิน
[hua:5 - hin5]
华欣

พัทยา
[phat4 - tha1 - ya:1]
芭提雅

เกาะสีชัง
[kor2 - si:5 - chang1]
锡江岛

หาดบางแสน
[ha:t2 - ba:ng1 - sae:n5]
邦圣海滩

เกาะสมุย
[kor2 - sa2 - mui5]
苏美岛

เกาะพีพี
[kor2 - phi:1 - phi:1]
PP 岛

เกาะเสม็ด
[kor2 - sa2 - met2]
沙美岛

เกาะหลีเป๊ะ
[kor2 - li:5 - pe:4]
丽贝岛

เขาตะปู
[khao5 - ta1 - pu:1]
达铺岛

ทะเลแหวก
[tha4 - le:1 - wae:k2]
Thalay Wak

[世界遗产]

บ้านเชียง
[ba:n3 - chi:ang1]
班清

เขาใหญ่
[khao5 - yai2]
考艾

อยุธยา
[a1 yut4 tha1 ya:1]
大城
（阿育他耶）

สุโขทัย
[su2 - kho:5 - thai1]
素可泰

ทุ่งใหญ่นเรศวร
[thung3 - yai2 - na1 - re:1 - sua:n5]
童–艾–纳雷松

♪ 070

ภูเก็ต
[phu:1 - ket2]
普吉

เกาะช้าง
[kor2 - cha:ng4]
象岛

[旅游资讯中心]

รถไฟฟ้า BTS
[rot4 - fai1 - fa:4 - bi:1 - thi:1 - e:s4]
轻轨（BTS）

กระบี่
[kra1 - bi:2]
甲米

เกาะเต่า
[kor2 - tao2]
龟岛

แผนที่
[phae:n5 - thi:3]
地图

รถไฟฟ้าใต้ดิน
[rot4 - fai1 - fa:4 - tai3 - din1]
地铁 MRT

จุดจำหน่ายตั๋ว
[jut2 - jam1 - na:i2 - tua:5]
售票处

คู่มือท่องเที่ยว
[khu:3 - mue:1 - thor:ng3 - thia:o3]
旅游手册

บัตรโดยสาร
[bat2 - do:i1 - sa:n5]
乘车票

โบราณสถาน
[bo:1 - ra:n1 - sa2 tha:n5]
古迹

บริกร / พนักงาน
[bor:1 ri1 kor:n1] / [pha1 - nak4 - nga:n1]
服务员

ข้อมูลท่องเที่ยว
[khor:3 - mu:n1 - thor:ng3 - thia:o3]
旅游资讯

ตั๋วเข้าชม
[tua:5 - khao3 - chom1]
参观门票

มรดกโลก
[mor:1 - ra1 - dok2 - lo:k3]
世界遗产

[景点内部]

ทางเข้า
[tha:ng1 - khao3]
入口

ลิฟท์
[lip4]
电梯

บันได
[ban1 - dai1]
楼梯

ทางออกฉุกเฉิน
[tha:ng1 - or:k2 - chuk2 - choe:n5]
紧急出口

ทางออก
[tha:ng1 - or:k2]
出口

ของที่ระลึก
[khor:ng5 - thi:3 - ra1 - luek4]
纪念品

ศูนย์บริการนักท่องเที่ยว
[su:n5 - bor:1 ri1 ka:n1 - nak4 - thor:ng3 - thia:o3]
旅客服务处

ไปรษณียบัตร / โปสการ์ด
[prai1 sa2 ni:1 ya1 bat2] / [po:s4 - ka:t4]
明信片

พิพิธภัณฑ์
[phi4 - phit4 - tha2 - phan1]
博物馆

ห้องน้ำ / สุขา
[hor:ng3 - nam4] / [su2 - kha:5]
洗手间

各种一日游介绍

除了城市观光之外，参加一日游可以看到不同的泰国。

不同城市有不同风情，不同的一日游比起自由行或跟团游更能避免交通上的不便。一日游可以向当地旅行社或旅馆柜台询问。

曼谷与周边城市

水上市场、游轮上自助晚宴、大象园、鳄鱼园、老虎园、庙宇、古迹、王宫、芭提雅一日游、大城古庙一日游、陶瓷岛等。

海边岛屿

潜水行程、出海绕岛、Thalay Wak、Thalay Nai、划船参观海岛岩洞、火把舞表演餐厅。

郊外山区

北碧府郊外一日游、国家公园、庙宇、古迹、森林冒险活动，乘船游河、拜访山上原住部落、清迈夜间野生动物园。

异国厨房

喜欢泰国美食的朋友，不要错过烹饪的课程，泰国知名的蓝象餐厅，开设有一日烹饪课。大多以英语授课，但中国游客较多的地方如曼谷与清迈，也有一些教室增设中文授课的课程。建议报名从早上就开始的课，这样还可以跟着老师一起上菜市场买菜。

一日游应注意的事项

❶ 日期、出发时间、返回时间

❷ 出发时的集合地点、返回时的送达地点

❸ 是否已含门票、船费、午餐

❹ 到郊外的活动，是否需要给导游额外的小费

❺ 提供一日游行程的旅行社，是否为合法可信的旅行社

徜徉在自然美景中

花个一天的时间，离开都市，拥抱大自然。

参观风景名胜

请问参观这里需要买门票吗？	ไม่ทราบว่าที่นี่ต้องซื้อตั๋วเข้าชมไหมคะ [mai3 - sa:p3 - wa:3 - thi:3 - ni:3 - tor:ng3 - sue:4 - tua:5 - khao3 - chom1 - mai5 - kha4]
请问正在**排队**吗？	ไม่ทราบว่ากำลัง**เข้าแถว**อยู่หรือเปล่าคะ [mai3 - sa:p3 - wa:3 - kam1 - lang1 - khao3 - thae:o5 - yu:2 - rue:5 - plao2 - kha4]
这里的风景真漂亮。	วิวที่นี่สวยจริงๆค่ะ [wio1 - thi:3 - ni:3 - suai5 - jing1 - jing1 - kha3]
来了好多旅游团！	มีทัวร์มากันเยอะมากเลย [mi:1 - thua:1 - ma:1 - kan1 - yoe4 - ma:k3 - loe:i1]
可以麻烦你帮忙**拍张照**吗？	รบกวนคุณช่วยถ่ายรูปให้หน่อยได้ไหมคะ [rob4 - kua:n1 - khun1 - chuai3 - tha:i2 - ru:p3 - hai3 - nor:i2 - dai3 - mai5 - kha4]
好，笑一个，1，2，3！	เอ้า ยิ้ม 1,2,3 [ao3 - yim4 - nueng2 - sor:ng5 - sa:m5]
这座国家公园叫什么名字？	อุทยานนี้มีชื่อว่าอะไรหรอคะ [u2 tha1 ya:n1 - ni:4 - mi:1 - chue:3 - wa:3 - a2 - rai1 - ror:5 - kha4]
这里就是旅游书介绍的**地方**吗？	ที่นี่คือ**สถานที่** ที่หนังสือแนะนำใช่ไหมคะ [thi:3 - ni:3 - khue:1 - sa2 tha:n5 thi:3 - thi:3 - nang5 - sue:5 - nae4 - nam1 - chai3 - mai5 - kha4]
听说这里的瀑布非常美。	ได้ยินว่าน้ำตกที่นี่สวยงามมาก [dai3 - yin2 - wa:3 - nam4 - tok2 - thi:3 - ni:3 - suai5 - nga:m1 - ma:k3]

明天有机会观赏到**日出**吗？	พรุ่งนี้จะมีโอกาสได้เห็นพระอาทิตย์ขึ้นไหมคะ [phrung3 - ni:4 - ja2 - mi:1 - o:1 - ka:t2 - dai3 - hen5 - phra4 - a:1 - thit4 - khuen3 - mai5 - kha4]
从这里可以看到**浦卡东的山**吗？	จากที่นี่ จะมองเห็นภูกระดึงไหมคะ [ja:k2 - thi:3 - ni:3 - ja2 - mor:ng1 - hen5 - phu:1 - kra2 - dueng1 - mai5 - kha4]
请问**厕所**在哪里？	ไม่ทราบว่า**ห้องน้ำ**ไปทางไหนคะ [mai3 - sa:p3 - wa:3 - hor:ng3 - nam4 - pai1 - tha:ng1 - nai5 - kha4]
请问哪里可以**抽烟**呢？	ไม่ทราบว่าตรงไหนมีที่สำหรับสูบบุหรี่คะ [mai3 - sa:p3 - wa:3 - trong1 - nai5 - mi:1 - thi:3 - sam5 - rap2 - su:p2 - bu1 - ri:2 - kha4]

沙滩与潜水

这里的沙滩好美，阳光正好。	หาดที่นี่สวยมากค่ะ แดดกำลังดีเลย [ha:t2 - thi:3 - ni:3 - suai5 - ma:k3 - kha3 dae:t2 - kam1 - lang1 - di:1 - loe:i1]
这里的海水好清透。	น้ำทะเลที่นี่ใสมากค่ะ [nam4 - tha1 - le:1 - thi:3 - ni:3 - sai5 - ma:k3 - kha3]
请问哪里有**沙滩椅**可以租坐呢？	ตรงไหนมี**เก้าอี้ชายหาด**ให้เช่าคะ [trong1 - nai5 - mi:1 - kao3 - i:3 - cha:i1 - ha:t2 - hai3 - chao3 - kha4]
请问租一张多少钱？我们有两个人。	ค่าเช่าตัวละเท่าไหร่คะ เรามากันสองคน [kha:3 - chao3 - tua:1 - la1 - thao3 - rai2 - kha4 rao1 - ma:1 - kan1 - sor:ng5 - khon1]
一张30铢，可以坐一整天。	ตัวละ 30 บาท นั่งได้ทั้งวันค่ะ [tua:1 - la1 - sa:m5 - sip2 - ba:t2 nang3 - dai3 - thang4 - wan1 - kha3]

♪ 075

走吧！一起用泰语去旅行！

有海鲜食物出售吗？

มีอาหารทะเลขายไหมคะ
[mi:1 - a:1 - ha:n5 - tha1 - le:1 - kha:i5 - mai5 - kha4]

有烤虾和蒸螃蟹，一盘 100 铢。

มีกุ้งย่าง กับปูนึ่งค่ะ จานละ 100 บาท
[mi:1 - gung3 - ya:ng3 - kap2 - pu:1 - nueng3 - kha3 -ja:n1 - la1 - nueng2 - ror:i4 - ba:t2]

请给我不辣的蘸酱。

ขอน้ำจิ้มไม่เผ็ดค่ะ
[khor:5 - nam4 - jim3 - mai3 - phet2 - kha3]

要乘船去沙美岛的码头，请问要往哪里走呢？

ท่าเรือที่จะไปเกาะเสม็ด
ต้องเดินไปทางไหนคะ
[tha:3 - ruea:1 - thi:3 - ja1 - pai1 - kor2 - sa2 met2 tor:ng3 - doe:n1 - pai1 - tha:ng1 - nai5 - kha4]

请问沙美岛上有自动取款机吗？

ที่เกาะเสม็ดมีตู้ ATM ไหมคะ
[thi:3 - kor2 - sa2 met2 - mi:1 - tu:3 - e:1 thi:1 em1 - mai5 - kha4]

我想要两张去沙美岛的船票。

ฉันอยากได้ตั๋วเรือไปเกาะเสม็ด 2 ใบค่ะ
[chan5 - ya:k2 - dai3 - tua:5 - ruea:1 - pai1 - kor2 - sa2 met2 - sor:ng5 - bai1 - kha3]

都是往返票好吗？

รับเป็นตั๋วไปกลับดีไหมคะ
[rap4 - pen1 - tua:5 - pai1 - klap2 - di:1 - mai5 - kha4]

我只要去程的票就行了。

ขอเป็นตั๋วขาไปก็พอค่ะ
[khor:5 - pen1 - tua:5 - kha:5 - pai1 - kor:3 - phor:1 - kha3]

那我要往返票。

งั้นขอเป็นตั๋วไปกลับ
[ngan4 - khor:5 - pen1 - tua:5 - pai1 - klap2]

到那边上船！

ขึ้นเรือทางโน้นค่ะ
[khuen3 - ruea:1 - tha:ng1 - no:n4 - kha3]

进入码头费一人 10 铢。

ค่าเข้าท่าเรือคนละ 10 บาทค่ะ
[kha:3 - khao3 - tha:3 - ruea:1 - khon1 - la1 - sip2 - ba:t2 - kha3]

国家公园的门票，外国游客一人 200 铢。	ค่าเข้าอุทยาน สำหรับชาวต่างชาติ คนละ 200 บาทค่ะ [kha:3 - khao3 - ut2 tha1 ya:n1 sam5 - rap2 - cha:o1 - ta:ng2 - cha:t3 - khon1 - la1 - sor:ng5 - ror:i4 - ba:t2 - kha3]
我想乘快艇到沙美岛，请问怎么算？	ฉันอยากนั่ง SPEED BOAT ไปเสม็ดค่ะ ราคาเท่าไหร่ [chan5 - ya:k2 - nang3 - sa2 pi:t2 bo:t4 - pai1 - sa2 met2 - kha3 - ra:1 - kha:1 - thao3 - rai2]
请问你要搭到哪个海滩呢？	จะไปลงที่อ่าวไหน [ja1 - pai1 - long1 - thi:3 - a:o2 - nai5]
我要去 Ao Praw 滩，有四个人，请问有人要跟我们一起分摊租船费用吗？	จะไปอ่าวพร้าวค่ะ เรามากัน 4 คน มีคนอื่นจะแชร์ค่าเรือกับเราไหมคะ [ja1 - pai1 - a:o2 - phra:o4 - kha3 rao1 - ma:1 - kan1 - si:2 - khon1 mi:1 - khon1 - ue:n2 - ja1 - chae:1 - kha:3 - ruea:1 - kap2 - rao1 - mai5 - kha4]
请问附近有卖泳衣的店家吗？	แถวนี้มีร้านขายชุดว่ายน้ำไหมคะ [thae:o5- ni:4 - mi:1 - ra:n4 - kha:i5 - chut4 - wa:i3 - nam4 - mai5 - kha4]
请问卖泳镜吗？	มีแว่นตาว่ายน้ำขายไหมคะ [mi:1 - wae:n3 - ta:1 - wa:i3 - nam4 - kha:i5 - mai5 - kha4]
请问有卖游泳用的手臂圈吗？	มีขายห่วงแขนสำหรับลอยน้ำไหมคะ [mi:1 - kha:i5 - hua:ng2 - khae:n5 - sam5 - rap2 - lor:i1 - nam4 - mai5 - kha4]
我想玩香蕉船。	ฉันอยากเล่น BANANA BOAT ค่ะ [chan5 - ya:k2 - le:n3 - ba:1 - na:1 - na:3 - bo:t4 - kha3]
我想划独木舟，请问附近有得租吗？	ฉันอยากพายเรือคายัคค่ะ แถวนี้มีให้เช่าไหมคะ [chan5 - ya:k2 - pha:i1 - ruea:1 - kha:1 - yak4 - kha3 thae:o5- ni:4 - mi:1 - hai3 - chao3 - mai5 - kha4]

♪ 077

我想租一个游泳圈，请问这个多少钱？	ฉันอยากเช่าห่วงยางอันนึงค่ะ อันนี้ราคาเท่าไหร่คะ [chan5 -ya:k2 - chao3 - hua:ng2 - ya:ng1 - an1 - nueng1 - kha3 an1 - ni:4 - ra:1 - kha:1 - thao3 - rai2 - kha4]
我想出去**潜水**，请问哪里有卖潜水的行程？	ฉันอยากออกไป**ดำน้ำ**ค่ะ ที่ไหนมีขายทัวร์ดำน้ำบ้างคะ [chan5 - ya:k2 - or:k2 - pai1 - dam1 - nam4 - kha3 thi:3 - nai5 - mi:1 - kha:i5 - thua:1 - dam1 - nam4 - ba:ng3 - kha4]
潜水用具和**救生衣**，都已经含在这个价格里了吗？	ค่าใช้จ่ายอุปกรณ์ดำน้ำและเสื้อชูชีพ รวมอยู่ในราคานี้ไหมคะ [kha:3 - chai4 - ja:i2 - up2 pa1 kor:n1 - dam1 - nam4 - lae4 - suea:3 - chu:1 - chi:p3 rua:m1 - yu:2 - nai1 - ra:1 - kha:1 - ni:4 - mai5 - kha4]
请问几点、在哪里**集合**？	ต้องไปรวมตัวกันกี่โมง ที่ไหนคะ [tor:ng3 - pai1 - rua:m1 - tua:1 - kan1 - ki:2 - mo:ng1 thi:3 - nai5 - kha4]
请把这个收据给工作人员看。	โปรดแสดงใบเสร็จนี้กับเจ้าหน้าที่ [pro:t2 - sa2 dae:ng1 - bai1 - set2 - ni:4 - kap2 - jao3 - na:3 - thi:3]
下水的前一天**禁止喝**任何酒精饮料。	งดเครื่องดื่มแอลกอฮอล์ ก่อนลงดำน้ำหนึ่งวัน [ngot4 - khruea:ng3 - due:m2 - ae:o1 - kor:1 - hor:1 - kor:n2 - long1 - dam1 - nam4 - nueng2 - wan1]
请问这附近有推荐的餐厅吗？	แถวนี้มีร้านอาหารอร่อยๆ แนะนำไหมคะ [thae:o5 - ni:4 - mi:1 - ra:n4 - a:1 - ha:n5 - a1 ror:i2 - a1 ror:i2 - nae4 - nam1 - mai5 - kha4]

一日游行程

请问有一日（半日）的**旅游行程**吗？	**มีขายโปรแกรมทัวร์ 1 วัน (ครึ่งวัน) ไหมคะ** [mi:1 - kha:i5 - pro:1 - krae:m1 - thua:1 - nueng2 - wan1 (krueng3 - wan1) - mai5 - kha4]

请问有**会说中文**的导游一起同行吗？

มีไกด์ที่พูดภาษาจีนได้ไปด้วยไหมคะ
[mi:1 - kai4 - thi:3 - phu:t3 - pha:1 - sa:5 - ji:n1 - dai3 - pai1 - duai3 - mai5 - kha4]

请问有参观大城府庙宇的行程吗？

มีโปรแกรมเที่ยวชมวัดในอยุธยาไหมคะ
[mi:1 - pro:1 - krae:m1 - thia:o3 - chom1 - wat4 - nai1 - a1 yut4 tha1 ya:1 - mai5 - kha4]

请问这个行程去哪些地方？

โปรแกรมนี้ไปที่ไหนบ้างคะ
[pro:1 - krae:m1 - ni:4 - pai1 - thi:3 - nai5 - ba:ng3 - kha4]

请问行程费用包含**午餐**吗？

ค่าทัวร์รวมอาหารเที่ยงด้วยไหมคะ
[kha:3 - thua:1 - rua:m1 - a:1 - ha:n5 - thi:ang3 - duai3 - mai5 - kha4]

这个价钱已经含门票、船费和午餐了吗？

ราคานี้ รวมค่าผ่านประตู ค่าเรือ และค่าอาหารเที่ยงหรือยังคะ
[ra:1 - kha:1 - ni:4 - rua:m1 - kha:3 - pha:n2 - pra1 - tu:1 - kha:3 - ruea:1 - lae4 - kha:3 - a:1 - ha:n5 - thi:ang3 - rue:5 - yang1 - kha4]

请问有 Chao Phra Ya Cruise 的行程吗？

มีโปรแกรมล่องเรือเจ้าพระยาครุยส์ไหมคะ
[mi:1 - pro:1 - krae:m1 - lor:ng3 - ruea:1 - jao3 - pra1 - ya:1 - khru:s4 - mai5 - kha4]

有，这个价钱已经包含船上的自助餐费用了。

มีค่ะ ราคานี้รวมค่าอาหารบุฟเฟ่ต์นานาชาติบนเรือแล้ว
[mi:1 - kha3 - ra:1 - kha:1 - ni:4 - rua:m1 - kha:3 - a:1 - ha:n5 - buf4 - fe:3 - na:1 - na:1 - cha:t3 - bon1 - ruea:1 - lae:o4]

那包含接送车吗？

แล้วรวมค่ารถรับส่งไหมคะ
[lae:o4 - rua:m1 - kha:3 - rot4 - rap4 - song2 - mai5 - kha4]

没有，接送车仅提供固定的路线，而且需要另加费用。	ไม่รวมค่ารับส่ง รถรับส่งมีเฉพาะเส้นทางที่กำหนดเท่านั้น และมีค่าใช้จ่ายเพิ่มค่ะ [mai3 - rua:m1 - kha:3 - rap4 - song2 - rot4 - rap4 - song2 - mi:1 - cha2 phor4 - se:n3 - tha:ng1 - thi:3 - kam1 - not2 - thao3 - nan4 - lae4 - mi:1 - kha:3 - chai4 - ja:i2 - phoe:m3 - toe:m1 - kha3]
请于下午六点前，到 River City 一号码头报到。	กรุณา Check In ก่อนหกโมงเย็น ที่ท่าเรือริเวอร์ซิตี้ 1 ค่ะ [ka2 - ru4 - na:1 - chek4 - in1 - kor:n2 - hok2 - mo:ng1 - yen1 - thi:3 - tha:3 - ruea:1 - ri4 - woe:3 - si4 - ti:3 - nueng2 - kha3]
请问出售泰国菜烹饪教学的行程吗？	มีโปรแกรมสอนทำอาหารไทยไหมคะ [mi:1 - pro:1 - krae:m1 - sor:n5 - tham1 - a:1 - ha:n5 - thai1 - mai5 - kha4]
有，这是课程表，课程使用英语教学。	มีค่ะ นี่เป็นรายการสอน โดยใช้ภาษาอังกฤษค่ะ [mi:1 - kha3 - ni:3 - pen1 - ra:i1 - ka:n1 - sor:n5 do:i1 - chai4 - pha:1 - sa:5 - ang1 - krit2 - kha3]
请问有中文教学的课程吗？	มีโปรแกรมที่ใช้ภาษาจีนสอนไหมคะ [mi:1 - pro:1 - krae:m1 - thi:3 - chai4 - pha:1 - sa:5 - ji:n1 - sor:n5 - mai5 - kha4]
请问有可以到饭店的接送车吗？	มีรถรับส่งที่โรงแรมไหมคะ [mi:1 - rot4 - rap4 - song2 - thi:3 - ro:ng1 - rae:m1 - mai5 - kha4]
请问有其他行程推荐吗？	มีโปรแกรมอื่นๆ แนะนำไหมคะ [mi:1 - pro:1 - krae:m1 - ue:n2 - ue:n2 - nae4 - nam1 - mai5 - kha4]
请问回程车会送到哪里呢？	ขากลับรถจะไปส่งถึงไหน [kha:5 - klap2 - rot4 - ja1 - pai1 - song2 - thueng5 - nai5]
我想买这个行程。	ฉันอยากซื้อโปรแกรมนี้ค่ะ [chan5 - ya:k2 - sue:4 - pro:1 - krae:m1 - ni:4 - kha3]

纪念品专卖店

请问这里有什么是 OTOP 产品吗？	ที่นี่มีสินค้าอะไรที่เป็น OTOP ไหมคะ [thi:3 - ni:3 - mi:1 - sin5 - kha:4 - a1 - rai1 - thi:3 - pen1 - o:1 - thor:p2 - mai5 - kha4] OTOP：One Tambon One Product，指的是当地人制作的地方特色商品。
请问有什么推荐商品吗？	มีสินค้าแนะนำไหมคะ [mi:1 - sin5 - kha4 - nae4 - nam1 - mai5 - kha4]
请问这个是当地人自己做的东西吗？	ไม่ทราบว่านี่เป็นของที่คนในพื้นที่ทำกันเองหรือเปล่าคะ [mai3 - sa:p3 - wa:3 - ni:3 - pen1 - khor:ng5 - thi:3 - khon1 - nai1 - phue:n4 - thi:3 tham1 - kan1 - e:ng1 - rue:5 - plao2 - kha4]
我想看具有这个地方特色的产品。	ฉันอยากดูของที่เป็นเอกลักษณ์ของที่นี่ [chan5 - ya:k2 - du:1 - khor:ng5 - thi:3 - pen1 - e:k2 ka1 lak4 - khor:ng5 - thi:3 - ni:3]
附近有哪些有名的东西呢？	แถวนี้มีอะไรขึ้นชื่อบ้างคะ [thae:o5 - ni:4 - mi:1 - a1 rai1 - khuen3 - chue:3 - ba:ng3 - kha4]
通常泰国人来这里，都喜欢买什么回去当伴手礼呢？	ปกติคนไทยมาที่นี่ชอบซื้ออะไรกลับไปเป็นของฝากหรอคะ [pok1 ka1 ti2 - khon1 - thai1 - ma:1 - thi:3 - ni:3 - chor:p3 - sue:4 - a1 rai1 - klap2 - pai1 - pen1 - khor:ng5 - fa:k2 - ror:5 - kha4]

句型

____ 在哪里?
____ อยู่ที่ไหน
[____ yu:2 - thi:3 - nai5]

[交通地点]

สถานีรถไฟ
[sa2 tha:5 ni:1 - rot4 - fai1]
火车站

ป้ายรถเมล์
[pa:i3 - rot4 - me:1]
公交车站

สถานีรถไฟฟ้า BTS
[sa2 tha:5 ni:1 - rot4 - fai1 - fa:4 - bi:1 - thi:1 - e:s4]
轻轨站

สถานีรถไฟใต้ดิน
[sa2 tha:5 ni:1 - rot4 - fai1 - dai3 - din1]
地铁站 MRT

ชานชาลา
[cha:n1 - cha:1 - la:1]
月台

ท่าเรือ
[tha:3 - ruea:1]
码头

ทางเข้าสถานี BRT
[tha:ng1 - khao3 - sa2 tha:5 ni:1 - bi:1 - a:1 - thi:1]
快速公交站的入口

บันไดเลื่อน
[ban1 - dai1 - luea:n3]
手扶梯

ที่จอดรถ
[thi:3 - jor:t2 - rot4]
停车位

ทางม้าลาย
[tha:ng1 - ma:4 - la:i1]
斑马线

สะพานลอย
[sa2 - pha:n1 - lor:i1]
天桥

ทางขึ้น
[tha:ng1 - khuen3]
上去的路

ทางลง
[tha:ng1 - long1]
下去的路

[金融机构]

ตู้ ATM
[tu:3 - e:1 - thi:1 - em1]
自动取款机 (ATM)

ธนาคาร / แบงค์
[tha1 na:1 kha:n1] / [bae:ng4]
银行

เครื่องฝากเงินสด
[khruea:ng3 - fa:k2 - ngoe:n1 - sot2]
现金存款机 (ADM)

ลอตเตอรี่
[lor:t4 - toe:1 - ri:3]
彩券

บัตรเติมเงิน
[bat2 - toe:m1 - ngoe:n1]
手机储值卡

ธนบัตร / แบงค์
[tha1 na1 bat2] / [bae:ng4]
钞票

เศษสตางค์
[se:t2 - sa2 ta:ng1]
零钱

บัตรเครดิต
[bat2 - khre:1 - dit2]
信用卡

สลิปบัตรเครดิต
[sa2 lip4 - bat2 - khre:1 - dit2]
刷卡单

[休闲地点]

ร้านอาหาร [ra:n4 - a:1 - ha:n5] 餐厅

ร้านกาแฟ [ra:n4 - ka:1 - fae:1] 咖啡厅

บาร์เบียร์ [ba:1 - bi:a1] 酒吧

ซุปเปอร์มาร์เก็ต [sup4 - poe:3 - ma:1 - ket1] 超市

ผับ [phap2] 夜店

ตลาด [ta1 la:t2] 菜市场

ตลาดนัด [ta1 la:t2 - nat4] 市集 / 夜市

ตลาดนัดกลางคืน [ta1 la:t2 - nat4 - kla:ng1 - khue:n1] 夜市

ย่านช้อปปิ้ง [ya:n3 - chor:p4 - ping3] 商圈

ห้าง / ห้างสรรพสินค้า [ha:ng3] / [ha:ng3 sap2 - pha1 - sin5 - kha4] 购物商场

ร้านสะดวกซื้อ [ra:n4 - sa2 dua:k2 - sue:4] 便利店

ร้านหนังสือ [ra:n4 - nang5 - sue:5] 书店

ห้องสมุด [hor:ng3 - sa2 mut2] 图书馆

ร้านหนังสือมือสอง [ra:n4 - nang5 - sue:5 - mue:1 - sor:ng5] 二手书店

ร้านซีดี [ra:n4 - si:1 - di:1] 唱片行

[个人物品]

โทรศัพท์มือถือ [tho:1 ra1 sap2 - mue:1 - thue:5] 手机

สมุดจด [sa2 mut2 - jot2] 记事本

กระเป๋า [kra1 - pao5] 包

พาสปอร์ต / หนังสือเดินทาง [pha:s4 - por:t2] / [nang5 - sue:5 - doe:n1 - tha:ng1] 护照

POWER BANK / เพาเวอร์แบงค์ [phao1 - woe:3 - bae:ng4] 移动电源

出发前 | 机场相关 | 泰国住宿 | 观光景点 | 泰国美食 | 购物乐趣 | 泰国交通 | 紧急状况

单词

[一日游行程]

ปีนเขา
[pi:n1 - khao5]
爬山 / 攀岩

โบราณสถาน
[bo:1 - ra:n1 - sa2 tha:n5]
古迹

ตลาดน้ำ
[ta1 la:t2 - nam4]
水上市场

ท่องเที่ยว
[thor:ng3 - thia:o3]
观光

เดินเขา
[doe:n1 - khao5]
爬山 / 健步

วิวกลางคืน
[wio1 - kla:ng1 - khue:n1]
夜景

ตกปลา
[tok2 - pla:1]
钓鱼

ออกทะเล
[or:k2 - tha1 - le:1]
出海

ดำน้ำตื้น
[dam1 - nam4 - tue:n3]
浮潜

ดำน้ำลึก
[dam1 - nam4 - luek4]
深潜

บันจี้จัมพ์
[ban1 - ji:3 - jam4]
高空弹跳

ล่องแก่ง
[lor:ng3 - kae:ng2]
泛舟

พายเรือคายัค
[pha:i1 - ruea:1 - kha:1 - yak4]
划独木舟

ล่องแพ
[lor:ng3 - phae:1]
木筏

[泰国料理烹饪课]

ทำครัว
[tham1 - khrua:1]
烹饪

จ่ายตลาด
[ja:i2 - ta1 la:t2]
菜市场采购

ต้ม / ผัด / แกง / ทอด
[tom3 / phat2 / kae:ng1 / thor:t3]
水煮 / 炒 / 汤 / 炸

ครู / อาจารย์
[khru:1] / [a:1 - ja:n1]
老师

เนื้อสัตว์
[nuea:4 - sat2]
肉类

สูตรลับ
[su:t2 - lap4]
独家秘方

[各种费用]	ค่าอาหาร [kha:3 - a:1 - ha:n5] 餐费	ค่าผ่านประตู [kha:3 - pha:n2 - pra1 - tu:1] 入门费	ค่าไกด์ [kha:3 - kai4] 导游费
ค่ารถ [kha:3 - rot4] 车费	ค่าที่พัก [kha:3 - thi:3 - phak4] 住宿费	ค่าโปรแกรมทัวร์ [kha:3 - pro:1 - krae:m1 - thua:1] 旅游费	ทิป [thip4] 小费
[海边]	หาดทราย [ha:t2 - sa:i1] 沙滩	ร่มกันแดด [rom3 - kan1 - dae:t2] 遮阳伞	เก้าอี้ชายหาด [kao3- i:3 - cha:i1 - ha:t2] 沙滩椅
ทะเล [tha1 - le:1] 海			โลชั่นกันแดด [lo:1 - chan3 - kan1 - dae:t2] 防晒乳液
โต้คลื่น [to:3 - khlue:n3] 冲浪	บิกินี่ [bi1 - ki:1 - ni:3] 比基尼	ชุดว่ายน้ำ [chut4 - wa:i3 - nam4] 泳装	แว่นกันแดด [wae:n3 - kan1 - dae:t2] 太阳镜
 		กางเกงว่ายน้ำ [ka:ng1 - ke:ng1 - wa:i3 - nam4] 泳裤	ผ้าเช็ดตัว [pha:3 - chet4 - tua:1] 浴巾
กระดานโต้คลื่น [kra1 - da:n1 - to:3 - khlue:n3] 冲浪板	คลื่นทะเล [khlue:n3 - tha1 - le:1] 海浪	ห่วงยาง [hua:ng2 - ya:ng1] 游泳圈	ไลฟ์การ์ด / เจ้าหน้าที่ช่วยชีวิต [laif4 - ka:t2] / [jao3 - na:3 - thi:3 - chuai3 - chi:1 - wit4] 救生员

♪ 085

阳光·沙滩·泰南的群岛世界

到泰国除了逛街之外，另外一项不容错过的事就是领略热带海洋风光了。

泰国的海域大致上可分为暹罗海湾与安达曼海这两大海域，越往南边走，海洋资源就越丰富、越多元。2004年12月，泰国南部的海域曾受到大海啸的严重破坏，经过这十几年来大自然的重新孕育，美丽更胜以往，每个大岛小岛都值得去欣赏其独特的风景。

斯米兰群岛 หมู่เกาะสิมิลัน [mu:2 - kor2 - si2 - mi1 - lan1]

斯米兰群岛位于安达曼海，隶属于攀牙府，"斯米兰"有"九"的意思，群岛由九个小岛所组成，无论是岸上还是海里，自然景色都很美丽，这里适合浮潜与深潜，这片海域拥有多彩的珊瑚及许多稀有的热带鱼种。每年的五月到十一月，由于是暴风雨的季节，这期间斯米兰群岛不对外开放。

素林群岛 หมู่เกาะสุรินทร์ [mu:2 - kor2 - su2 - rin1]

素林群岛位于攀牙府西部的安达曼海，由五座岛屿组成，这里不仅是拥有令人陶醉的海底世界，岛上也有完整的热带雨林，蕴藏许多珍贵的植物与动物。在这一海域，素林群岛拥有最多元的天然资源，被誉为最纯净的大自然教室。

PP 群岛 หมู่เกาะพีพี [mu:2 - kor2 - phi:1 - phi:1]

PP 群岛是泰国热门的度假胜地，由六个岛屿组成。除了拥有清透海浪与白沙滩之外，其中 Phi Phi Lay 岛的马亚湾曾经是莱昂纳多·迪卡普里奥主演的电影《海滩》的取景处。这里还有一个非常特殊的景点——"维京洞穴"（ถ้ำไวกิ้ง），洞内的壁画且由不同时期的人接力画出来，但是谁画的，至今仍是个谜。

红统群岛 หมู่เกาะอ่างทอง [mu:2 - kor2 - a:ng2 - thor:ng1]

红统群岛属于素叻他尼府，苏美岛区内，位于泰国湾。整个群岛由 42 个小岛组成，主岛 เกาะวัวตาหลับ [kor2 - wua:1 - ta:1 - lap2] 地势较高，爬到山上之后，往下看便是群岛横列在蔚蓝的海洋上，海天一色的景色非常美丽。这里还有一个特殊的景点，位于 เกาะแม่เกาะ [kor2 - mae:3 - kor2] 的"岛中湖"（ทะเลใน），因为石灰岩地形下陷的关系形成的内海，湖水呈现绿宝石色，周围由绿意盎然的山丘环绕着。

象岛 หมู่เกาะช้าง [mu:2 – kor2 – cha:ng4]

象岛位于曼谷以东，约五个小时车程，是泰国仅次于普吉岛的第二大岛，岛上的自然资源相当丰富，山上有瀑布，海里有不怕人的热带鱼。象岛的海滩禁止一切需要机器动力的运动，因此这里的海滩非常美丽，海水也很干净透彻。

攀牙湾 อ่าวพังงา [a:o2 - phang1 - nga:1]

以攀牙府为中心的攀牙湾国家公园，由 42 个大大小小的岛屿组成，总面积多达 400 平方千米，海洋美景不输给同在安达曼海的其他岛屿。这里曾挖掘出史前人类的生活遗迹，其历史可追溯到一万年前。“达铺岛”（เขาตะปู）位于考平甘岛，它像一个钉子钉在海上，是非常特殊的景观，詹姆斯·邦德系列电影之《金枪人》曾在此取景拍摄，也因此又被欧美游客称为“詹姆斯·邦德岛”。而“考平甘岛”（เขาพิงกัน）本身也是岛如其名，像两座山依靠在一起，是相当罕见的景观。เกาะพนัก [kor2 - pha1 - nak4] 的钟乳石洞、เกาะปันหยี [kor1 - pan1 - yi:5] 的海上部落、划独木舟穿过洞穴都是非常推荐的活动。

甲米府 กระบี่ [kra1 - bi:2]

甲米府的景点非常多，尤其是周围海岛上的自然景观，最特别、最闻名于世界的就是 Thalay wak（ทะเลแหวก）了，位于 PP 群岛和甲米府之间，有三座岛屿 เกาะไก [kor2 - kai2]、เกาะหม้อ [kor2 - mor:3] 和 เกาะทับ [kor2 - thap4]，它们之间有沙滩连接着，但随着海水涨潮时，这条连接的沙滩会被淹没，直到下一次退潮时，它就会再度出现。而同样属于甲米府的 เกาะห้อง [kor2 - hor:ng3]，名字有“房间”的意思，其特别的环境就是岛的形状将内海包围起来，入口的宽度仅十米左右，给人一种秘境的奇妙感觉。เกาะหอง 被选为世界十大最干净海域之一，海水十分干净清澈，拥有丰富的珊瑚与珊瑚礁等天然资源。

每一个群岛都有各自的规定，游览时要严加遵守。千万要记住的一点是，人家给方便，自己可不要太随便。人到了国外，也要让世界赞赏中国人的高素质。

Chapter 5 泰国美食

在泰国吃吃喝喝是旅行的重点之一,有人喜欢在出发前先搜寻目的地附近的美食,有人喜欢请酒店人员推荐附近的地道美食,也有人喜欢路上随机靠感觉去体验当地的美食。无论是必吃的名店还是路边摊,开心都是最重要的!

เตรียมตัวพร้อมแล้วหรือยัง
เราจะไปกินข้าวกัน
[tri:am1 - tua:1 - phror:m4 - lae:o4 - rue:5 - yang1
- rao1 - ja1 - pai1 - kin1 - kha:o3 - kan1]
准备好了吗?我们要去吃饭!

去餐厅吃地方特色美食

泰国美食总是令人垂涎三尺，一端上桌忍不住食指大动。

等位

欢迎光临，**两位**用餐吗？	ยินดีต้อนรับค่ะ ลูกค้ามาสองท่านนะคะ [yin1 - di:1 - tor:n3 - rap4 - kha3 lu:k3 - kha:4 - ma:1 - sor:ng5 - tha:n3 - na4 - kha4]
麻烦先坐着稍等一下，我们正在准备整理桌子。	รบกวนนั่งรอสักครู่นะคะ พนักงานกำลังเคลียร์โต๊ะค่ะ [rob4 - kua:n1 - nang3 - ror:1 - sak4 - kru:3 - na4 - kha4 - pha1 nak4 nga:n1 - kam1 - lang1 - khli:a1 - to4 - kha3]
我们有四位，另外两位快要到了。	เรามากันสี่คนค่ะ อีกสองคนกำลังเดินมา [rao1 - ma:1 - kan1 - si:2 - khon1 - kha3 i:k2 - sor:ng5 - khon1 - kam1 - lang1 - doe:n1 - ma:1]
我们可以边等边看菜单吗？	ขอดูเมนูระหว่างรอ ได้ไหมคะ [khor:5 - du:1 - me:1 - nu:1 - ra4 - wa:ng2 - ror:1 dai3 - mai5 - kha4]
座位都满了，请问可以先等位吗？	ที่นั่งเต็มหมดค่ะ รอคิวได้ไหมคะ [thi:3 - nang3 - tem1 - mot2 - kha3 ror:1 - khio1 - dai3 - mai5 - kha4]
要等几个呢？还需要等很久吗？	รออีกกี่คิวคะ ต้องรอนานไหมคะ [ror:1 - i:k2 - ki:2 - khio1 - kha4 tor:ng3 - ror:1 - na:n1 - mai5 - kha4]
前面有三个，但无法估计要多久。	สามคิวค่ะ ยังไม่สามารถแจ้งได้ว่ากี่นาที [sa:m5 - khio1 - kha3 yang1 - mai3 - sa:5 - ma:t3 - jae:ng3 - dai3 - wa:3 - ki:2 - na:1 - thi:1]
那我要预约等位，两个人。	งั้นขอจองคิวค่ะ 2ที่ [ngan4 - khor:5 - jor:ng1 - khio1 - kha3 - sor:ng5 - thi:3]

♪ 090

请问客人您的名字？	รบกวนขอทราบชื่อลูกค้าด้วยค่ะ [rob4 - kua:n1 - khor:5 - sa:p3 - chue:3 - lu:k3 - kha:4 - duai3 - kha3]
Summer 小姐订的两位，25号，这是您的号码牌。	คุณ Summer สองที่นะคะ เบอร์ 25 ค่ะ นี่คือบัตรคิวของคุณ [khun1 - sam1 - moe:3 - sor:ng5 - thi:3 - na4 - kha4 boe:1 - yi:3 - sip2 - ha:3 - kha3 ni:3 - khue:1 - bat2 - khio1 - khor:ng5 - khun1]
不好意思，请问洗手间怎么走？	ขอโทษนะคะ ห้องน้ำไปทางไหนคะ [khor:5 - tho:t3 - na4 - kha4 hor:ng3 - nam4 - pai1 - tha:ng1 - nai5 - kha4]
请问已经到25号了吗？	ไม่ทราบว่าถึงคิวเบอร์ 25 หรือยังคะ [mai3 - sa:p3 - wa:3 - thueng5 - khio1 - boe:1 - yi:3 - sip2 - ha:3 - rue:5 - yang1 - kha4]
25号已经叫过了，麻烦您再等一下叫号。	เบอร์ 25 ผ่านไปแล้ว รบกวนรอเรียกนะคะ [boe:1 - yi:3 - sip2 - ha:3 - pha:n2 - pai1 - lae:o4 rop4 - kua:n1 - ror:1 - ri:ak3 - na4 - kha4]
25号2位，里面请。	เบอร์ 25 2 ที่ค่ะ เชิญข้างในค่ะ [boe:1 - yi:3 - sip2 - ha:3 - sor:ng5 - thi:3 - kha3 choe:n1 - kha:ng3 - nai1 - kha3]
我想点一个冬阴功汤。	ขอสั่งต้มยำกุ้งที่นึงค่ะ [khor:5 - sang2 - tom3 - yam1 - kung3 - thi:3 - nueng1 - kha3]

点餐

您好，请坐。	สวัสดีค่ะ เชิญนั่งค่ะ [sa2 wat2 di:1 - kha3 - choe:n1 - nang3 - kha3]
欢迎光临，这是菜单，稍候为您点菜。	ยินดีต้อนรับค่ะ นี่ค่ะเมนู เดี๋ยวสักครู่จะมารับออเดอร์นะคะ [yin1 - di:1 - tor:n3 - rap4 - kha3 - ni:3 - kha3 - me:1 - nu:1 - dia:o5 - sak4 - khru:3 - ja1 - ma:1 - rap4 - or:1 - doe:3 - na4 - kha4]

走吧！一起用泰语去旅行！

我想要一盘蟹肉炒饭，不要放葱。	ขอข้าวผัดปูจานนึง ไม่เอาต้นหอม [khor:5 - kha:o3 - phat2 - pu:1 - ja:n1 - nueng1 - mai3 - ao1 - ton3 - hor:m5]
请问要点饮料吗？	รับเครื่องดื่มไหมคะ [rap4 - khruea:ng3 - due:m2 - mai5 - kha4]
我要一杯奶茶，冰块少一点儿。	ขอชาเย็นแก้วนึงค่ะ น้ำแข็งน้อยๆ [khor:5 - cha:1 - yen1 - kae:o3 - nueng1 - kha3 nam4 - khae:ng5 - nor:i4 - nor:i4]
还需要增加其他餐点吗？	จะสั่งอาหารอย่างอื่นเพิ่มเติมไหมคะ [ja2 - sang2 - a:1 ha:n5 - ya:ng2 - ue:n2 - phoe:m3 - toe:m1 - mai5 - kha4]
先这样，谢谢你。	แค่นี้ก่อนค่ะ ขอบคุณค่ะ [khae:3 - ni:4 - kor:n2 - kha3 khor:p2 - khun1 - kha3]
我还要加点一份炸饼。	ฉันขอสั่งทอดมันเพิ่มอีกที่นึงค่ะ [chan5- khor:5 - sang2 - thor:t3 - man1 - phoe:m3 - i:k2 - thi:3 - nueng1 - kha3]
请问你要点虾饼，还是要鱼饼呢？	จะเอาทอดมันกุ้ง หรือทอดมันปลาดีคะ [ja1 - ao1 - thor:t3 - man1 - kung3 rue:5 - thor:t3 - man1 - pla:1 - di:1 - kha4]
我想点虾饼。	ขอทอดมันกุ้งค่ะ [khor:5 - thor:t3 - man1 - kung3 - kha3]
虾饼请帮我打包回家。	ทอดมันกุ้งช่วยห่อกลับบ้านให้ด้วยค่ะ [thor:t3 - man1 - kung3 - chuai3 - hor:2 - klap2 - ba:n3 - hai3 - duai3 - kha3]
请问客人要浓汤，还是清汤呢？	ไม่ทราบลูกค้าจะเอาน้ำข้น หรือน้ำใสคะ [mai3 - sa:p3 - lu:k3 - kha:4 - ja1 - ao1 - nam4 - khon3 - rue:5 - nam4 - sai5 - kha4]

我想要酸辣清汤，可以多加虾吗？	เอาต้มยำน้ำใสค่ะ ขอกุ้งเพิ่มพิเศษได้ไหมคะ	[ao1 - tom3 - yam1 - nam4 - sai5 - kha3 khor:5 - kung3 - phoe:m3 - phi4 - set2 - dai3 - mai5 - kha4]
加料的话，要加钱可以吗？	เพิ่มเครื่องต้องขออนุญาตคิดเงินเพิ่มนะคะ	[phoe:m3 - khruea:ng3 - tor:ng3 - khor:5 - a1 nu4 ya:t3 - khit4 - ngoe:n1 - phoe:m3 - na4 - kha4]
好啊，没有问题。	ได้ค่ะ ไม่มีปัญหา	[dai3 - kha3 - mai3 - mi:1 - pan1 - ha:5]
我要凉拌酸辣青杧果，多放一点**小虾米**。	ขอยำมะม่วง ใส่กุ้งแห้งเยอะๆ	[khor:5 - yam1 - ma4 - mua:ng3 sai2 - kung3 - hae:ng3 - yoe4 - yoe4]
我要泰式宋丹，要放螃蟹，不要放花生。	ขอส้มตำไทย ใส่ปู ไม่เอาถั่วลิสง	[khor:5 - som3 - tam1 - thai1 - sai2 - pu:1 - mai3 - ao1 - thua:2 - li1 - song5]
请问有煎蛋橘汤吗？	มีแกงส้มชะอมไข่ทอดไหมคะ	[mi:1 - kae:ng1 - som3 - cha4 - om1 - khai2 - thor:t3 - mai5 - kha4]
我要一盘米饭和一份糯米。	ขอข้าวสวยสองที่ และข้าวเหนียวที่นึงค่ะ	[khor:5 - kha:o3 - suai5 - nueng2 - thi:3 lae4 - kha:o3 - nia:o5 - thi:3 - nueng1 - kha3]

特殊需求

点的菜**全部**都要微辣。	อาหารที่สั่งไปทั้งหมด ขอเป็นเผ็ดน้อยนะคะ	[a:1 - ha:n5 - thi:3 - sang2 - pai1 - thang4 - mot2 khor:5 - pen1 - phet2 - nor:i4 - na4 - kha4]
请不要放味精。	ไม่เอาผงชูรสนะคะ	[mai3 - ao1 - phong5 - chu:1 - rot4 - na4 - kha4]

煎蛋橘汤是已经煮好的，无法做成微辣了。

แกงส้มปรุงรสไว้เสร็จแล้ว
ทำเป็นเผ็ดน้อยไม่ได้นะคะ
[kae:ng1 - som3 - prung1 - rot4 - wai4 - set2 - lae:o4
tham1 - pen1 - phet2 - nor:i4 - mai3 - dai3 - na4 - kha4]

没有关系，那就先这样。

ไม่เป็นไรค่ะ งั้นก็ตามนั้น
[mai3 - pen1 - rai1 - kha3
ngan4 - kor:3 - ta:m1 - nan4]

如果这样，那请取消橘汤。

ถ้าอย่างนั้น
ขอยกเลิกแกงส้มก่อนค่ะ
[tha:3 - ya:ng2 - nan4
khor:5 - yok4 - loe:k3 - kae:ng1 - som3 - kor:n2 - kha3]

请问有中文（英文）菜单吗？

ไม่ทราบว่ามีเมนูภาษาจีน (ภาษาอังกฤษ) ไหมคะ
[mai3 - sa:p3 - wa:3 - mi:1 - me:1 - nu:1 - pha:1 - sa:5 - ji:n1 (pha:1 - sa:5 - ang1 - krit2) - mai5 - kha4]

可以帮我把猪肉切小一点吗？

ช่วยหั่นหมูเป็นชิ้นเล็กๆได้ไหมคะ
[chuai3 - han2 - mu:5 - pen1 - chin4 - lek4 - lek4 - dai3 - mai5 - kha4]

请多给我一点儿菜。

ขอผักเยอะๆค่ะ
[khor:5 - phak2 - yoe4 - yoe4 - kha3]

请问刚刚点的有牛肉吗？如果有，请不要放牛肉。

ที่สั่งไปจานไหนมีเนื้อวัวไหมคะ
ถ้ามี ไม่ใส่เนื้อวัวนะคะ
[thi:3 - sang2 - pai1 - ja:n1 - nai5 - mi:1 - nuea:4 - wua:1 - mai5 - kha4
tha:3 - mi:1 - mai3 - sai2- nuea:4 - wua:1 - na4 - kha4]

麻烦你介绍不是油炸类的食物。

รบกวนช่วยแนะนำเมนู
ที่ไม่ใช่ของทอดหน่อยค่ะ
[rob4 - kua:n1 - chuai3 - nae4 - nam1 - me:1 - nu:1
thi:3 - mai3 - chai3 - khor:ng5 - thor:t3 - nor:i2 - kha3]

服务员，我想加点儿菜。

คุณคะ ฉันขอสั่งเพิ่มค่ะ
[khun1 - kha4 - chan5 - khor:5 - sang2 - phoe:m3 - kha3]

服务员，麻烦你给我甜点菜单。

คุณคะ ฉันขอเมนูของหวานค่ะ
[khun1 - kha4 - chan5 - khor:5 - me:1 - nu:1 - khor:ng5 - wa:n5 - kha3]

我想加蘸料（蘸酱）。

ฉันขอน้ำจิ้ม (ซอส) เพิ่มค่ะ
[chan5 - khor:5 - nam4 - jim3 (sor:t4) - phoe:m3 - kha3]

麻烦你帮忙加一下汤。

ช่วยเติมน้ำซุปให้หน่อยค่ะ
[chuai3 - toe:m1 - nam4 - sup4 - hai3 - nor:i2 - kha3]

[形容食物的味道]

		ไม่~ [mai3] 不 ~
เผ็ด [phet2] 辣	เปรี้ยว [pria:o3] 酸	หวาน [wa:n5] 甜
ขม [khom5] 苦	เผ็ดน้อย [phet2 - nor:i4] 微辣	มัน [man1] 油油的
เค็ม [khem1] 咸	เลี่ยน [li:an3] 腻	เผ็ดมาก [phet2 - ma:k3] 特辣

句型

请给我一份 _____。
ฉันขอสั่ง _____ ที่นึงค่ะ
[chan5 - khor:5 - sang2 _____ thi:3 - nueng1 - kha3]

[米饭类]

ข้าวสวย
[kha:o3 - suai5]
米饭

ข้าวเหนียว
[kha:o3 - nia:o5]
糯米

ข้าวผัด
[kha:o3 - phat2]
炒饭

ข้าวหอมมะลิ
[kha:o3 - hor:m5 - ma4 - li4]
茉莉香米

โจ๊ก
[jo:k4]
煮烂的粥

ข้าวกล้อง
[kha:o3 - klor:ng3]
糙米

ข้าวต้ม
[kha:o3 - tom3]
没有煮烂的粥

ข้าวมันไก่
[kha:o3 - man1 - kai2]
鸡饭

ข้าวขาหมู
[kha:o3 - kha:5 - mu:5]
猪脚饭

ข้าวคลุกกะปิ
[kha:o3 - khluk4 - ka1 - pi2]
虾酱饭

ข้าวยำ
[kha:o3 - yam1]
香料拌饭

ข้าวหมูแดง
[kha:o3 - mu:5 - dae:ng1]
叉烧猪肉饭

ข้าวผัดทะเล
[kha:o3 - phat2 - tha1 - le:1]
海鲜炒饭

ข้าวผัด สัปปะรด
[kha:o3 - phat2 - sap2 pa1 - rot4]
凤梨炒饭

ข้าวไข่เจียว
[kha:o3 - khai2 - jia:o1]
煎蛋配饭

ข้าวกระเพรา ไก่ไข่ดาว
[kha:o3 - kra1 - phao1 - kai2 - khai2 - da:o1]
打抛鸡肉饭配荷包蛋

ข้าวปั้น
[kha:o3 –pan3]
饭团

ข้าวจี่
[kha:o3 - ji:2]
烤糯米饼

ข้าวห่อไข่
[kha:o3 - hor:2 - khai2]
蛋包饭

ข้าวทอด
[kha:o3 - thor:t3]
炸饭球

[面类]

ก๋วยเตี๋ยว
[kuai5 - tia:o5]
粿条（米粉汤）

เย็นตาโฟ
[yen1 - ta:1 - fo:1]
豆腐乳面（央豆腐）

บะหมี่เกี๊ยว
[ba1 - mi:2 - kia:o4]
馄饨面

ราดหน้า
[ra:t3 - na:3]
烩面

มาม่าผัดขี้เมา
[ma:1 - ma:3 - phat2 - khi:3 - mao1]
辣炒泡面

ผัดไทย
[phat2 - thai1]
炒河粉

แห้ง
[hae:ng3]
干的

น้ำ
[nam4]
汤的

ผัดหมี่โคราช
[phat2 - mi:2 - kho:1 - rat3]
炒呵叻粉

สปาเกตตี้เขียวหวานหมู
[sa2 pa:1 ket4 ti:3 - khia:o5 - wa:n5 - mu:5]
绿咖喱猪肉意大利面

ขนมจีนน้ำยา
[ka2 nom5 - ji:n1 - nam4 - ya:1]
米线

เส้นมาม่า
[se:n3 - ma:1 - ma:3]
泡面

ผัดซีอิ๊ว
[phat2 - si:1 - io4]
炒粄条

คั่วไก่
[khua:3 - kai2]
鸡肉炒粄条

เส้นใหญ่
[se:n3 - yai2]
粄条

เส้นเล็ก
[se:n3 - lek4]
河粉

เส้นหมี่
[se:n3 - mi:2]
米粉

เส้นบะหมี่
[se:n3 - ba1 - mi:2]
蛋黄面

单词

[热炒]

ผัดคะน้าหมูกรอบ
[phat2 - kha4 - na:4 - mu:5 - kror:p2]
炸三层猪肉炒芥蓝菜

ผัดเปรี้ยวหวานทะเล
[phat2 - pria:o3 - wa:n5 - tha1 - le:1]
炒糖醋海鲜

แพนงหมู
[pha1 nae:ng1 - mu:5]
椰香猪肉

ผัดผักบุ้งไฟแดง
[phat2 - phak2 - bung3 - fai1 - dae:ng1]
火炒空心菜

สุกี้แห้ง
[su2 - ki:3 - hae:ng3]
干炒火锅料

หอยลายผัดพริกเผา
[hor:i5 - la:i1 - phat2 - phrik4 - phao5]
干辣椒炒海瓜子

ผัดเผ็ดหมูป่า
[phat2 - phet2 - mu:5 - pa:2]
辣炒野猪肉

ปูผัดผงกะหรี่
[pu:1 - phat2 - phong5 - ka1 - ri:2]
咖喱炒螃蟹

ผัดสปาเก็ตตี้เขียวหวาน
[phat2 - sa2 pa:1 ket4 ti:3 - khia:o5 - wa:n5]
绿咖喱意大利面

ผัดกระเพราหมูสับ
[phat2 - kra1 - phao1 - mu:5 - sap2]
打抛炒碎猪肉

ผัดโป๊ยเซียน
[phat2 - po:i4 - si:an1]
炒八仙

[用餐工具]

ช้อน
[chor:n4]
汤匙

ส้อม
[sor:m3]
叉子

มีด
[mi:t3]
刀

ตะเกียบ
[ta1 - ki:ap2]
筷子

จาน
[ja:n1]
盘子

ถ้วย / ชาม
[thuai3] / [cha:m1]
碗

ไม้จิ้มฟัน
[mai4 - jim3 - fan1]
牙签

แก้วน้ำ
[kae:o3 - nam4]
杯子

หลอด
[lor:t2]
吸管

ที่เปิดขวด
[thi:3 - poe:t2 - khua:t2]
开罐器

_____สำหรับเด็ก
[_____ sam5 - rap2 - dek2]
小孩用的_____

[汤类]

ต้มยำกุ้ง
[tom3 - yam1 - kung3]
冬阴功汤

แกงจืดเต้าหู้หมูสับ
[kae:ng1 - jue:t2 - tao3 - hu:3 - mu:5 - sap2]
碎猪肉豆腐清汤

แกงส้มชะอมไข่ทอด
[kae:ng1 - som3 - cha1 - om1 - khai2 - thor:t3]
煎蛋橘汤

ต้มยำ
[tom3 - yam1]
酸辣汤

โป๊ะแตก
[po4 - tae:k2]
海鲜辣汤

ต้มข่าไก่
[tom3 - kha:2 - kai2]
椰浆鸡汤

แกงมัสมั่น
[kae:ng1 - mat4 - sa2 - man3]
玛莎曼汤

แกงเขียวหวาน
[kae:ng1 - khia:o5 - wa:n5]
绿咖喱汤

แกงป่า
[kae:ng1 - pa:2]
野菜辣椒汤

ต้มแซบกระดูกหมู
[tom3 - sae:p3 - kra1 - du:k2 - mu:5]
排骨辣汤

แกงกะหรี่
[kae:ng1 - ka1 - ri:2]
咖喱汤

แกงไตปลา
[kae:ng1 - tai1 - pla:1]
鱼肝汤

[拌类]

ยำวุ้นเส้น
[yam1 - wun4 - sen3]
凉拌冬粉

น้ำตกหมู
[nam4 - tok2 - mu:5]
凉拌烤猪肉

ยำทะเล
[yam1 - tha1 - le:1]
凉拌海鲜

ส้มตำ
[som3 - tam1]
凉拌木瓜丝
（宋丹）

ลาบเนื้อ
[la:p3 - nuea:4]
凉拌碎牛肉

♪ 099

单词

[食材]

เนื้อวัว / เนื้อ
[nuea:4 - wua:1] / [nuea:4]
牛肉

หมู
[mu:5]
猪肉

แพะ / แกะ
[phae4] / [kae2]
羊肉

เนื้อสัตว์
[nuea:4 - sat2]
肉类

ไก่
[kai2]
鸡肉

ทะเล / ซีฟู้ด
[tha1 - le:1] / [si:1 - fu:t4]
海鲜

กุ้ง
[kung3]
虾

ไข่เจียว
[khai2 - jia:o1]
煎蛋

ไข่ดาว
[khai2 - da:o1]
荷包蛋

ปลา
[pla:1]
鱼

กุ้งมังกร
[kung3 - mang1 - kor:n1]
龙虾

ปู
[pu:1]
螃蟹

ปลาหมึก
[pla:1 - muek2]
鱿鱼

หอย
[hor:i5]
贝类

ข้าว
[kha:o3]
米

เส้นก๋วยเตี๋ยว
[sen3 - kuai5 - tia:o5]
面条

เต้าหู้
[tao3 - hu:3]
豆腐

เห็ด
[het2]
菇类

หัวหอม
[hua:5 - hor:m5]
洋葱

ผักชี
[phak2 - chi:1]
香菜

ผัก
[phak2]
蔬菜

ถั่ว
[thua:2]
豆类

ข้าวโพด
[kha:o3 - pho:t3]
玉米

มะเขือ
[ma1 - khuea:5]
茄子

[饮料]

ชาเย็น
[cha:1 - yen1]
冰奶茶

โอเลี้ยง
[o:1 - li:ang4]
甜黑咖啡（乌凉）

ชาเขียว
[cha:1 - khia:o5]
绿茶

ชาดำเย็น
[cha:1 - dam1 - yen1]
冰红茶

มัตชะ
[mat4 - cha2]
抹茶

ชามะนาว
[cha:1 - ma1 - na:o1]
柠檬茶

โกโก้เย็น
[ko:1 - ko:3 - yen1]
冰可可

กาแฟ
[ka:1 - fae:1]
咖啡

ลาเต้
[la:1 - te:3]
拿铁

น้ำพั้นช์
[nam4 - pha4]
潘趣（潘趣酒）

คาปูชิโน้
[kha:1 - pu:1 - chi1 - no:3]
卡布奇诺

ลิ้นจี่ปั่น
[lin4 - ji:2 - pan2]
荔枝冰沙

น้ำมะพร้าว
[nam4 - ma1 - phra:o4]
椰子汁

น้ำผลไม้ปั่น
[nam4 - phon5 la1 mai4 - pan2]
水果冰沙

เอสเพรสโซ่
[e:s4 - phre:s4 - so:3]
浓缩咖啡

มะพร้าวปั่น
[ma1 - phra:o4 - pan2]
椰子冰沙

น้ำผลไม้
[nam4 - phon5 la1 mai4]
果汁

ร้อน
[ror:n4]
热的

เหล้า
[lao3]
酒

เบียร์
[bi:a1]
啤酒

น้ำส้ม
[nam4 - som3]
橙汁

เย็น
[yen1]
冰的

หวาน
[wa:n5]
甜的

หวานน้อย
[wa:n5 - nor:i4]
少甜

ไม่หวาน
[mai3 - wa:n5]
不甜

泰国美食四大派系

泰国地处中南半岛,因地理位置的关系,从一两千年前就有多个民族在此生活,也在此地交流饮食文化,演变成如今的传统美食四大派系,它们在口味和风格上各具特色。

泰国人以米饭为主食,北部与东北部以糯米为主,而中部与南部则以大米为主。泰国人的生活自古以来与河水息息相关,无论居于何处,都离不开以"鱼"为配菜,北部与东北部属于内陆,主要食用淡水鱼,而南部主要吃海鱼与各种海鲜。泰国中部属于交通枢纽地带,什么都吃得到,也什么都吃。

烹饪方面,泰国人喜爱吃辣,在大城王朝时期,受到葡萄牙传教士带来的调味料的影响。而热炒文化与面食,则是受到迁移到中南半岛的中国人的饮食文化的影响。

北部

泰国北部多为山区,入夜后温度比较低,冬天的时候比较冷,因此人们需要补充富含热量的食物。许多食物都富含脂肪。而泰北地区在古时候曾经是兰纳王国的一部分,也受到如今的缅甸文化、老挝文化和中国文化的影响。泰北食物的甜味大多来自食材本身,传统美食则散发出一种美感,这是因为泰北人个性比较温柔,进而影响饮食文化。

ขันโตก [khan5 - to:k2]

特殊的摆盘方式,将食物整齐摆在竹制的小矮圆桌上。圆桌高度约半米,直径约 30 厘米,一群人在小矮圆桌周围一起享用。

ข้าวซอย [kha:o3 - sor:i1]

中文称"金面",以小麦制作的鸡蛋面,加入鸡肉、牛肉和椰奶等配料烹煮,是泰国北部的传统餐点,在其他地方不容易吃到。

东北部

泰国东北部,地势较高,主食为糯米,口味比较重,大多是咸、辣和酸味。最具代表的食物是"巴拉",又称"臭鱼",其味道臭到许多外地人会受不了。东北部地区人民的生活比较辛苦,食物不像泰北那样注重配色或摆盘,这里有吃虫或田里小动物的文化,如蟋蟀、红蚂蚁、蛇、田蛙、田蟹等。

ส้มตำ ข้าวเหนียว ไก่ย่าง
[som3 tam1 - kha:o3 nia:o5 - kai2 ya:ng3]

糯米、烤鸡,是泰国人吃宋丹时的黄金组合,它们的发源地就是泰国东北部,如今已经征服外国人的味蕾。去泰国没点一下黄金组合"宋丹、糯米、烤鸡"的话是非常可惜的!

ไส้กรอกอีสาน
[sai3 - kror:k2 - i:1 - sa:n5]

烤东北香肠,顾名思义就是来自泰国东北部的烤香肠,它有着咸咸酸酸的口味,常见于路边摊,有两种长相,一种是小圆球状,另一种则是条状,这两种吃起来口感一样。

ลาบ [la:p3] น้ำตก [nam4 - tok3]

凉拌酸辣肉:ลาบ 与 น้ำตก 基本上是一样的烹调方法,其中的差异是,ลาบ 用的是碎肉,常用的是猪肉,น้ำตก 用的是烤过的猪肉或牛肉,切成小片状,同样都是用柠檬、辣椒、鱼露等调味。

中部

泰国中部大多地方是平原，土地肥沃，是从大城王朝时期至今首都的所在地，来自不同国家的文化交流频繁，连带影响饮食文化，像从中国传来的热炒美食，或是受到葡萄牙影响的甜品，以及从中东传来的香料调味等。无论是口味还是菜色搭配，都非常丰富。这里的食物讲求色香味俱全，菜品原本应有的咸、酸、辣或甜味都必须到位。

แกงส้มชะอมไข่ทอด

[kae:ng1 - som3 - cha1 - om1 - khai2 - thor:t3]

煎蛋橘汤：橘汤的酸味其实来自罗望子，橘色则是各种食材混合而成的颜色。最特别的地方是加了煎蛋，煎蛋里有加羽叶金合欢的羽叶细丝。在泰国的所有汤品中，只有橘汤和豆腐清汤才会加这种煎蛋。橘汤口感咸酸，夹杂着辣味和轻微的甜味，是道口味特别的汤品。

น้ำพริกปลาทู

[nam4 - phrik4 - pla:1 - thu:1]

虾酱做成的特制辣酱，搭配煎鱼、生菜，有时候会有煎蛋等，是从乡间食物中衍生出的传统美食。

ฝอยทอง ทองหยิบ ทองหยอด [for:i5 thor:ng1 - thor:ng1 yip2 - thor:ng1 yor:t2]

金糖蛋丝（金糖蛋花、金糖蛋子）：泰国人没有把鸡蛋做成甜品的习惯，一直到大城王朝时期，葡萄牙的传教士带来了这种金黄色的甜点。主要的材料是鸡蛋或鸭蛋的蛋黄，在煮热的糖浆中，倒入蛋丝或舀一小匙形成片状，在糖浆中煮熟后才捞起。这种甜点吃起来没有蛋的腥味，但是甜度很高，是难以抵抗的甜蜜诱惑。

ปลาดุกฟู [pla:1 - duk2 - fu:1]

酥炸鲇鱼：是将已经烤熟的鲇鱼，刮出鱼肉后用油炸得金黄酥脆，再搭配凉拌酸辣青杧果丝一起食用，用腰果和香菜装饰。

南部

泰国南部东西两侧都是海，因此食物总离不开海产品，口味上也比其他派系的食物更咸一些。因为一整年常下雨，天气较为湿热，因此食物不仅口味重咸重辣，还使用许多能保暖与去湿的食材。常使用姜黄（去腥）与虾酱作为佐料，而做辣味食物时，不只是用辣椒而已，还会加胡椒，增加辣味的层次感。

แกงมัสมั่น [kae:ng1 - mat4 - sa2 - man3]

玛莎曼汤，咖喱料理之王，CNN 评比全球美食第一名。玛莎曼源自马来族的食物，泰式作法加的水比较多，这是为迎合泰国人搭配白饭食用的习惯。而马来式的做法则比较稠，适合搭配面包或饼皮一起吃。

ผัดสะตอกุ้งสด [phat2 - sa2 - tor:1 - gung3 - sot2]

鲜虾炒臭豆：臭豆是泰国南部的特色食材，豆如其名，生豆的味道相当特别，烹煮之后可以去掉一些臭味。建议不要吃太多臭豆，因为味道会在嘴里停留一两天，而且排气的味道也很浓烈。其实臭豆也是一种药材，可帮助身体排毒排胀气。可以搭配鲜虾，也可以炒家常的肉类，是非常道地的家常美食。

แกงไตปลา [kae:ng1 - tai1 - pla:1]

鱼肝汤：主要的成分是经过腌制的鱼肝，用椰浆、辣椒、胡椒、香茅、姜黄等多种香料一起烹煮，口味非常辣，适合搭配白米饭一起食用，是泰国南部非常具有代表性的汤品之一。

คั่วกลิ้งหมู [khua:3 - kling3]

碎肉炒辣酱：将碎肉和特制辣酱，炒到干即可，辣度比起其他泰南美食，只是普通辣而已。相对于其他菜肴，คั่วกลิ้ง 本身的蔬菜极少，因此通常会搭配生菜一起配饭食用。

便利商店也有好吃的

点鲜食

请问要烧卖或包子吗？	รับขนมจีบ ซาลาเปาเพิ่มไหมคะ [rap4 - kha2 nom5 ji:p2 - sa:1 - la:1 - pao1 - phoe:m3 - mai5 - kha4]
请给我一个叉烧包。	ขอซาลาเปาไส้หมูแดงลูกนึงค่ะ [khor:5 - sa:1 - la:1 - pao1 - sai3 - mu:5 - dae:ng1 - lu:k3 - nueng1 - kha3]
请问这个是素食吗？	อันนี้เป็นอาหารเจหรือเปล่าคะ [an1 - ni:4 - pen1 - a:1 ha:n5 - je:1 - rue:5 - plao2 - kha4]
请给我一个 Cheese Bite 热狗。	เอาชีสไบท์ชิ้นนึงค่ะ [ao1 - chi:s4 - bai4 - chin4 - nueng1 - kha3]
现在买两个 Cheese Bite 有特价！您要不要再来一个呢？	ตอนนี้ชีสไบท์สองชิ้นลดราคา จะรับอีกชิ้นนึงไหมคะ [tor:n1 - ni:4 - chi:s4 - bai4 - sor:ng5 - chin4 - lot4 - ra:1 - kha:1 ja1 rap4 - i:k2 - chin4 - nueng1 - mai5 - kha4]

一个就好了。	好，那请给我两个吧！
ชิ้นเดียวก็พอค่ะ [chin4 - dia:o1 - kor:3 - phor:1 - kha3]	โอเค งั้นขอสองชิ้นแล้วกันค่ะ [o:1 - khe:1 - ngan4 - khor:5 - sor:ng5 - chin4 - lae:o4 - kan1 - kha3]

请再给我一个 Big Bite。	เอาบิ๊กไบท์อีกชิ้นนึงค่ะ [ao1 - bik4 - bai4 - i:k2 - chin4 - nueng1 - kha3]
请问要切吗？	หั่นไหมคะ [han2 - mai5 - kha4]

要切。	หั่นค่ะ [han2 - kha3]
不用切。	ไม่ต้องหั่นค่ะ [mai3 - tor:ng3 - han2 - kha3]
可以都放在同一个袋子里吗？	ใส่ถุงรวมกันได้ไหมคะ [sai2 - thung5 - rua:m1 - kan1 - dai3 - mai5 - kha4]
我要一个 Ham Cheese 三明治。	เอาแซนวิชแฮมชีสอันนึงค่ะ [ao1 - sae:n1 - wit4 - hae:m1 - chi:s4 - an1 - nueng1 - kha3]
要等现烤可以吗？	ต้องรออบร้อนได้ไหมคะ [tor:ng3 - ror:1 - op2 - ror:n4 - dai3 - mai5 - kha4]

询问店员

我想要罗望子糖，请问放在哪里呢？	ฉันอยากได้ลูกอมมะขาม ไม่ทราบว่าอยู่ตรงไหนหรอคะ [chan5 - ya:k2 - dai3 - lu:k3 - om1 - ma1 - kha:m5 mai3 - sa:p3 - wa:3 - yu:2 - trong1 - nai5 - ror:5 - kha4]
请问还有牛奶片吗？	ไม่ทราบว่ายังมีนมอัดเม็ดอีกไหมคะ [mai3 - sa:p3 - wa:3 - yang1 - mi:1 - nom1 - at2 - met4 - i:k2 - mai5 - kha4]
海苔特价两包 49 元，请问是这个吗？	สาหร่ายโปรโมชั่นสองถุง 49 บาท ใช่อันนี้หรือเปล่าคะ [sa:5 - ra:i2 - pro:1 - mo:1 - chan3 - sor:ng5 - thung5 - si:2 - sip2 - kao3 - ba:t2 chai3 - an1 - ni:4 - rue:5 - plao2 - kha4]
请问这个牌子的橙汁，有小盒的吗？	น้ำส้มยี่ห้อนี้ มีกล่องเล็กไหมคะ [nam4 - som3 - yi:3 - hor:3 - ni:4 mi:1 - klor:ng2 - lek4 - mai5 - kha4]

走吧！一起用泰语去旅行！

可以帮我微波加热吗？	ช่วยเวฟให้หน่อยได้ไหมคะ [chuai3 - we:p4 - hai3 - nor:i2 - dai3 - mai5 - kha4]
可以，请到这边先结账！	ได้ค่ะ รบกวนเช็คบิลทางนี้ก่อนนะคะ [dai3 - kha3 - rob4 - kua:n1 - chek4 - bin1 - tha:ng1 - ni:4 - kor:n2 - na4 - kha4]
我想要这种瓶装水，请问有常温的吗？	ฉันอยากได้น้ำขวดอย่างนี้ มีแบบไม่เย็นไหมคะ [chan5 - ya:k2 - dai3 - nam4 - khua:t2 - ya:ng2 - ni:4 mi:1 - bae:p2 - mai3 - yen1 - mai5 - kha4]
思乐冰的杯子没了，麻烦请给我新的杯子。	ถ้วยใส่สเลอปี้หมดค่ะ ขอถ้วยใหม่ด้วยค่ะ [thuai3 - sai2 - sa2 loe:1 pi:3 - mot2 - kha3 khor:5 - thuai3 - mai2 - duai3 - kha3]

结账

总共 75 铢。	ทั้งหมดเจ็ดสิบห้าบาทค่ะ [thang4 - mot2 - jet2 - sip2 - ha:3 - ba:t2 - kha3]
对不起，口香糖不要了。	ขอโทษนะคะ หมากฝรั่งไม่เอาดีกว่า [khor:5 - thot3 - na4 - kha4 ma:k2 - fa1 rang2 - mai3 - ao1 - di:1 - kwa:2]
需要帮您微波加热吗？	ให้เวฟไหมคะ [hai3 - we:p4 - mai5 - kha4]
不用放塑料袋。	ไม่ต้องใส่ถุงค่ะ [mai3 - tor:ng3 - sai2 - thung5 - kha3]
热食和饮料，可以分开放不同袋子吗？	ของร้อนกับเครื่องดื่ม ช่วยแยกถุงได้ไหมคะ [khor:ng5 - ror:n4 - kap2 - khruea:ng3 - due:m2 chuai3 - yae:k3 - thung5 - dai3 - mai5 - kha4]

请问这两个不算特价品吗？	สองอันนี้ไม่ได้ลดตามโปรโมชั่นหรอคะ [sor:ng5 - an1 - ni:4 - mai3 - dai3 - lot4 - ta:m1 - pro:1 - mo:1 - chan3 - ror:5 - kha4]
特价活动昨天已经结束了。	โปรโมชั่นหมดไปเมื่อวานแล้วค่ะ [pro:1 - mo:1 - chan3 - mot2 - pai1 - muea:3 - wa:n1 - lae:o4 - kha3]
原味没有特价。	รสดั้งเดิมไม่ได้อยู่ในโปรโมชั่นค่ะ [rot4 - dang3 - doe:m1 - mai3 - dai3 - yu:2 - nai1 - pro:1 - mo:1 - chan3 - kha3]
请问要加购蛋糕卷吗？特价 10 铢。	รับเค้กโรลเพิ่มไหมคะ ลดเหลือชิ้นละ 10 บาท [rap4 - khe:k4 - ro:1 - phoe:m3 - mai5 - kha4 - lot4 - luea:5 - chin4 - la1 - sip2 - ba:t2]
找您 17 铢。	เงินทอน 17 บาทค่ะ [ngoe:n1 - thor:n1 - sip2 - jet2 - ba:t2 - kha3]

吃吃喝喝

我很喜欢这里的现烤三明治。	ฉันชอบทานแซนวิชอบร้อนของที่นี่มากค่ะ [chan5 - chor:p3 - tha:n1 - sae:n1 - wit4 - op2 - ror:n4 - khor:ng5 - thi:3 - ni:3 - ma:k3 - kha3]
有时候早上来吃，晚上也来吃。	บางวันมากินตอนเช้า แล้วตอนเย็นก็มากินอีก [ba:ng1 - wan1 - ma:1 - kin1 - tor:n1 - chao4 lae:o4 - tor:n1 - yen1 - kor:3 - ma:1 - kin1 - i:k2]
现烤三明治现在有草莓口味了，好棒呀！	แซนวิชอบร้อนมีรสสตรอเบอรี่ด้วย เจ๋งจริงๆ [sae:n1 - wit4 - op2 - ror:n4 - mi:1 - rot4 - sa2 tor:1 boe:1 ri:3 - duai3 - je:ng5 - jing1 - jing1]

这个烟熏热狗，可以直接吃吗？还是要先微波加热？

ไส้กรอกรมควันนี้ ทานเลยได้ไหมคะ หรือต้องเวฟก่อน

[sai3 - kror:k2 - rom1 - khwan1 - ni:4
tha:n1 - dai3 - loe:i1 - mai5 - kha4
rue:5 - tor:ng3 - we:p4 - kor:n2]

请问这个汉堡，里面是猪肉，还是鸡肉呢？

แฮมเบอเกอร์นี้ ข้างในเป็นไส้หมู หรือไส้ไก่คะ

[hae:m1 - boe:1 - koe:3 - ni:4
kha:ng3 - nai1 - pen1 - sai3 - mu:5
rue:5 - sai3 - kai2 - kha4]

今天天气好热，我好想吃思乐冰。

วันนี้อากาศร้อนมาก ฉันอยากกินสเลอปี้

[wan1 - ni:4 - a:1 - ka:t2 - ror:n4 - ma:k3
chan5 - ya:k2 - kin1 - sa2 loe:1 pi:3]

小七也卖冰奶茶，挺好喝的。

มีชาเย็นขายในเซเว่นด้วย อร่อยดีนะ

[mi:1 - cha:1 - yen1 - kha:i5 - nai1 - se:1 - we:n3 - duai3
a1 ror:i2 - di:1 - na4]

我上火已经三天了，好想喝一点菊花茶。

ฉันร้อนในมาสามวันแล้ว อยากกินน้ำเก็กฮวยจังค่ะ

[chan5 - ror:n4 - nai1 - ma:1 - sa:m5 - wan1 - lae:o4
ya:k2 - kin1 - nam4 - kek4 - huai1 - jang1 - kha3]

所有的酒类，要在下午 5 点到夜里 12 点出售。

เหล้าเบียร์ทุกชนิด ขายได้เฉพาะเวลา 5 โมงเย็นถึงเที่ยงคืน

[lao3 - bi:a1 - thuk4 - cha1 nit4 - kha:i5 - dai3 - cha2 phor4
- we:1 la:1 - ha:3 - mo:ng1 - yen1 - thueng5 - thi:ang3 - khue:n1]

这个牌子的海苔，香港也有卖呢！

สาหร่ายยี่ห้อนี้ ที่ไปฮกก็มีขายนะ

[sa:5 - ra:i2 - yi:3 - hor:3 - ni:4
thi:3 - hor:ng3 - kong - wan5 - kor:3 - mi:1 - kha:i5 - na4]

我曾经在香港吃过，非常辣啊！

ฉันเคยกินที่ไปฮ เผ็ดมากเลยค่ะ

[chan5 - khoe:i1 - kin1 - thi:3 - hor:ng3 - kong
phet2 - ma:k3 - loe:i1 - kha3]

吃奶昔，还是喝酸奶好呢？

จะทานโยเกิร์ต หรือนมเปรี้ยวดีนะ
[ja1 - tha:n1 - yo:1 - koe:t2
rue:5 - nom1 - pria:o3 - di:1 - na4]

我要买金枪鱼沙拉面包，回去当明天的早餐。

ฉันจะซื้อขนมปังไส้ทูน่าสลัด
เอากลับไปกินพรุ่งนี้เช้า
[chan5 - ja1 - sue:4 - ka2 nom5 pang1
- sai3 - thu:1 - na:3 - sa2 lat2
ao1 - klap2 - pai1 - kin1 - phrung3 - ni:4 - chao4]

好可惜，橘酱蛋糕已经卖完了，好想吃！

เสียดายเค้กส้มขายหมดแล้ว
อยากกินมากๆ
[si:a5 - da:i1 - khe:k4 - som3 - kha:i5 - mot2 - lae:o4
ya:k2 - kin1 - ma:k3 - ma:k3]

有卖**泰式点心**的，好棒！

มี**ขนมไทย**ขายด้วย สุดยอดไปเลย
[mi:1 - kha2 nom5 - thai1 - kha:i5 - duai3
sut2 - yor:t3 - pai1 - loe:i1]

这两瓶饮料，正在促销吗？

น้ำสองขวดนี้ ลดราคาอยู่ใช่ไหมคะ
[nam4 - sor:ng5 - khua:t2 - ni:4
lot4 - ra:1 - kha:1 - yu:2 - chai3 - mai5 - kha4]

小七的意大利面蛮好吃的。

สปาเกตตี้ของเซเว่นอร่อยดีนะ
[sa2 pa:1 ket4 ti:3 - khor:ng5 - se:1 we:n3 - a1 ror:i2 - di:1 - na4]

但是分量少了点，我还要再多吃一个汉堡。

แต่ปริมาณน้อยไปหน่อย
ฉันต้องกินเบอร์เกอร์เพิ่มอีกชิ้นนึง
[tae:2 - pa1 ri1 ma:n1 - nor:i4 - pai1 - nor:i2
- chan5 - tor:ng3 - kin1 - boe:1 - koe:3 - phoe:m3 - i:k2 - chin4 -
nueng1]

旁边有蔬菜和各种酱料，可以随意添加。

ข้างๆมีผักและซอสต่างๆ
เติมได้ตามใจชอบเลย
[kha:ng3 - kha:ng3 - mi:1 - phak2 - lae4 - sor:t4 - ta:ng2 - ta:ng2
- toe:m1 - dai3 - ta:m1 - jai1 - chor:p3 - loe:i1]

出发前
机场相关
泰国住宿
观光景点
泰国美食
购物乐趣
泰国交通
紧急状况

句型

_____ 多少钱?
_____ เท่าไหร่คะ
[_____ thao3 - rai2 - kha4]

[现烤、现蒸]

แซนวิช
[sae:n1 - wit4]
三明治

บิ๊กไบท์
[bik4 - bai4]
热狗

ซาลาเปา
[sa:1 - la:1 - pao1]
肉包

ขนมจีบ
[kha2 nom5 - ji:p2]
烧卖

แซนวิชครัวซ็องค์
[sae:n1 - wit4 - khrua:1 - sor:ng1]
可颂三明治

แซนวิชแป้งพิซซ่า
[sae:n1 - wit4 - pae:ng1 - phit4 - sa:3]
比萨三明治

[微波食品]

ข้าวผัดต้มยำกุ้ง
[kha:o3 - phat2 - tom3 - yam1 - kung3]
酸辣虾炒饭

เกี๊ยวซ่า
[kia:o4 - sa:3]
煎饺 / 蒸饺

ลูกชิ้นปิ้ง
[lu:k3 - chi:n4 - ping3]
烤丸子

ไก่จ๊อ
[kai2 - jor:4]
鸡肉卷

ไส้กรอกเวียนเนอร์
[sai3 - kror:k2 - wi:an1 - noe:3]
维也纳热狗

ไส้กรอกอีสาน
[sai3 - kror:k2 - i:1 - sa:n5]
泰国东北香肠

ไก่อบตะไคร้
[kai2 - op2 - ta1 - khrai4]
香茅鸡

ข้าวโพดหวานคลุกเนย
[kha:o3 - pho:t3 - wa:n5 - khluk4 - noe:i1]
奶油甜玉米

[饼干糖果]

คุ้กกี้
[khuk4 - ki:3]
饼干

นมอัดเม็ด
[nom1 - at2 - met4]
牛奶片

ป๊อกกี้
[por:k4 - ki:3]
巧克力棒

เจลลี่
[je:n1 - li:3]
软糖

ลูกอม
[lu:k3 - om1]
糖果

สาหร่าย
[sa:5 - ra:i2]
海苔

ช็อกโกแลต
[chor:k4 - ko:1 - lae:t4]
巧克力

[饮料]

น้ำขวด
[nam4 - khua:t2]
瓶装水

น้ำแร่
[nam4 - rae:3]
矿泉水

น้ำอัดลม
[nam4 - at2 - lom1]
汽水

เครื่องดื่ม
[khruea:ng3 - due:m2]
饮料

โค้ก
[kho:k4]
可口可乐

เป๊ปซี่
[pe:p4 - si:3]
百事可乐

สไปรท์
[sa2 prai4]
雪碧

นมสด
[nom1 - sot2]
鲜奶

นม UHT
[nom1 - yu:1 - het4 - thi:1]
常温乳

นมถั่วเหลือง
[nom1 - thua:2 - luea:ng5]
豆奶

แฟนต้า
[fae:n1 - ta:3]
芬达汽水

น้ำเต้าหู้
[nam4 - tao3 - hu:3]
豆浆

โซดา
[so:1 - da:1]
苏打水

นมเปรี้ยว
[nom1 - pria:o3]
酸奶

นมแพะ
[nom1 - phae4]
羊奶

เต้าฮวยนมสด
[tao3 - huai1 - nom1 - sot2]
鲜奶豆花

โอวัลติน
[o:1 - wan1 - tin1]
阿华田

น้ำผลไม้รวม
[nam4 - phon5 la1 mai4 - rua:m1]
综合果汁

น้ำมะเขือเทศ
[nam4 - ma4 - khuea:5 - the:t3]
番茄汁

น้ำกระเจี๊ยบ
[nam4 - kra1 - ji:ap4]
洛神花茶

น้ำมะขาม
[nam4 - ma1 - kha:m5]
罗望子茶

น้ำองุ่น
[nam4 - a1 ngun2]
葡萄汁

น้ำทับทิม
[nam4 - thap4 - thim1]
石榴汁

น้ำเก๊กฮวย
[nam4 - kek4 - huai1]
菊花茶

เครื่องดื่มแอลกอฮอล์
[khruea:ng3 - due:m2 - ae:o1 - kor:1 - hor:1]
酒精饮料

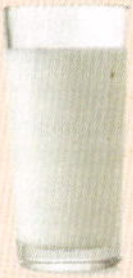

[食物区]

เลย์ [le:1] 乐事

โดริโทส [do:1 - ri1 - tho:s4] 多力多滋

ขนมหวาน [kha2 nom5 - wa:n5] 甜点

ของกิน [khor:ng5 - kin1] 食物、吃的

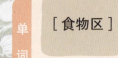

มาม่า [ma:1 - ma:3] 泡面

เค้ก [khe:k4] 蛋糕

ปลาเส้น [pla:1 - se:n3] 香鱼丝

ไอติม [ai1 - tim1] 冰激凌

ผลไม้ [phon5 la1 mai4] 水果

ไข่ต้มสุก [khai2 - tom3 - suk2] 水煮蛋

พายไส้วุ้นมะพร้าว [pha:i1 - sai3 - wun4 - ma1 - phra:o4] 椰果派

ขนมปังไส้ถั่วแดง [ka2 nom5 - pang1 - sai3 - thua:2 - dae:ng1] 红豆面包

เมล็ดทานตะวัน [ma1 let4 - tha:n1 - ta1 - wan1] 葵花籽

ขนมปังแผ่น [ka2 nom5 - pang1 - phae:n2] 切片吐司

คัพเค้ก [khap4 - khe:k4] 杯子蛋糕

มินิบัน [mi4 ni4 ban1] 小面包

อัลมอนด์ [ao1 - mor:n3] 杏仁果

ขนมปังแพ [ka2 nom5 - pang1 - phae:1] 面包

วันหมดอายุ [wan1 - mot2 - a:1 - yu4] 保质期

เค้กโรล [khe:k4 - ro:1] 蛋糕卷

ครัวซ็องค์ [khrua:1 - sor:ng1] 可颂

โดรายากิ [do:1 - ra:1 - ya:1 - ki2] 铜锣烧

ราคา [ra:1 - kha:1] 标价

[报章杂志区]	หนังสือพิมพ์ [nang5 - sue:5 - phim1] 报纸	นิตยสาร [ni4 ta1 ya1 - sa:n5] 杂志	นิยาย [ni4 - ya:i1] 小说
หนังสือ [nang5 - sue:5] 书籍			การ์ตูน [ka:1 - tu:n1] 漫画书
[杂物区]	ของใช้ทั่วไป [khor:ng5 - chai4 - thua:3 - pai1] 日用品	แชมพู [chae:m1 - phu:1] 洗发乳	CD เพลง [si:1 - di:1 - phle:ng1] 音乐 CD
กางเกงในกระดาษ [ka:ng1 - ke:ng1 - nai1 - kra1 - da:t2] 免洗内衣裤		ครีมนวดผม [khri:m1 - nua:t3 - phom5] 润发乳	หนังแผ่น DVD [nang5 - phae:n2 - di:1 - wi:1 - di:1] 电影 DVD
ถ่าน / แบต [tha:n2] / [bae:t2] 电池	ปลั๊กแปลงขา [plak4 - plae:ng1 - kha:5] 转接头	ทิชชู่ [thit4 - chu:3] 卫生纸 / 纸巾	ผ้าอนามัย [pha:3 - a1 na:1 mai1] 卫生棉
[柜台区]	เคาน์เตอร์ [khao4 - toe:3] 收银台	หลอด [lor:t2] 吸管	ใบเสร็จ [bai1 - set2] 收据
เครื่องสแกนบาร์โค้ด [khruea:ng3 - sa2 kae:n1 - ba:1 - kho:t4] 条码机	พนักงาน [pha1 nak4 - nga:n1] 店员	ถุงพลาสติก [thung5 - phla:s4 - tik2] 塑料袋	บุหรี่ [bu1 - ri:2] 香烟

下午茶时间补充能量

逛街累了,找个地方消暑,来看看泰国有什么特别的。

▍咖啡店

| 您好,请问要点什么? | สวัสดีค่ะ รับอะไรดีคะ
[sa2 wat2 di:1 - kha3 - rap4 - a1 - rai1 - di:1 - kha4] |

我想要一杯热拿铁,中杯的。
ขอลาเต้ร้อนถ้วยนึงค่ะ เอาขนาดกลาง
[khor:5 - la:1 - te:3 - ror:n4 - thuai3 - nueng1 - kha3
ao1 - kha2 na:t2 - kla:ng1]

冰的美式咖啡,不要冰块。
ขออเมริกาโน่เย็น ไม่เอาน้ำแข็งค่ะ
[khor:5 - a1 me:1 ri1 ka:1 no:3 - yen1
mai3 - ao1 - nam4 - khae:ng5 - kha3]

一杯抹茶星冰乐。
ขอกรีนทีครีม แฟรบปูชิโน่ที่นึงค่ะ
[khor:5 - kri:n1 - thi:1 - khi:m1
- frae:p4 - bu:1 - chi1 - no:3 - thi:3 - nueng1 - kha3]

我要少糖。
เอาหวานน้อยนะคะ
[ao1 - wa:n5 - nor:i4 - na4 - kha4]

请问有英式玛芬吗?我想要一份。
มีมัฟฟินไก่ไหมคะ ขอที่นึงค่ะ
[mi:1 - maf4 - fin3 - kai2 - mai5 - kha4
khor:5 - thi:3 - nueng1 - kha3]

请问要内食,还是外带呢?
จะทานที่นี่ หรือเทคเอาท์คะ
[ja1 - tha:n1 - thi:3 - ni:3
rue:5 - the:k4 - ao4 - kha4]

我想要外带。
ฉันขอเทคเอาท์ค่ะ
[chan5 - khor:5 - the:k4 - ao4 - kha3]

您的餐点已经好了。
ของที่ลูกค้าสั่งได้แล้วค่ะ
[khor:ng5 - thi:3 - lu:k3 - kha:4 - sang2
- dai3 - lae:o4 - kha3]

♪ 116

下午茶

我想点餐。	ฉันขอสั่งอาหารค่ะ [chan5 - khor:5 - sang2 - a:1 - ha:n5 - kha3]
通常别人都点些什么呢？	ปกติคนอื่นเขาสั่งอะไรกันหรอคะ [pok2 ka2 ti2 - khon1 - uen2 - khao5 - sang2 - a1 - rai1 - kan1 - ror:5 - kha4]
我想要一个杧果圣代冰激凌。	เอาไอติมมะม่วงซันเดย์ที่นึงค่ะ [ao1 - ai1 - tim1 - ma1 - mua:ng3 - san1 - de:1 - thi:3 - nueng1 - kha3]
要加一份椰香糯米。	ขอเพิ่มข้าวเหนียวมูนด้วย [khor:5 - phoe:m3 - ka:o3 - nia:o5 - mu:n1 - duai3]
想麻烦你帮我推荐蛋糕。	อยากให้ช่วยแนะนำเค้กให้หน่อยค่ะ [ya:k2 - hai3 - chuai3 - nae4 - nam1 - khe:k4 - hai3 - nor:i2 - kha3]
很多客人会点布朗尼，会附一个冰激凌球。	ลูกค้ามาสั่งบราวนี่กันเยอะค่ะ มีแถมไอติมลูกนึงด้วย [lu:k3 - kha:4 - ma:1 - sang2 - bra:o1 - ni:3 - kan1 - yoe4 - kha3 - mi:1 - thae:m5 - ai1 - tim1 - lu:k3 - nueng1 - duai3]
那冰激凌可以选口味吗？	แล้วไอติมเลือกได้ไหมคะ [lae:o4 - ai1 - tim1 - luea:k3 - dai3 - mai5 - kha4]
可以从菜单的第一页选口味。	เลือกได้ตามหน้าแรกของเมนูเลยค่ะ [luea:k3 - dai3 - ta:m1 - na:3 - rae:k3 - khor:ng5 - me:1 - nu:1 - loe:i1 - kha3]
请问想要什么口味的冰激凌呢？	จะเลือกไอติมอะไรดีคะ [ja1 - luea:k3 - ai1 - tim1 - a1 - rai1 - di:1 - kha4]
绿色的冰激凌是什么口味呢？	ไอติมสีเขียวอันนี้คืออะไรหรอคะ [ai1 - tim1 - si:5 - khia:o5 - an1 - ni:4 - khue:1 - a1 - rai1 - ror:5 - kha4]

♪ 117

是香兰口味，香香甜甜的。	รสใบเตยค่ะ มีรสชาติหอมหวาน [rot4 - bai1 - toe:i1 - kha3 - mi:1 - rot4 - cha:t3 - hor:m5 - wa:n5]
有哪些口味是**低脂**的？	มีรสไหนบ้างคะที่เป็น**ไขมันต่ำ** [mi:1 - rot4 - nai5 - ba:ng3 - kha4 - thi:3 - pen1 - khai5 - man1 - tam2]
这个酸吗？	อันนี้เปรี้ยวไหมคะ [an1 - ni:4 - pria:o3 - mai5 - kha4]
请问冰激凌要加配料吗？	ไอติมเพิ่มท้อปปิ้งไหมคะ [ai1 - tim1 - phoe:m3 - thor:p4 - ping3 - mai5 - kha4]
加奶油跟樱桃。	เอาวิปครีมกับเชอรี่ค่ะ [ao1 - wip4 - khri:m1 - kap2 - choe:1 - ri:3 - kha3]
下午时段有好多学生来用餐啊。	ช่วงบ่ายมีนักเรียนมาทานกันเยอะนะคะ [chua:ng3 - ba:i2 - mi:1 - nak4 - ri:an1 - ma:1 - tha:n1 - kan1 - yoe4 - na4 - kha4]
服务员，我想加点儿。	คุณคะ ขอสั่งเพิ่มค่ะ [khun1 - kha4 - khor:5 - sang2 - phoe:m3 - kha3]
好的，请稍候。	ได้ค่ะ รอสักครู่นะคะ [dai3 - kha3 - ror:1 - sak1 - khru:3 - na4 - kha4]
这个价格是结账的价格吗？	ราคานี้เป็นราคาจ่ายตามจริงหรือเปล่าคะ [ra:1 - kha:1 - ni:4 - pen1 - ra:1 - kha:1 - ja:i2 - ta:m1 - jing1 - rue:5 - plao2 - kha4]
不是，还要另外加消费税和服务费。	ยังค่ะ ต้องเพิ่ม VAT และ Service Charge ต่างหากค่ะ [yang1 - kha3 - tor:ng3 - phoe:m3 - wae:t2 - lae4 - soe:1 - wit2 - cha:t4 - ta:ng2 - ha:k2 - kha3]
这家的蜜糖吐司非常有名。	Honey Toast ร้านนี้ดังมากเลย [han1 - ni:3 - tho:s4 - ra:n4 - ni:4 - dang1 - ma:k3 - loe:i1]

我想试试这里的熔岩巧克力蛋糕。	ฉันอยากลองไจแอนท์ลาวาของที่นี่ [chan5 - ya:k2 - lor:ng1 - jai1 - ae:n3 - la:1 - wa:1 - khor:ng5 - thi:3 - ni:3]
马卡龙通常下午就卖完了，晚来就吃不到。	มาการองปกติบ่ายๆก็ขายหมดแล้ว มาช้าอดทาน [ma:1 - ka:1 - ror:ng1 - pok2 ka1 ti2 - ba:i2 - ba:i2 - kor:3 - kha:i5 - mot2 - lae:o4 - ma:1 - cha:4 - ot2 - tha:n1]
这个点心套餐，请问是几人份的？	เซ็ทของว่างชุดนี้ ทานได้กี่ท่านหรอคะ [set4 - khor:ng5 - wa:ng3 - chut4 - ni:4 tha:n1 - dai3 - ki:2 - tha:n3 - ror:5 - kha4]
吃过椰子蛋糕吗？一定要试试！	เคยทานเค้กมะพร้าวอ่อนหรือยัง ต้องลอง! [khoe:i1 - tha:n1 - khe:k4 - ma1 - phra:o4 - or:n2 - rue:5 - yang1 - tor:ng3 - lor:ng1]
你知道哪里卖奶茶蛋糕吗？	คุณรู้ไหมว่าที่ไหนมีขายเค้กชาเย็นบ้างคะ [khun1 - ru:4 - mai5 - wa:3 - thi:3 - nai5 - mi:1 - kha:i5 - khe:k4 - cha:1 - yen1 - ba:ng3 - kha4]
嗯，真好吃！这个价格太划算了。	อืม อร่อยมาก คุ้มกับราคานี้จริงๆ [ue:m1 - a1 ror:i2 - ma:k3 khum4 - kap2 - ra:1 - kha:1 - ni:4 - jing1 - jing1]

路边点心

这个怎么卖？

อันนี้ขายยังไงหรอคะ

[an1 - ni:4 - kha:i5 - yang1 - ngai1 - ror:5 - kha4]

一个 20 铢。

อันละยี่สิบจ้า

[an1 - la1 - yi:3 - sip2 - ja:3]

一包（盒）25 铢。

ถุง (กล่อง) ละยี่สิบห้าบาท

[thung5 (klor:ng2) - la1 - yi:3 - sip2 - ha:3 - ba:t2]

走吧！一起用泰语去旅行！

我要一包（盒）。	เอาถุง (กล่อง) นึงค่ะ [ao1 - thung5 (klor:ng2) - nueng1 - kha3]
我不要椰丝。	ไม่เอามะพร้าวฝอยค่ะ [mai3 - ao1 - ma1 - phra:o4 - for:i5 - kha3]
泰式煎饼一个 20 铢。	โรตีเปล่าๆ อันละ 20 บาท [ro:1 - ti:1 - plao2 - plao2 - an1 - la1 - yi:3 - sip2 - ba:t2]
加蛋加 5 铢。	ใส่ไข่เพิ่ม 5 บาท [sai2 - khai2 - phoe:m3 - ha:3 - ba:t2]
那如果要加香蕉呢？	แล้วถ้าใส่กล้วยละคะ [lae:o4 - tha:3 - sai2 - kluai3 - la1 - kha4]
一样，加香蕉加 5 铢。	เหมือนกันจ้า ใส่กล้วยเพิ่ม 5 บาท [muea:n5 - kan1 - ja:3 sai2 - kluai3 - phoe:m3 - ha:3 - ba:t2]
那我要两个泰式煎饼，一个加蛋，另一个加香蕉。	เอาโรตีสองอัน อันนึงใส่ไข่ อีกอันใส่กล้วย [ao1 - ro:1 - ti:1 - sor:ng5 - an1 an1 - nueng1 - sai2 - khai2 i:k2 - an1 - sai2 - kluai3]
请问总共多少钱？	ทั้งหมดเท่าไหร่คะ [thang4 - mot2 - thao3 - rai2 - kha4]
请问芭蕉叶烤糯米，有什么馅？	ข้าวเหนียวปิ้งมีไส้อะไรบ้างคะ [kha:o3 - nia:o5 - ping3 - mi:1 - sai3 - a1 - rai1 - ba:ng3 - kha4]
芋头馅、芭蕉馅、地瓜馅	ไส้เผือก ไส้กล้วย ไส้มัน [sai3 - phuea:k2 - sai3 - kluai3 - sai3 - man1]
请问有青杧果吗？	มีมะม่วงมันหรือเปล่าคะ [mi:1 - ma1 - mua:ng3 - man1 - rue:5 - plao2 - kha4]

我要不酸的青杧果。	เอามะม่วงมันไม่เปรี้ยว [ao1 - ma1 - mua:ng3 - man1 - mai3 - pria:o3]
一袋莲雾,麻烦给我凉凉的。	ชมพู่ถุงนึง ขอเย็นๆนะคะ [chom1 - phu:3 - thung5 - nueng1 khor:5 - yen1 - yen1 - na4 - kha4]

路边小吃

我要两串烤丸子。	เอาลูกชิ้นสองไม้ค่ะ [ao1 - lu:k3 - chin4 - sor:ng5 - mai4 - kha3]
我要**不辣**的蘸酱。	ขอน้ำจิ้มไม่เผ็ดค่ะ [khor:5 - nam4 - jim3 - mai3 - phet2 - kha3]
我要**很辣**的蘸酱。	เอาน้ำจิ้มเผ็ดๆค่ะ [ao1 - nam4 - jim3 - phet2 - phet2 - kha3]
这个蘸酱的辣度是最小的了。	น้ำจิ้มนี้เผ็ดน้อยที่สุดแล้วค่ะ [nam4 - jim3 - ni:4 - phet2 - nor:i4 - thi:3 - sut2 - lae:o4 - kha3]
请问这个是鱿鱼吗?	อันนี้เป็นปลาหมึกหรือเปล่าคะ [an1 - ni:4 - pen1 - pla:1 - muek2 - rue:5 - plao2 - kha4]
请问哪个是鸡肉?	อันไหนเนื้อไก่คะ [an1 - nai5 - nuea:4 - kai2 - kha4]
烤猪肉看起来好好吃。	หมูปิ้งดูน่าทานจังค่ะ [mu:5 - ping3 - du:1 - na:3 - tha:n1 - jang1 - kha3]

走吧！一起用泰语去旅行！

| 还没熟，要等一下。 | ยังไม่สุกนะ ต้องรอแป๊บนึง
[yang1 - mai3 - suk2 - na4
tor:ng3 - ror:1 - pae:p4 - nueng1] |

| 我要三串，可以等。 | เอาสามไม้ค่ะ รอได้
[ao1 - sa:m5 - mai4 - kha3
ror:1 - dai3] |

| 请给我配菜、辣椒和姜片。 | ขอพวกผัก พริกกับขิงด้วยค่ะ
[khor:5 - phua:k3 - phak2
- phrik4 - kap2 - khing5 - duai3 - kha3] |

| 烤鸡卖完了，这些都已经有人订了。 | ไก่ย่างหมดจ้า ตรงนี้มีคนจองแล้ว
[kai2 - ya:ng3 - mot2 - ja:3
trong1 - ni:4 - mi:1 - khon1 - jor:ng1 - lae:o4] |

| 请问半只烤鸡，怎么卖？ | ไก่ย่างครึ่งตัว ขายยังไงคะ
[kai2 - ya:ng3 - khrueng3 - tua:1
kha:i5 - yang1 - ngai1 - kha4] |
| ↓ |
| 一只 250 铢，不卖半只的。 | ตัวละ 250 บาท ไม่มีครึ่งตัวค่ะ
[tua:1 - la1 - sor:ng5 - ror:i4 - ha:3 - sip2 - ba:t2
mai3 - mi:1 - khrueng3 - tua:1 - kha3] |

| 我要东北香肠，请问怎么卖？ | ไส้กรอกอีสาน ขายยังไงคะ
[sai3 - kror:k2 - i:1 - sa:n5
kha:i5 - yang1 - ngai1 - kha4] |
| ↓ |
| 一颗 1 铢／一支 10 铢。 | ลูกละบาทจ้า／ไม้ละสิบบาทจ้า
[lu:k3 - la1 - ba:t2 - ja:3] /
[mai4 - la1 - sip2 - ba:t2 - ja:3] |

| 请问要糯米吗？ | เอาข้าวเหนียวด้วยไหม
[ao1 - kha:o3 - nia:o5 - duai3 - mai5] |

我要一份。	不要。
เอาถุงนึงค่ะ	ไม่เอาค่ะ
[ao1 - thung5 - nueng1 - kha3]	[mai3 - ao1 - kha3]

数字怎么说

泰语在表达纯数字、金额、日期、时间时,数字的念法都是一样的。泰语数字请参考前文,以下再进一步学习用来表示单位的词汇,最大是 ล้าน(百万),如果要表达千万,就要说 10 个 ล้าน,也就是 สิบล้าน,以此类推。

สิบ	ร้อย	พัน	หมื่น
[sip2]	[ror:i4]	[phan1]	[mue:n2]
十	百	千	万
แสน	ล้าน	สิบล้าน	ร้อยล้าน
[sae:n5]	[la:n4]	[sip2 - la:n4]	[ror:i4 - la:n4]
十万	百万	千万	亿

要特别注意两个数字:
1. 两位数以上,当个位数是 1 时,这里的 1 要念 เอ็ด [et2]
2. 无论是几位数,只要十位数是 2,这里的 2 要念 ยี่ [yi:3]

数字	泰语字	拼音
11	สิบเอ็ด	[sip2 - et2]
12	สิบสอง	[sip2 - sor:ng5]
22	ยี่สิบ สอง	[yi:3 - sip2 - sor:ng5]
100	หนึ่งร้อย 口语上常讲 ร้อยนึง	[nueng2 - ror:i4] [ror:i4 - nueng1]
101	หนึ่งร้อย เอ็ด 口语上常讲 ร้อย หนึ่ง	[nueng2 - ror:i4 - et2] [ror:i4 - nueng2]
110	หนึ่งร้อย สิบ	[nueng2 - ror:i4 - sip 2]
111	หนึ่งร้อย สิบเอ็ด	[nueng2 - ror:i4 - sip 2 - et2]
1,234	หนึ่งพัน สองร้อย สามสิบ สี่	[nueng2 - phan1 - sor:ng5 - ror:i4 - sa:m5 - sip2 - si:2]
4,321	สี่พัน สามร้อย ยี่สิบ เอ็ด	[si:2 - phan1 - sa:m5 - ror:i4 - yi:3 - sip2 - et2]
89,150	แปดหมื่น เก้าพัน หนึ่งร้อย ห้าสิบ	[pae:t2 - mue:n2 - kao3 - phan1 - nueng2 - ror:i4 - ha:3 - sip2]

句型

我想要________。

ฉันเอา____

[chan5 - ao1 ____]

[小吃]

ของทอด
[khor:ng5 - thor:t3]
油炸食物

ไก่ทอด
[kai2 - thor:t3]
炸鸡

นักเก็ตไก่
[nak4 - ket3 - kai2]
麦克鸡块

ปลาหมึกทอด
[pla:1 - muek2 - thor:t3]
炸鱿鱼

ลูกชิ้นทอด
[lu:k3 - chin4 - thor:t3]
炸丸子

หมูทอด
[mu:5 - thor:t3]
炸猪肉

เปาะเปี๊ยะทอด
[por2 - pia4 - thor:t3]
炸春卷

เกี๊ยวทอด
[kia:o4 - thor:t3]
炸饺子

กุ้งทอด
[kung3 - thor:t3]
炸虾

เต้าหู้ทอด
[tao3 - hu:3 - thor:t3]
炸豆腐

เผือกทอด
[phuea:k2 - thor:t3]
炸芋头丝

กล้วยแขก
[kluai3 - khae:k2]
炸芭蕉

เฟรนฟราย
[fre:n4 - fra:i1]
炸薯条

[酒类饮料]

เบียร์
[bi:a1]
啤酒

ไฮเนเก้น
[hai1 - ne:1 - ke:n3]
喜力

ค็อกเทล
[khor:k4 - the:o1]
调酒

ไวน์แดง
[wai1 - dae:ng1]
红酒

ไวน์ขาว
[wai1 - kha:o5]
白酒

เบียร์ช้าง
[bi:a1 - cha:ng4]
大象啤酒

เบียร์สิงห์
[bi:a1 - sing5]
胜狮啤酒

อาหารปิ้งย่าง [a:1 - ha:n5 - ping3 - ya:ng3] 烧烤食物	หมูปิ้ง [mu:5 - ping3] 烤猪肉	ไก่ย่าง [kai2 - ya:ng3] 烤鸡	ปีกไก่ย่าง [pi:k2 - kai2 - ya:ng3] 烤鸡翅
คอหมูย่าง [khor:1 - mu:5 - ya:ng3] 烤猪颈肉			
ลูกชิ้นปิ้ง [lu:k3 - chin4 - ping3] 烤串丸子（鸡、猪、牛）	บาร์บีคิว [ba:1 - bi:1 - khio1] 户外自助烧烤	ไส้กรอกอีสาน [sai3 - kror:k2 - i:1 - sa:n5] 烤东北香肠	กล้วยปิ้ง [kluai3 - ping3] 烤芭蕉
ข้าวตัง [kha:o3 - tang1] 米饼			
ข้าวจี่ [kha:o3 - ji:2] 烤糯米	หมูสะเต๊ะ [mu:5 - sa2 - te4] 沙茶酱	ข้าวโพดย่าง [kha:o3 - pho:t3 - ya:ng3] 烤玉米	ข้าวเหนียว [kha:o3 - nia:o5] 糯米
ขนมตาล [kha2 nom5 - ta:n1] 椰糖糕	ขนมปังปิ้ง [kha2 nom5 - pang1 - ping3] 烤吐司	ข้าวโพดอบเนย [kha:o3 - pho:t3 - op2 - noe:i1] 奶油玉米	ข้าวโพดนึ่ง [kha:o3 - pho:t3 - nueng3] 蒸玉米
โรตี [ro:1 - ti:1] 奶油煎薄饼	ข้าวเหนียวปิ้ง [kha:o3 - nia:o5 - ping3] 芭蕉叶烤糯米	ฝอยทอง [for:i5 - thor:ng1] 金糖蛋丝	ลูกชุบ [lu:k3 - chup4] 绿豆糕裹蒟蒻

[蘸料]

ซีอิ๊ว	น้ำส้มสายชู	น้ำปลา
[si:1 - io4]	[nam4 - som3 - sa:i5 - chu:1]	[nam4 - pla:1]
酱油	醋	鱼露

น้ำจิ้ม	พริกป่น	พริกไทย	พริกไทยดำ
[nam4 - jim3]	[phrik4 - pon2]	[phrik4 - thai1]	[phrik4 - thai1 - dam1]
蘸酱	辣椒粉	胡椒粉	黑胡椒粉

น้ำตาล	ซอสพริก	ซอสมะเขือเทศ	ซอสมัสตาร์ด
[nam4 - ta:n1]	[sor:t4 - phrik4]	[sor:t4 - ma1 - khuea:5 - the:t3]	[sor:t4 - mas4 - ta:t2]
糖	辣酱	番茄酱	芥末酱

น้ำเชื่อม	น้ำกะทิ
[nam4 - chuea:m3]	[nam4 - ka1 - thi4]
糖浆	椰浆

[水果]

มะม่วง	มะละกอ	ฝรั่ง
[ma1 - mua:ng3]	[ma4 - la4 - kor:1]	[fa1 - rang2]
杧果	木瓜	番石榴

สัปปะรด	แตงโม	ชมพู่	เงาะ
[sap2 - pa1 - rot4]	[tae:ng1 - mo:1]	[chom1 - phu:3]	[ngor4]
菠萝	西瓜	莲雾	红毛丹

ทุเรียน	มังคุด	ลองกอง	กระท้อน
[thu4 - ri:an1]	[mang1 - khut4]	[lor:ng1 - kor:ng1]	[kra1 - thor:n4]
榴梿	山竹	龙贡	山陀儿

[菜单]

พิเศษเฉพาะเดือนนี้
[phi4 - se:t2 - cha1 - phor4 - duea:n1 - ni:4]
本月限定

เมนูแนะนำ
[me:1 - nu:1 - nae4 - nam1]
推荐菜

ยอดฮิต
[yor:t3 - hit4]
人气

บุฟเฟ่
[buf4 - fe:3]
吃到饱

แลกซื้อ
[lae:k3 - sue:4]
加购

ชุดสุดคุ้ม
[chut4 - sut2 - khum4]
超值组合

อาหารชุด / เซ็ท
[a:1 - ha:n5 - chut4] / [set4]
套餐

อาหารเจ
[a:1 - ha:n5 - je:1]
斋食

มังสวิรัติ
[mang1 - sa2 - wi1 - rat4]
素食

[账单]

เงินสด
[ngoe:n1 - sot2]
现金

เมนูสุขภาพ
[me:1 - nu:1 - suk2 - kha2 - pha:p3]
健康餐点

ฟรี
[fri:1]
免费

จำนวนเงิน
[jam1 - nua:n1 - ngoe:n1]
金额

บัตรเครดิต
[bat2 - khre:1 - dit2]
信用卡

รายการอาหาร
[ra:i1 - ka:n1 - a:1 - ha:n5]
餐点品项

ราคาอาหาร
[ra:1 - kha:1 - a:1 - ha:n5]
餐点价钱

[座位]

ที่นั่งด้านนอก
[thi:3 - nang3 - da:n3 - nor:k3]
室外座位

ชิดหน้าต่าง
[chit4 - na:3 - ta:ng2]
靠窗座位

ที่นั่งด้านใน
[thi:3 - nang3 - da:n3 - nai1]
室内座位

เก้าอี้เด็ก
[kao3 - i:3 - dek2]
儿童座椅

พื้นที่ สูบบุหรี่
[phue:n4 - thi:3 - su:p2 - bu1 - ri:2]
吸烟区

พื้นที่ห้าม สูบบุหรี่
[phue:n4 - thi:3 - ha:m3 - su:p2 - bu1 - ri:2]
禁烟区

ห้อง VIP
[hor:ng3 - wi:1 - ai1 - phi:1]
贵宾包厢

เทคเอาท์ / ห่อกลับบ้าน
[the:k4 - ao4] / [hor:2 - klap2 - ba:n3]
外带

泰国的面食

泰国最好吃的东西通常藏于民间,面食也不例外。但路边摊不是专为外国人而开的,往往游客想尝地道的美食,却不知道该怎么开口,只能用手比画,或找隔壁桌客人的面食当作样板,等到自己桌上出现一碗面的时候,才知道刚刚碰运气的结果到底如何?

下面会大致介绍常见的面摊,让读者对这类路边美食多一分认识,尝到与期待相符的面食。

据说郑信王时期,泰国开始与许多国家来往,而面食文化便由中国人带进了泰国。将面条煮熟,倒入汤汁,加肉、菜和一些调味料,这种吃法对当时的泰国人来说相当新奇。ก๋วยเตี๋ยว [kuai5 - tia:o5] 之名推测来自福建方言的"粿条",现在则被用来通称面摊里的大部分面食。

面摊的种类

粿条/面（ก๋วยเตี๋ยว [kuai5 - tia:o5]）

普通的 ก๋วยเตี๋ยว 是加入猪、鸡、鸭、牛、鱼肉的面,不是每个面摊都有卖的,除了选要吃什么肉之外,面条和汤头的选择大同小异。

央豆腐（เย็นตาโฟ [yen1 - ta:1 - fo:1]）

加入鱼丸、鱼卷切片,而且一定会加红色的酱汁,它是用豆腐乳、番茄酱、辣酱做成的,每家的自制酱汁配方大同小异。

船面（ก๋วยเตี๋ยวเรือ [kuai5 - tia:o5 - ruea:1]）

顾名思义就是在船上卖的面，以前泰国人会划着船煮面卖，如今大多已在陆地上开店，但都会在店门口摆一艘船作为传统标志。船面的汤属于重口味，还有一种叫作 น้ำตก [nam4 - tok2] 的浊汤，是将猪血或牛血加入盐，与清汤混合而成。店里都会附送打抛叶或九层塔，作为去腥用，还会卖小包的炸猪皮，可以单吃，也可以剥成小块放进汤里一起吃。船面通常只有猪肉和牛肉两种选择，点餐的方法可比照普通 ก๋วยเตี๋ยว 的方法。

粿杂（ก๋วยจั๊บ [kuai5 - jap4]）

与其他面食不同，其面条用的是一种米片，汆烫后会卷成管状，而汤头分一般清汤和特制卤汤两种，配料则是卤过的猪内脏和卤蛋。

馄饨面（บะหมี่เกี๊ยว [ba1 - mi:2 - kia:o4]）

与中国的馄饨面类似，汤头与中国常见的稍为不同，但是和普通的 ก๋วยเตี๋ยว 汤头类似。

烩面（ราดหน้า [ra:t3 - na:3]）

泰国的烩面形式很简单，就是勾芡的汤里加入猪肉，加入炒过的粄条，配上芥菜，有时粄条可以换成其他面条，特别的是炸过的黄面（หมี่กรอบ [mi:2 - kror:p2]），只会用来搭配烩面，在其他面摊是吃不到的。

泰国面摊攻略

STEP 1

当一个面摊卖的不止一种面的时候,例如猪肉面、牛肉面、鱼丸面等,它们的基本汤头又都一样,这样要怎么点才好呢?第一步要先<u>选择吃哪一款</u>(或试着开口问老板有没有你想吃的)。

猪肉面	牛丸面	鸡肉面	鸭肉面
ก๋วยเตี๋ยวหมู	ก๋วยเตี๋ยวเนื้อ	ก๋วยเตี๋ยวไก่	ก๋วยเตี๋ยวเป็ด
[kuai5 - tia:o5 - mu:5]	[kuai5 - tia:o5 - nuea:4]	[kuai5 - tia:o5 - kai2]	[kuai5 - tia:o5 - pet2]
鱼肉面	馄饨面	粿杂	烩面
ก๋วยเตี๋ยวปลา	บะหมี่เกี๊ยว	ก๋วยจั๊บ	ราดหน้า
[kuai5 - tia:o5 - pla:1]	[ba1 - mi:2 - kia:o4]	[kuai5 - jap4]	[ra:t3 - na:3]

STEP 2

第二步选择要<u>汤的</u>或<u>干的</u>。

汤的	干的
น้ำ	แห้ง
[nam4]	[hae:ng3]

STEP 3

第三步<u>选特殊口味</u>,如浊汤(น้ำตก)或酸辣(ต้มยำ),但并不是每一家都有多种口味,若想吃的话可以问问看。如果只要一般的清汤,那就是 น้ำใส。

浊汤

清汤	浊汤	酸辣	央豆腐
น้ำใส	น้ำตก	ต้มยำ	เย็นตาโฟ
[nam4 - sai5]	[nam4 - tok2]	[tom3 - yam1]	[yen1 - ta:1 - fo:1]

如果你点的是干面的话,就没有这个问题了,但还是可以选 ต้มยำ 口味的干面。

酸辣汤

STEP 4

第四步**挑面**：粄条、河粉、米粉、蛋黄面、米苔目、泡面、粿杂粉。除非你点的是馄饨汤不需要放面，其实每一种都可以试试。

粄条 เส้นใหญ่ [se:n3 - yai2] 	河粉 เส้นเล็ก [se:n3 - lek4] 	米粉 เส้นหมี่ [se:n3 - mi:2] 	蛋黄面 เส้นบะหมี่ [se:n3 - ba1 - mi:2]
米苔目 เกี๊ยมอี๋ [ki:am3 - i:5] 	泡面 เส้นมาม่า [se:n3 - ma:1 - ma:3] 	粿杂粉 เส้นก๋วยจั๊บ [se:n3 – kuai5 - jap4] 	炸黄面 หมี่กรอบ [mi:2 - kror:p2]

STEP 5

第五步**选料**：除非你有不想吃的料，否则不用强调，基本款该加的都会加，例如点的是猪肉面的话，老板就会自动放猪肉、猪肉丸等（不会莫名出现牛肉丸）。如果有特别喜欢的配菜，例如希望鸡爪多一点的话，可以跟老板这样说：

> 加 ______ 多一点
>
> เพิ่ม ______ พิเศษ
>
> [phoe:m3 _____ phi4 - se:t2]

STEP 6

第六步**特别交代**：面煮熟后放配料时，老板还会加鱼露、蒜油、砂糖、味精，如果不喜欢的话则可以特别交代。

鱼露 น้ำปลา [nam4 - pla:1]	蒜油 น้ำมันกระเทียมเจียว [nam4 - man1 - kra1 - thi:am1 - jia:o1]	砂糖 น้ำตาล [nam4 - ta:n1]	味精 ผงชูรส [phong5 - chu:1 - rot4]

最后就是端上桌，你就可以大快朵颐了。也许你会注意到，每一桌都出现调味料，你可以根据自己的口味来调味。但是在调味之前，不妨先尝一下原味的。别小看有些面摊小小的，有很多老板会默默坚持真材实料，不用加别的调料就已经非常好吃了。

调味料：鱼露、辣椒粉、花生粉、辣醋，有时候还会有砂糖。

面摊的基本款

为了让读者对泰国的面摊文化一目了然,以下是各种面食的基本选择,当然也会有店家为了凸显自己的特色,多加一些特别的料给你,像猪肉面会多加猪肝、鸭肉面会加炸三层猪肉,虽然现在已经变成常见搭配,但还不是每一家都会这样配料。

种类	汤/干	汤类	面条	配料	店家特色
猪肉面	干/汤	清汤/浊汤/酸辣/央豆腐	粄条、河粉、米粉、蛋黄面、米苔目、泡面	猪肉、猪肉丸、鱼肉卷切片、葱花、豆芽	比较大的店可以加内脏,但价格会贵一些
牛肉面				牛肉丸、牛肉小片、葱花、豆芽	
鸡肉面		卤汤/酸辣		鸡丝、鸡腿、鸡爪、苦瓜、葱花、豆芽	有些会放鸡血,豆芽、苦瓜、九层塔自行取用
鸭肉面		卤汤/酸辣		烧鸭或卤鸭、鸭血、葱花、豆芽	如果使用烧鸭,则会一起卖烧鸭或烧鸭饭
鱼丸面		清汤/酸辣/央豆腐		鱼丸、鱼肉卷切片、鱼饺、葱花、豆芽	有些会卖鱼肉面,可以加点一盘氽烫鱼肉
馄饨面		清汤/酸辣	蛋黄面	猪肉馄饨、叉烧、菜、葱花	因为有叉烧,很多会一起卖叉烧饭
粿杂	只有汤	清汤/卤汤	粿杂粉	炸三层猪、卤蛋、炸豆腐、猪心、葱花	有些会放比较多内脏,如大肠、猪肚、猪血等
烩面	只有汤	勾芡	粄条、米粉、炸黄面	嫩猪肉、芥蓝菜	有些会做成海鲜烩面,或加入蘑菇和胡萝卜,增加配菜的种类

Chapter 6 购物乐趣

在泰国购物乐趣很多,百货公司、街上小摊、街巷小店、夜市与市集,丰富多元的中南半岛文化,都反映在购物中。"砍价"是购物时必备的能力,但不是每家店都可以从五折开始砍价,货比三家后再决定,也可以省下不少钱。

สองมือล้วงกระเป๋า สองเท้าก้าวเข้ามา
[sor:ng5 - mue:1 - lua:ng4 - kra1 - pao5 - sor:ng5 - thao4 - ka:o3 - khao3 - ma:1]

双手伸进口袋,双脚走进来。

去百货公司大采购

时尚之都,逛得眼花缭乱,买得心花怒放。

▌解决手机问题

| 请问手机 SIM 卡要去哪里购买呢? | ซิมมือถือต้องไปซื้อที่ไหนหรอคะ
[sim1 - mue:1 - thue:5 - tor:ng3 - pai1 - sue:4 - thi:3 - nai5 - ror:5 - kha4] |

| 请给我一张 SIM 卡。 | ขอซิมมือถือใบนึงค่ะ
[khor:5 - sim1 - mue:1 - thue:5 - bai1 - nueng1 - kha3] |

| 请问您要哪一家的? | เอาของเจ้าไหนดีคะ
[ao1 - khor:ng5 - jao3 - nai4 - di:1 - kha4] |

哪一家的都可以。	我要 DTAC 的。
เจ้าไหนก็ได้ค่ะ [jao3 - nai4 - kor:3 - dai3 - kha3]	เอาของ DTAC ค่ะ [ao1 - khor:ng5 - di:1 - thae:k2 - kha3]

| 请给我一张储值卡。 | ขอบัตรเติมเงินใบนึงค่ะ
[khor:5 - bat2 - toe:m1 - ngoe:n1 - bai1 - nueng1 - kha3] |

| 请问你要多少金额的? | จำนวนเงินเท่าไหร่ดีคะ
[jam1 - nua:n1 - ngoe:n1 - thao3 - rai2 - di:1 - kha4] |

| 200 泰铢的。 | 200 บาทค่ะ
[sor:ng5 - ror:i4 - ba:t2 - kha3] |

| 请问可以接受打印单子的形式吗? | รับเป็นแบบสลิปได้ไหมคะ
[rap4 - pen1 - bae:p2 - sa2 lip4 - dai3 - mai5 - kha4] |

♪ 134

可以直接照**单子上的编号**输入，进行储值。	กดเติมเงินตาม**รหัสบนสลิป**ได้เลยค่ะ [got2 - toe:m1 - ngoe:n1 - ta:m1 - ra1 hat2 - bon1 - sa2 lip4 - dai3 - loe:i1 - kha3]
我看不懂泰文，你可以帮我储值吗？	ฉันอ่านภาษาไทยไม่ได้ ช่วยเติมเงินให้ฉันหน่อยได้ไหมคะ [chan5 - a:n2 - pha:1 - sa:5 - thai1 - mai3 - dai3 chuai3 - toe:m1 - ngoe:n1 - hai3 - chan5 - nor:i2 - dai3 - mai5 - kha4]

▎百货公司服务台

请问女装部在几楼？	ไม่ทราบว่าแผนกเสื้อผ้าสตรี อยู่ชั้นไหนหรอคะ [mai3 - sa:p3 - wa:3 - pha:2 nae:k2 - suea:3 - pha:3 - sa2 tri:1 yu:2 - chan4 - nai5 - ror:5 - kha4]
在三楼。	อยู่ชั้น 3 ค่ะ [yu:2 - chan4 - sa:m5 - kha3]
请问这里有东方公主的店吗？	ที่นี่มีร้านของ ORIENTAL PRINCESS ไหมคะ [thi:3 - ni:3 - mi:1 - ra:n4 - khor:ng5 - or:1 - ri:an1 - thor:n3 - phrin4 - se:t3 - mai5 - kha4]

有的，在一楼。	不好意思，这里没有。
มีค่ะ อยู่ชั้น 1 ค่ะ [mi:1 - kha3 - yu:2 - chan4 - nueng2 - kha3]	ขอโทษนะคะ ที่นี่ไม่มีค่ะ [khor:5 - thot3 - na4 - kha4 thi:3 - ni:3 - mai3 - mi:1 - kha3]

我想要找阿迪达斯的店面。	ฉันอยากไปร้าน ADIDAS ค่ะ [chan5 - ya:k2 - pai1 - ra:n4 - a1 di1 da:t4 - kha3]

走吧！一起用泰语去旅行！

请问**这家店**在哪里？	ไม่ทราบว่า**ร้านนี้**อยู่ไหนหรอคะ	[mai3 - sa:p3 - wa:3 - ra:n4 - ni:4 - yu:2 - nai5 - ror:5 - kha4]
请问有百货公司的**楼层地图**及店家资讯吗？	ไม่ทราบว่ามีแผนผังห้างกับรายชื่อร้านในห้างไหมคะ	[mai3 - sa:p3 - wa:3 - mi:1 - phae:n5 - phang5 - ha:ng3 kap2 - ra:i1 - chue:3 - ra:n4 - nai1 - ha:ng3 - mai5 - kha4]
请问有**哺乳室**吗？	ไม่ทราบว่ามีห้องให้นมลูกไหมคะ	[mai3 - sa:p3 - wa:3 - mi:1 - hor:ng3 - hai3 - nom1 - lu:k3 - mai5 - kha4]
在五楼**儿童**用品部附近。	ชั้น 5 บริเวณขายของเด็กอ่อนค่ะ	[chan4 - ha:3 - bo1 ri1 we:n1 - kha:i5 - khor:ng5 - dek2 - or:n2 - kha3]
请问哪里有**尿布台**？	ไม่ทราบว่าที่ไหนมีที่เปลี่ยนผ้าอ้อมคะ	[mai3 - sa:p3 - wa:3 - thi:3 - nai5 - mi:1 - thi:3 - pli:an2 - pha:3 - or:m3 - kha4]
二楼**女厕**里面有尿布台。	ชั้น 2 ห้องน้ำหญิง มีที่เปลี่ยนผ้าอ้อมค่ะ	[chan4 - sor:ng5 - hor:ng3 - nam4 - ying5 mi:1 - thi:3 - pli:an2 - pha:3 - or:m3 - kha3]
我想要租借**幼儿推车**。	ฉันอยากขอยืมรถเข็นเด็กค่ะ	[chan5 - ya:k2 - khor:5 - yue:m1 - rot4 - khen5 - dek2 - kha3]
请问这里有**寄物柜**吗？	ไม่ทราบว่าที่นี่มี**ตู้ฝากของ**ไหมคะ	[mai3 - sa:p3 - wa:3 - thi:3 - ni:3 - mi:1 - tu:3 - fa:k2 - khor:ng5 - mai5 - kha4]
请问电梯在哪里？	ไม่ทราบว่าลิฟท์ไปทางไหนคะ	[mai3 - sa:p3 - wa:3 - lip4 - pai1 - tha:ng1 - nai5 - kha4]

百货公司专柜 / 品牌专卖店

不好意思（我需要帮忙）。

ขอโทษนะคะ (ฉันมีเรื่องขอให้ช่วย)
[khor:5 - tho:t3 - na4 - kha4
(chan5 - mi:1 - ruea:ng3 - khor:5 - hai3 - chuai3)]

我想要找这个**产品**。

ฉันกำลังหา**สินค้า**ตัวนี้ค่ะ
[chan5 - kam1 - lang1 - ha:5 - sin5 - kha:4
- tua:1 - ni:4 - kha3]

请问这件衬衫还有**别的颜色**吗？

ไม่ทราบว่าเสื้อเชิ้ตตัวนี้มีสีอื่นไหมคะ
[mai3 - sa:p3 - wa:3 - suea:3 - choe:t4 - tua:1 - ni:4
- mi:1 - si:5 - ue:n2 - mai5 - kha4]

这件 T 恤有**其他花样**吗？

ไม่ทราบว่าทีเชิ้ตตัวนี้ มีลายอื่นไหมคะ
[mai3 - sa:p3 - wa:3 - thi:1 - choe:t4 - tua:1 - ni:4
mi:1 - la:i1 - ue:n2 - mai5 - kha4]

我想要看那个**红色**背包。

ฉันอยากดูกระเป๋าสีแดงใบนั้นค่ะ
[chan5 - ya:k2 - du:1 - kra1 - pao5 - si:5 - dae:ng1
- bai1 - nan4 - kha3]

我可以看**模特儿**身上的那件衣服吗？

ขอดูชุดที่หุ่นใส่อยู่ตัวนั้นได้ไหมคะ
[khor:5 - du:1 - chut4 - thi:3 - hun2 - sai2 - yu:2
- tua:1 - nan4 - dai3 - mai5 - kha4]

请问这双鞋子有 **24 厘米**的吗？

ไม่ทราบว่ารองเท้าคู่นี้ มีเบอร์ 24 ไหมคะ
[mai3 - sa:p3 - wa:3 - ror:ng1 - thao4 - khu:3 - ni:4
mi:1 - boe:1 - yi:3 - sip2 - si:2 - mai5 - kha4]

请问这个是**真皮**，还是合成皮呢？

อันนี้เป็นหนังแท้ หรือหนังเทียมคะ
[an1 - ni:4 - pen1 - nang5 - thae:4
rue:5 - nang5 - thi:am1 - kha4]

这个后背包**防水**吗？

เป้ใบนี้กันน้ำไหมคะ
[pe:3 - bai1 - ni:4 - kan1 - nam4 - mai5 - kha4]

夏季新品上市了吗？	สินค้าใหม่ของหน้าร้อนปีนี้มาหรือยังคะ [sin5 - kha:4 - mai2 - khor:ng5 - na:3 - ror:n4 - pi:1 - ni:4 - ma:1 - rue:5 - yang1 - kha4]
请问有**大约**三岁孩子的尺寸吗？	มีเสื้อผ้าไซส์ประมาณเด็ก 3 ขวบไหมคะ [mi:1 - suea:3 - pha:3 - sai4 - pra1 - ma:n1 - dek2 - sa:m5 - khua:p2 - mai5 - kha4]
小朋友的身高多高呢？	น้องสูงเท่าไหร่คะ [nor:ng4 - su:ng5 - thao3 - rai2 - kha4]
请问有大（小）一点的尺寸吗？	มีใหญ่ (เล็ก) กว่านี้อีกเบอร์ไหมคะ [mi:1 - yai2 (lek4) - kwa:2 - ni:4 - i:k2 - boe:1 - mai5 - kha4]
我想试穿**别的颜色**看看。	ฉันอยากลอง**สีอื่น**ดูค่ะ [chan5 - ya:k2 - lor:ng1 - si:5 - ue:n2 - du:1 - kha3]
哪一件（哪个颜色）比较适合我呢？	ชุดไหน(สีไหน)เหมาะกับฉันมากกว่าคะ [chut4 - nai5 (si:5 - nai5) - mor2 - kap2 - chan5 - ma:k3 - kwa:2 - kha4]
有你身上穿的这件吗？	มีแบบชุดที่คุณใส่อยู่ไหมคะ [mi:1 - bae:p2 - chut4 - thi:3 - khun1 - sai2 - yu:2 - mai5 - kha4]
请问**最大**（**小**）的尺寸是多大？	ไซส์ใหญ่(เล็ก) สุดเป็นไซส์ไหนหรอคะ [sai4 - yai2 (lek4) - sut2 - pen1 - sai4 - nai5 - ror:5 - kha4]
可以请你帮我包装成**礼物**吗？	ไม่ทราบว่าคุณช่วยห่อเป็น**ของขวัญ**ให้หน่อยได้ไหมคะ [mai3 - sa:p3 - wa:3 - khun1 - chuai3 - hor:2 - pen1 - khor:ng5 - khwan5 - hai3 - nor:i2 - dai3 - mai5 - kha3]
现在有做什么促销活动吗？	ตอนนี้มีโปรโมชั่นอะไรไหมคะ [tor:n1 - ni:4 - mi:1 - pro:1 - mo:1 - chan3 - a1 - rai1 - mai5 - kha4]

试穿

我想要**试穿**一下那套衣服。

ฉันอยากลองสวมชุดนั้นดูค่ะ
[chan5 - ya:k2 - lor:ng1 - sua:m5 - chut4 - nan4 - du:1 - kha3]

可以**试穿**吗？

ลองใส่ได้ไหมคะ
[lor:ng1 - sai2 - dai3 - mai5 - kha4]

请问**试衣间**（**镜子**）在哪里？

ไม่ทราบว่าห้องลอง (กระจก) อยู่ตรงไหนหรอคะ
[mai3 - sa:p3 - wa:3 - hor:ng3 - lor:ng1 (kra1 - jok2) - yu:2 - trong1 - nai5 - ror:5 - kha4]

我平常穿**腰围 24 英寸**（**61 厘米**）的裙子，这条裙子我能穿吗？

ปกติฉันใส่เอว 24 ไม่ทราบว่ากระโปรงตัวนี้จะใส่ได้ไหมคะ
[pok2 ka1 ti2 - chan5 - sai2 - e:o1 - yi:3 - sip2 - si:2 mai3 - sa:p3 - wa:3 - kra1 - pro:ng1 - tua:1 - ni:4 - ja2 - sai2 - dai3 - mai5 - kha4]

这双鞋子，我试穿之后觉得不太好。

รองเท้าคู่นี้ ฉันลองแล้วรู้สึกไม่ค่อย OK
[ror:ng1 - thao4 - khu:3 - ni:4 - chan5 - lor:ng1 - du:1 - lae:o4 - ru:4 - suek2 - mai3 - khor:i3 - o:1 - ke:1]

这条裤子**太紧**。

กางเกงคู่นี้ฟิตไปค่ะ
[ka:ng1 - ke:ng1 - khu:3 - ni:4 - fit4 - pai1 - kha3]

这件衣服有点**太松**了。

เสื้อตัวนี้หลวมไปค่ะ
[suea:3 - tua:1 - ni:4 - lua:m5 - pai1 - kha3]

我想试**再大**（**小**）一号的尺寸。

ขอลองใหญ่ (เล็ก) กว่านี้อีกเบอร์นึงค่ะ
[khor:5 - lor:ng1 - yai2 (lek4) - kwa:2 - ni:4 - i:k2 - boe:1 - nueng1 - kha3]

出发前
机场相关
泰国住宿
观光景点
泰国美食
购物乐趣
泰国交通
紧急状况

走吧！一起用泰语去旅行！

▎结账

请问是在这里结账吗？	ไม่ทราบว่าคิดตังค์ที่นี่หรือเปล่าคะ [mai3 - sa:p3 - wa:3 - khit4 - tang1 - thi:3 - ni:3 - rue:5 - plao2 - kha4]
请帮我算钱。	ช่วยคิดตังค์ด้วยค่ะ [chuai3 - khit4 - tang1 - duai3 - kha3]
请问全部多少钱？	ทั้งหมดนี้เท่าไหร่หรอคะ [thang4 - mot2 - ni:4 - thao3 - rai2 - ror:5 - kha4]
您已经检查过商品的状况了吗？	ลูกค้าได้ตรวจสอบสภาพสินค้าแล้วนะคะ [lu:k3 - kha:4 - dai3 - trua:t2 - sor:p2 - sa2 pha:p3 - sin5 - kha:4 - lae:o4 - na4 - kha4]
如果商品有问题，请在七天内和收据一起带回来。	ถ้าสินค้ามีปัญหา กรุณานำใบเสร็จมาเปลี่ยนภายใน 7 วัน [tha:3 - sin5 - kha:4 - mi:1 - pan1 - ha:5 - ka1 ru4 - na:1 - nam1 - bai1 - set2 - ma:1 - pli:an2 - pha:i1 - nai1 - jet2 - wan1]
请问可以**退税**吗？	ไม่ทราบว่า**ขอคืนภาษี**ได้ไหมคะ [mai3 - sa:p3 - wa:3 - khor:5 - khue:n1 - pha:1 - si:5 - dai3 - mai5 - kha4]

▎退税

请问消费多少钱才可以**办理退税**？	ไม่ทราบว่าต้องซื้อครบเท่าไหร่ถึง**ทำเรื่องคืนภาษี** ได้หรอคะ [mai3 - sa:p3 - wa:3 - tor:ng3 - sue:4 - khrop4 - thao3 - rai2 - thueng5 - tham1 - ruea:ng3 - khue:n1 - pha:1 - si:5 - dai3 - ror:5 - kha4]
这笔消费可以退税吗？	ไม่ทราบว่ารายการในใบเสร็จนี้ ขอคืนภาษีได้ไหมคะ [mai3 - sa:p3 - wa:3 - ra:i1 - ka:n1 - nai1 - bai1 - set2 - ni:4 - khor:5 - khue:n1 - pha:1 - si:5 - dai3 - mai5 - kha4]

请问是在这里填退税申请单吗？

ไม่ทราบว่ากรอกใบคืนภาษีที่นี่หรือเปล่าคะ

[mai3 - sa:p3 - wa:3 - kror:k2 - bai1 - khue:n1 - pha:1 - si:5 - thi:3 - ni:3 - rue:5 - plao2 - kha4]

我要去哪里填退税申请单呢？

ฉันต้องไปกรอกใบคืนภาษีที่ไหนหรอคะ

[chan5 - tor:ng3 - pai1 - kror:k2 - bai1 - khue:n1 - pha:1 - si:5 - thi:3 - nai5 - ror:5 - kha4]

这是我的购物收据和护照。

นี่คือใบเสร็จและพาสปอร์ตของฉันค่ะ

[ni:3 - khue:1 - bai1 - set2 - lae4 - pha:t4 sa2 por:t2 - khor:ng5 - chan5 - kha3]

退税申请服务柜台，就在一楼靠近电梯的地方。

เคาน์เตอร์บริการคืนภาษี อยู่ที่ชั้นหนึ่งใกล้กับลิฟท์ค่ะ

[khao4 - toe:3 - bor:1 ri1 ka:n1 - khue:n1 - pha:1 - si:5 - yu:2 - thi:3 - chan5 - nueng2 - klai3 - kap2 - lip4 - kha3]

消费满 2 000 泰铢，就可以办理退税申请了。

ช้อปปิ้งครบ 2 000 บาทขึ้นไป ก็สามารถทำเรื่องคืนภาษีได้แล้วค่ะ

[chor:p4 - ping3 - khrop4 - sor:ng5 - phan1 - ba:t2 - khuen3 - pai1 - kor:3 - sa:5 - ma:t3 - tham1 - ruea:ng3 - khue:n1 - pha:1 - si:5 - dai3 - lae:o4 - kha3]

但是要当天填单盖章，在您购物的商场办理。

แต่ต้องกรอกใบและประทับตราในวันนั้น ณ ห้างที่คุณไปซื้อนะคะ

[tae:2 - tor:ng3 - kror:k2 - bai1 - lae4 - pra1 - thap4 - tra:1 - nai1 - wan1 - nan4 - na4 - ha:ng3 - thi:3 - khun1 - pai1 - sue:4 - na4 - kha4]

不好意思，餐点消费无法退税。

ขอโทษด้วยนะคะ ค่าอาหารไม่สามารถทำเรื่องคืนภาษีได้ค่ะ

[khor:5 - tho:t3 - duai3 - na4 - kha4 kha:3 - a:1 - ha:n5 - mai3 - sa:5 - ma:t3 - tham1 - ruea:ng3 - khue:n1 - pha:1 - si:5 - dai3 - kha3]

句型

______在哪里？

____ อยู่ที่ไหนหรอคะ

[____ yu:2 - thi:3 - nai5 - ror:5 - kha4]

［地点］

ร้านปลอดภาษี
[ra:n4 - plor:t2 - pha:1 - si:5]
免税店

ห้างสรรพสินค้า / ห้าง
[ha:ng3 - sap2 pha1 sin5 - kha:4] / [ha:ng3]
百货公司

ห้องให้นมลูก
[hor:ng3 - hai3 - nom1 - lu:k3]
哺乳室

แคชเชียร์
[khae:t4 - chi:a1]
结账柜台

ลิฟท์
[lip4]
电梯

ที่เปลี่ยนผ้าออม
[thi:3 - pli:an2 - pha:3 - or:m3]
尿布台

ตู้ฝากของ
[tu:3 - fa:k2 - khor:ng5]
寄物柜

บันไดเลื่อน
[ban1 - dai1 - luea:n3]
手扶梯

ทางเชื่อมไป BTS
[tha:ng1 - chuea:m3 - pai1 - bi:1 - thi:1 - e:s4]
通往轻轨站的通道

ซุปเปอร์มาร์เก็ต
[sup4 - poe:3 - ma:1 - ket3]
超市

เคาน์เตอร์บริการ
[khao4 - toe:3 - bor:1 ri1 ka:n1]
服务台

ศูนย์รับแจ้งของหาย
[su:n5 - rap4 - jae:ng3 - khor:ng5 - ha:i5]
失物招领中心

［产品部门］

แผนกเสื้อผ้าสตรี
[pha2 nae:k2 - suea:3 - pha:3 - sa2 tri:1]
女装部

แผนกเสื้อผ้าบุรุษ
[pha2 nae:k2 - suea:3 - pha:3 - bu1 - rut2]
男装部

แผนกเสื้อผ้าเด็ก
[pha2 nae:k2 - suea:3 - pha:3 - dek2]
童装部

แผนกรองเท้า
[pha2 nae:k2 - ror:ng1 - thao4]
鞋子部

แผนกเครื่องสำอาง
[pha2 nae:k2 - khruea:ng3 - sam5 - a:ng1]
化妆品部

แผนกกีฬา
[pha2 nae:k2 - ki:1 - la:1]
运动用品部

แผนกเครื่องใช้ไฟฟ้า
[pha2 nae:k2 - khruea:ng3 - chai4 - fai1 - fa:4]
家电部

ฟู้ดคอร์ท
[fu:t4 - khor:t2]
美食街

请问有卖______吗?

ไม่ทราบว่ามี______ขายไหมคะ

[mai3 - sa:p3 - wa:3 - mi:1 ______ kha:i5 - mai5 - kha4]

[衣服类]

ที่เชิ้ต
[thi:1 - choe:t4]
T 恤

เสื้อผ้าไหมไทย
[suea:3 - pha:3 - mai5 - thai1]
泰丝衣服

เสื้อโปโล
[suea:3 - po:1 - lo:1]
POLO 衫

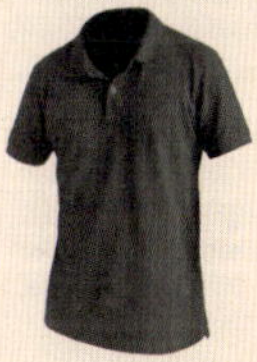

เสื้อเชิ้ต
[suea:3 - choe:t4]
衬衫

กางเกงยีนส์
[ka:ng1 - ke:ng1 - yi:n1]
牛仔裤

กางเกงขายาว
[ka:ng1 - ke:ng1 - kha:5 - ya:o1]
长裤

กางเกงขาสั้น
[ka:ng1 - ke:ng1 - kha:5 - san3]
短裤

ชุดชั้นใน
[chut4 - chan4 - nai1]
内衣裤

ชุดนอน
[chut4 - nor:n1]
睡衣

[鞋包类]

รองเท้ากีฬา
[ror:ng1 - thao4 - ki:1 - la:1]
运动鞋

รองเท้าแตะ
[ror:ng1 - thao4 - tae2]
拖鞋

รองเท้าส้นสูง
[ror:ng1 - thao4 - son3 - su:ng5]
高跟鞋

รองเท้าหนัง
[ror:ng1 - thao4 - nang5]
皮鞋

กระเป๋า คาดเอว
[kra1 - pao5 - kha:t3 - e:o1]
腰包

กระเป๋าสะพาย
[kra1 - pao5 - sa2 - pha:i1]
侧背包

กระเป๋าถือ
[kra1 - pao5 - thue:5]
手提包

单词

[衣物花色]

สีพื้น [si:5 - phue:n4] 素色

ลายสก๊อต [la:i1 - sa2 - kor:t4] 格纹

ลายจุด [la:i1 - jut2] 圆点

ลาย [la:i1] 图案、花纹

ลายทาง [la:i1 - tha:ng1] 条纹

ลายกราฟฟิก [la:i1 - kra:f4 - fik2] 印花

[袖子长度]

แขนเจ็ดส่วน [khae:n5 - jet2 - sua:n2] 七分袖

ความยาวแขนเสื้อ [khwa:m1 - ya:o1 - khae:n5 - suea:3] 袖长

แขนห้าส่วน [khae:n5 - ha:3 - sua:n2] 五分袖

แขนยาว [khae:n5 - ya:o1] 长袖

แขนสั้น [khae:n5 - san3] 短袖

แขนกุด [khae:n5 - kut2] 无袖

[尺寸]

ไซส์ / ขนาด [sai4] / [kha2 na:t2] 尺寸

ใหญ่ [yai2] 大的

ยาว [ya:o1] 长的

หลวม [lua:m5] 宽松的

หนา [na:5] 厚的

เล็ก [lek4] 小的

สั้น [san3] 短的

รัด [rat4] 紧身的

บาง [ba:ng1] 薄的

[材质]

ผ้าฝ้าย / ผ้าคอตตอน
[pha:3 - fa:i3] / [pha:3 - khor:t4 - tor:n3]
棉

ผ้าลินิน
[pha:3 - li1 - nin1]
麻

หนังเทียม
[nang5 - thi:am1]
人工皮革

ผ้ายืด
[pha:3 - yue:t3]
弹性布料

ผ้าไหม
[pha:3 - mai5]
丝

ผ้าชีฟอง
[pha:3 - chi:1 - for:ng1]
雪纺

หนังแท้
[nang5 - thae:4]
真皮

[衣物类型]

กระโปรง
[kra1 - pro:ng1]
裙子

เสื้อคลุม
[suea:3 - khlum1]
外套

แจ็คเก็ต
[jae:k4 - ket3]
夹克

ชุดกระโปรง
[chut4 - kra1 - pro:ng1]
连衣裙

แว่นกันแดด
[wae:n3 - kan1 - dae:t2]
太阳镜

ต่างหู
[ta:ng2 - hu:5]
耳环

สร้อยคอ
[sor:i3 - khor:1]
项链

สร้อยข้อมือ
[sor:i3 - khor:3 - mue:1]
手链

เนคไท
[nek4 - thai4]
领带

หมวก
[mua:k2]
帽子

ถุงเท้า
[thung5 - thao4]
袜子

กำไล
[kam1 - lai1]
手镯

出发前 机场相关 泰国住宿 观光景点 泰国美食 购物乐趣 泰国交通 紧急状况

各种衣服、鞋子、饰品的尺寸表

品牌不同,标示的尺码也不同,要怎么选购呢?

女性上衣

泰国并没有自己的标准尺寸规定,可依据购买品牌是属于哪一个地区,来作为选购尺码的参考。

国际标示	XS	XS	S	M	L	XL	XXL	
美国		32	34	36	38	40	42	44
胸围(英寸)	32	33~34	35	36	37	38	40	41
腰围(英寸)	24	25~26	27	28	29	30	32	33
臀围(英寸)	35	36~37	38	39	40	41	43	44

女性胸罩

上下围差(cm)	6.5~8.5	9~11	11.5~13.5	14~16	16.5~18.5	19~21	21.5~23.5	>23.5
美国罩杯		AA	A	B	C	D	DD	DDD/E
泰国罩杯	AA	A	B	C	D	E	F	G

下胸围(cm)	63~67	68~72	73~77	78~82	83~87	88~92	93~97	98~102	103~107
美制	30	32	34	36	38	40	42	44	46
国际通用	65	70	75	80	85	90	95	100	105

女性鞋子

中国	34	35	36	37	38	39	40	41
美国	4.5	5	5.5	6	6.5	7	7.5	8
英国	3.5	4	4.5	5	5.5	6	6.5	7

男性上衣

国际标示	XS	XS	S	S	M	M	L	L	XL
美国	14	14.5	15	15.5	15.5	16	16.5	17	17.5
颈围（英寸）			14.5~15.25		15.5~16		16.25~16.75		17~17.25
胸围（英寸）			37~38		39~41		42~44		45~47
体围（英寸）			29~31		32~33		34~36		37~40
肩袖长（英寸）			33		34		35		36

男性裤子、腰带

尺码	XS		S		M			L			XL		
体围（英寸）	28	29	30	31	32	33	34	35	36	37	38	39	40
腰带（英寸）	30	32		34		36		38		40		42	

男性鞋子

中国	38	39	40	41	42	43	44	45	
美国	6.5	7	7.5	8	8.5	9	9.5	10	10.5
英国	5.5	6	6.5	7	7.5	8	8.5	9	9.5

男性袜子

日本	23	24.5	25.5	27	28	29	30
美国	9	9.5	10	10.5	11	11.5	12

出发前
机场相关
泰国住宿
观光景点
泰国美食
购物乐趣
泰国交通
紧急状况

各种颜色的说法

[其他常见的颜色]	สีดำ [si:5 - dam1] 黑色	สีขาว [si:5 - kha:o5] 白色
สีกากี [si:5 - ka:1 - ki:1] 卡其色	สีเทา [si:5 - thao1] 灰色	สีน้ำตาล [si:5 - nam4 - ta:n1] 咖啡色
สีทอง [si:5 - thor:ng1] 金色	สีเงิน [si:5 - ngoe:n1] 银色	สีน้ำเงิน [si:5 - nam4 - ngoe:n1] 深蓝色
สีบานเย็น [si:5 - ba:n1 - yen1] 桃红色	สีครีม [si:5 - khri:m1] 奶油色	สีฟ้า [si:5 - fa:4] 浅蓝色

享受逛街的乐趣

了解折扣规则

| 我想先逛逛。 | ขอเดินดูก่อนนะคะ
[khor:5 - doe:n1 - du:1 - kor:n2 - na4 - kha4] |

| 不好意思，可以帮我介绍吗？ | ไม่ทราบว่าช่วยแนะนำสินค้าให้หน่อยได้ไหมคะ
[mai3 - sa:p3 - wa:3 - chuai3 - nae4 - nam1 - sin5 - kha:4 - hai3 - nor:i2 - dai3 - mai5 - kha4] |

| 请问整个店都打**九折**吗？ | ตอนนี้ทั้งร้าน**ลด 10%** ใช่ไหมคะ
[tor:n1 - ni:4 - thang4 - ra:n4 - lot4 - sip2 - poe:1 - sen1 - chai3 - mai5 - kha4] |

| 不好意思，我看不懂这个折扣方案。 | ขอโทษนะคะ ฉันไม่เข้าใจโปรโมชั่นตัวนี้
[khor:5 - tho:t3 - na4 - kha4 - chan5 - mai3 - khao3 - jai1 - pro:1 - mo:1 - chan3 - tua:1 - ni:4] |

| 身体保养品并不属于这个优惠方案。 | สินค้าบำรุงผิวกาย ไม่ได้อยู่ในโปรโมชั่นค่ะ
[sin5 - kha:4 - bam1 - rung1 - phio5 - ka:i1 - mai3 - dai3 - yu:2 - nai1 - pro:1 - mo:1 - chan3 - kha3] |

| 这个优惠是针对**会员**的。 | **โปรโมชั่น**นี้สำหรับ**ลูกค้าสมาชิก**ค่ะ
[pro:1 - mo:1 - chan3 - ni:4 - sam5 - rap2 - lu:k3 - kha:4 - sa2 ma:1 chik4 - kha3] |

| 有兴趣加入会员吗？ | สนใจสมัครสมาชิกไหมคะ
[son5 - jai1 - sa2 mak2 - sa2 ma:1 chik4 - mai5 - kha4] |

↓

| 加入会员需要什么**条件**？ | สมัครสมาชิก**มีเงื่อนไข**อะไรบ้างคะ
[sa2 mak2 - sa2 ma:1 chik4 - mi:1 - nguea:n3 - khai5 - a1 - rai1 - ba:ng3 - kha4] |

♪ 149

走吧！一起用泰语去旅行！

请问有中文（英文）的**条件说明文件**吗？	มีเอกสารเงื่อนไขเป็นภาษาจีน(ภาษาอังกฤษ)ไหมคะ [mi:1 - e:k2 ka1 sa:n5 - nguea:n3 - khai5 - pen1 - pha:1 - sa:5 - ji:n1 (pha:1 - sa:5 - ang1 - krit2) - mai5 - kha4]
平常会员购物有多少**折扣**？	ปกติสมาชิกได้ส่วนลดเท่าไหร่คะ [pok2 ka1 ti2 - sa2 ma:1 chik4 - dai3 - sua:n2 - lot4 - thao3 - rai2 - kha4]
会员卡的期限可以用到什么时候呢？	บัตรสมาชิกใช้ได้ถึงเมื่อไหร่คะ [bat2 - sa2 ma:1 chik4 - chai5 - dai3 - thueng5 - muea:3 - rai2 - kha4]

▎脸部美容保养

哪个是**人气商品**？	ตัวไหนเป็นสินค้ายอดฮิตหรอคะ [tua:1 - nai5 - pen1 - sin5 - kha:4 - yot3 - hit4 - ror:5 - kha4]
我想去 BEAUTY COTTAGE 买护唇膏。	ฉันอยากไปซื้อลิปมันที่ BEAUTY COTTAGE ค่ะ [chan5 - ya:k2 - pai1 - sue:4 - lip4 - man1 - thi:3 - bio1 - ti:3 - khor:t4 - thek2 - kha3]
这支**防水眼线笔**听说很厉害。	เขาว่ากันว่า อายไลเนอร์กันน้ำตัวนี้ใช้ดีมาก [khao5 - wa:3 - kan1 - wa:3 - a:i1 - lai1 - noe:3 - kan1 - nam4 - tua:1 - ni:4 - chai4 - di:1 - ma:k3]
请问这款粉饼还有货吗？	ไม่ทราบว่าแป้งรุ่นนี้ยังมีของอีกไหมคะ [mai3 - sa:p3 - wa:3 - pae:ng3 - run3 - ni:4 - yang1 - mi:1 - khor:ng5 - i:k2 - mai5 - kha4]
有**烟熏妆**的眼影可以推荐吗？	มีอายแชโดว์ สำหรับแต่งสโมกกี้อายแนะนำไหมคะ [mi:1 - a:i1 - chae:1 - do:3 - sam5 - rap2 - tae:ng2 - sa2 mo:k4 ki:3 - a:i1 - nae4 - nam1 - mai5 - kha4]

请问这是**试用品**吗？

อันนี้เป็นสินค้า**ทดลองใช้**หรือเปล่าคะ

[an1 - ni:4 - pen1 - sin5 - kha:4 - thot4 - lor:ng1 - chai4 - rue:5 - plao2 - kha4]

请问这个粉饼是1号色比2号色**还浅**吗？

แป้งตัวนี้ สีเบอร์ 1 อ่อนกว่าเบอร์ 2 ใช่ไหมคะ

[pae:ng3 - tua:1 - ni:4 - si:5 - boe:1 - nueng2 or:n2 - kwa:2 - boe:1 - sor:ng5 - chai3 - mai5 - kha4]

请问这款护手霜下次补货是什么时候？

แฮนด์ครีมรุ่นนี้จะมีของ เข้าอีกเมื่อไหร่คะ

[hae:n1 - khri:m1 - run3 - ni:4 - ja1 - mi:1 - khor:ng5 - khao3 - i:k2 - muea:3 - rai2 - kha4]

架上已经没有这款**眉笔**了。

บนชั้นไม่มี**ดินสอเขียนคิ้ว**รุ่นนี้แล้วค่ะ

[bon1 - chan4 - mai3 - mi:1 - din1 - sor:5 - khi:an5 - khio4 - run3 - ni:4 - lae:o4 - kha3]

这里卖**脸部去角质**的产品吗？

ที่นี่มีเฟส สครับขายไหมคะ

[thi:3 - ni:3 - mi:1 - fe:s4 sa2 khrap4 - kha:i5 - mai5 - kha4]

我想找可以防晒的**粉底液**。

ฉันอยากได้ครีมรองพื้นที่กันแดดได้ค่ะ

[chan5 - ya:k2 - dai3 - khri:m1 - ror:ng1 - phue:n4 - thi:3 - kan1 - dae:t2 - dai3 - kha3]

我喜欢看起来自然**透肤**的蜜粉。

ฉันชอบแป้งที่ทาแล้วดูโปร่งแสงค่ะ

[chan5 - chor:p3 - pae:ng3 - thi:3 - tha:1 - lae:o4 - du:1 - pro:ng2 - sae:ng5 - kha3]

请问这个有**旅行装**的吗？

ไม่ทราบว่าอันนี้มีเซ็ทขนาดพกพาไหมคะ

[mai3 - sa:p3 - wa:3 - an1 - ni:4 - mi:1 - set4 - kha2 na:t2 - phok4 - pha:1 - mai5 - kha4]

请问这个乳霜有大罐的吗？

ไม่ทราบว่าครีมตัวนี้ มีกระปุกใหญ่ไหมคะ

[mai3 - sa:p3 - wa:3 - khri:m1 - tua:1 - ni:4 mi:1 - kra1 - puk2 - yai2 - mai5 - kha4]

我正在找眼霜。

ฉันกำลังมองหาอายครีม

[chan5 - kam1 - lang1 - mor:ng1 - ha:5 - a:i1 - khri:m1]

走吧！一起用泰语去旅行！

这是针对嘴唇的保养品吗？	อันนี้เป็นสินค้าบำรุงริมฝีปากใช่ไหมคะ [an1 - ni:4 - pen1 - sin5 - kha:4 - bam1 - rung1 - rim1 - fi:5 - pa:k2 - chai3 - mai5 - kha4]
请问卖洗面皂吗？	ไม่ทราบว่ามีสบู่ล้างหน้าไหมคะ [mai3 - sa:p3 - wa:3 - mi:1 - sa2 bu:2 - la:ng4 - na:3 - mai5 - kha4]
听说蚕茧皂还可以去角质。	เขาว่ากันว่าสบู่รังไหม ช่วยขัดผิวหน้าได้ด้วย [khao5 - wa:3 - kan1 - wa:3 - sa2 bu:2 - rang1 - mai5 - chuai3 - khat2 - phio5 - na:3 - dai3 - duai3]

身体保养用品

这款护手霜可以试用吗？	แฮนด์ครีมตัวนี้ลองได้ไหมคะ [hae:n1 - khri:m1 - tua:1 - ni:5 - lor:ng1 - dai3 - mai5 - kha4]
试用品在这里。	สินค้าลองใช้อยู่ตรงนี้ค่ะ [sin5 - kha:4 - lor:ng1 - chai4 - yu:2 - trong1 - ni:4 - kha3]
这款乳液适用于敏感皮肤吗？	โลชั่นตัวนี้ใช้กับผิวแพ้ง่ายได้ไหมคะ [lo:1 - chan3 - tua:1 - ni:4 - chai4 - kap2 - phio5 - phae:4 - nga:i3 - dai3 - mai5 - kha4]
这是日用的，还是夜用的？	อันนี้สำหรับกลางวัน หรือกลางคืนคะ [an1 - ni:4 - sam5 - rap2 - kla:ng1 - wan1 - rue:5 - kla:ng1 - khue:n1 - kha4]
很多人推荐这款防晒乳液。	มีหลายคนแนะนำครีมกันแดดตัวนี้ [mi:1 - la:i5 - khon1 - nae4 - nam1 - khri:m1 - kan1 - dae:t2 - tua:1 - ni:4]
这个香体膏很适合买回去当伴手礼。	น้ำหอมอัดแข็งอันนี้น่าซื้อกลับไปเป็นของฝาก [nam4 - hor:m5 - at2 - khae:ng5 - an1 - ni:4 - na:3 - sue:4 - klap2 - pai1 - pen1 - khor:ng5 - fa:k2]

香水乳液在泰国买便宜很多。

ซื้อโลชั่นน้ำหอม ที่เมืองไทยถูกกว่าเยอะเลย
[sue:4 - lo:1 - chan3 - nam4 - hor:m5 - thi:3 - muea:ng1 - thai1 - thu:k2 - kwa:2 - yoe4 - loe:i1]

这个牌子的香体粉加了**亮粉**。

แป้งหอมยี่ห้อนี้ มีประกายมุกด้วย
[pae:ng3 - hor:m5 - yi:3 - hor:3 - ni:4 - mi:1 - pra1 - ka:i1 - muk4 - duai3]

这个爽身粉有**防晒成分**，而且价格不贵。

แป้งโรยตัวรุ่นนี้มีสารกันแดดด้วย
และราคาไม่แพง
[pae:ng3 - ro:i1 - tau:1 - run3 - ni:4 - mi:1 - sa:n5 - kan1 - dae:t2 - duai3
lae4 - ra:1 - kha:1 - mai3 - phae:ng1]

请问止汗剂放在**哪一区**？

ไม่ทราบว่าโรลออนอยู่**โซนไหน**หรอคะ
[mai3 - sa:p3 - wa:3 - ro:1 - or:n1 - yu:2 - so:n1 - nai5 - ror:5 - kha4]

请问哪个是小孩可用的**防蚊乳液**？

ไม่ทราบว่าโลชั่นทากันยุงตัวไหน
สำหรับเด็กใช้ได้คะ
[mai3 - sa:p3 - wa:3 - lo:1 - chan3 - tha:1 - kan1 - yung1 - tua:1 - nai5 – sam5 - rap2 - dek2 - chai4 - dai3 - kha4]

兴夫人的香皂洗起来很清爽。

สบู่ของมาดามเฮงอาบแล้วสบายตัวมากเลย
[sa2 bu:2 - khor:ng5 - ma:1 - da:m1 - he:ng1 - a:p2 - lae:o4 - sa2 ba:i1 - tua:1 - ma:k3 - loe:i1]

它跟阿公皂一样都是**草本香皂**。

มันเป็นสบู่สมุนไพร
เหมือนกันกับยี่ห้อรอว์ร่า
[man1 - pen1 - sa2 bu:2 - sa2 mun5 phrai1 - muea:n5 - kan1 - kap2 - yi:3 - hor:3 - ror:1 - ra:3]

请问这个是**凉感**的吗？

ไม่ทราบว่าอันนี้**สูตรเย็น**หรือเปล่าคะ
[mai3 - sa:p3 - wa:3 - an1 - ni:4 - su:t2 - yen1 - rue:5 - plao2 - kha4]

你问的商品已经**卖完了**。

สินค้าที่คุณถาม ขายหมดแล้วค่ะ
[sin5 - kha:4 - thi:3 - khun1 - tha:m5 kha:i5 - mot2 - lae:o4 - kha3]

走吧！一起用泰语去旅行！

请问你们库存里还有货吗？	ไม่ทราบว่าในสต๊อกยังมีของอีกไหมคะ [mai3 - sa:p3 - wa:3 - nai1 - sa2 tor:k4 - yang1 - mi:1 - khor:ng5 - i:k2 - mai5 - kha4]
这款我用过了，不喜欢。	รุ่นนี้ฉันเคยใช้แล้วไม่ชอบค่ะ [run3 - ni:4 - chan5 - khoe:i1 - chai4 - lae:o4 - mai3 - chor:p3 - kha3]

药品店

我想找酸痛乳膏。	ฉันอยากได้ Counterpain ค่ะ [chan5 - ya:k2 - dai3 - khao4 - toe:3 - phe:n1 - kha3]
请问有最大的吗？	มีหลอดใหญ่ที่สุดไหมคะ [mi:1 - lor:t2 - yai2 - thi:3 - sut2 - mai5 - kha4]
请问不同颜色有什么不一样吗？	สีไม่เหมือนกันนี่ ต่างกันตรงไหนคะ [si:5 - mai3 - muea:n5 - kan1 - ni:3 ta:ng2 - kan1 - trong1 - nai5 - kha4]
红色是热感，蓝色是凉感，金色是消炎配方。	สีแดงเป็นสูตรร้อน สีฟ้าสูตรเย็น สีทองสูตรแก้อักเสบ [si:5 - dae:ng1 - pen1 - su:t2 - ror:n4 si:5 - fa:4 - su:t2 - yen1 si:5 - thor:ng1 - su:t2 - kae:3 - ak2 - se:p2]
我要五塔散，两罐大的，两罐小的。	ฉันอยากได้ยาหอม 5 เจดีย์ กระปุกใหญ่ 2 กระปุกเล็ก 2 [chan5 - ya:k2 - dai3 - ya:1 - hor:m5 - ha:3 - je:1 - di:1 kra1 - puk2 - yai2 - sor:ng5 - kra1 - puk2 - lek4 - sor:ng5]
有白色的五塔油卖吗？	มีขายยาหม่องขาว 5 เจดีย์ไหมคะ [mi:1 - kha:i5 - ya:1 - mor:ng2 - kha:o5 - ha:3 - je:1 - di:1 - mai5 - kha4]
我想买一排（六支）双头薄荷棒。	ฉันอยากได้ยาดมโป๊ยเซียน 1 แผง (6 หลอด) [chan5 - ya:k2 - dai3 - ya:1 - dom1 - po:i4 - si:an1 - nueng2 - phae:ng5 (hok2 - lor:t2)]

我朋友很喜欢用这一款**创伤药膏**。	เพื่อนฉันชอบใช้ยาทาแผลตัวนี้มากค่ะ [phuea:n3 - chan5 - chor:p3 - chai4 - ya:1 - tha:1 - phlae:5 - tua:1 - ni:4 - ma:k3 - kha3]
这个润喉糖吃了很**滋润**。	ยาอมตัวนี้ทานแล้วชุ่มคอ [ya:1 - om1 - tua:1 - ni:4 - tha:n1 - lae:o4 - chum3 - khor:1]
我不喜欢它那**呛鼻**的味道，请问有其他牌子推荐吗？	ฉันไม่ชอบกลิ่นฉุนของยานี้ มียี่ห้ออื่นแนะนำไหมคะ [chan5 - mai3 - chor:p3 - klin2 - chun5 - khor:ng5 - ya:1 - ni:4 mi:1 - yi:3 - hor:3 - ue:n2 - nae4 - nam1 - mai5 - kha4]
请问这个创可贴有**防水**吗？	ไม่ทราบว่าพลาสเตอร์ตัวนี้กันน้ำได้ไหมคะ [mai3 - sa:p3 - wa:3 - phla:s4 - toe:3 - tua:1 - ni:4 - kan1 - nam4 - dai3 - mai5 - kha4]

伴手礼大采购

还有**其他造型**的木制猫吗？	ยังมีหุ่นแมวไม้แบบอื่นอีกไหมคะ [yang1 - mi:1 - hun2 - mae:o1 - mai4 - bae:p2 - ue:n2 - i:k2 - mai5 - kha4]
请问还有别的吗？	ยังมีอีกไหมคะ [yang1 - mi:1 - i:k2 - mai5 - kha4]
请问这个是用什么材质做的？	อันนี้ทำจากอะไรคะ [an1 - ni:4 - tham1 - ja:k2 - a1 - rai1 - kha4]
这组烛台可以**分开卖**吗？	เชิงเทียนชุดนี้ขายแยกได้ไหมคะ [choe:ng1 - thi:an1 - chut4 - ni:4 - kha:i5 - yae:k3 - dai3 - mai5 - kha4]
这手环买得多**可以便宜一点**吗？	กำไลนี้ซื้อหลายอันลดได้ไหมคะ [kam1 - lai1 - ni:4 - sue:4 - la:i5 - an1 - lot4 - dai3 - mai5 - kha4]

出发前 机场相关 泰国住宿 观光景点 泰国美食 **购物乐趣** 泰国交通 紧急状况

走吧！一起用泰语去旅行！

今天卖椰肉干吗？	วันนี้มีมะพร้าวแก้วขายไหมคะ [wan1 - ni:4 - mi:1 - ma1 - phra:o4 - kae:o3 - kha:i5 - mai5 - kha4]	
蛇牌凉爽粉真的超凉，很适合夏天用。	แป้งตรางูทาแล้วเย็นจริงๆ เหมาะสำหรับใช้ในหน้าร้อน [pae:ng3 - tra:1 - ngu:1 - tha:1 - lae:o4 - yen1 - jing1 - jing1 - mor2 - sam5 - rap2 - chai4 - nai1 - na:3 - ror:n5]	
这个造型好可爱。	ดีไซน์นี้น่ารักมากๆ [di:1 - sa:i1 - ni:4 - na:3 - rak4 - ma:k3 - ma:k3]	
这个设计好特别。	เป็นงานออกแบบที่พิเศษมากค่ะ [pen1 - nga:n1 - or:k2 - bae:p2 - thi:3 - phi4 - se:t2 - ma:k3 - kha3]	
这个东西我在香港看过。	อันนี้ฉันเคยเห็นที่ไปฮ่องกงวันนะ [an1 - ni:4 - chan5 - khoe:i1 - hen5 - thi:3 - hor:ng3 - kong - wan5 - na4]	
这家的毛线娃娃有很多种**可以选**。	ตุ๊กตาไหมพรมร้านนี้**มีให้เลือก**เยอะมาก [tuk4 ka1 ta:1 - mai5 - phrom1 - ra:n4 - ni:4 - mi:1 - hai3 - luea:k3 - yoe4 - ma:k3]	
这里好像没有我想要的品牌。	รู้สึกว่าที่นี่ไม่มียี่ห้อที่ฉันอยากได้ [ru:4 - suek2 - wa:3 - thi:3 - ni:3 - mai3 - mi:1 - yi:3 - hor:3 - thi:3 - chan5 - ya:k2 - dai3]	
请多给我一个袋子。	ฉันขอถุงเพิ่มอีก 1 ใบค่ะ [chan5 - khor:5 - thung5 - phoe:m3 - i:k2 - nueng2 - bai1 - kha3]	

泰丝制品

闻名世界的泰丝,其特别之处在于独特的自然光泽,适合做各种服装与饰品,无论是触感还是视觉,都显出高贵优雅的气息,因此深受欧洲人与美国人的喜爱。泰丝最具代表性的品牌莫过于Jim Thompson,其创始人金·汤普森被称为"泰丝大王",他是将泰丝推广到全世界的传奇人物,其旧居目前作为金·汤普森博物馆。

锡器 / 银器

在热闹的旅游区,常能看到出售锡器与银器,其精致的工艺与花纹,都是靠师傅的手艺慢慢打造出来的。泰国的锡器与银器,具有造型典雅、图案线条精致等特色,广受收藏家的喜爱。锡与银的金属稳定性高,做成的餐具也具有实用性。

木制雕刻品

泰国的手工艺品,种类与造型繁多,不管是大众化的造型,还是带有独特艺术感的作品,都能随处可见,任你挑选。虽然在国内也能看到进口的泰国木制雕刻品,而且价格不贵,但是都已经到泰国了,不妨亲自挑选一些不常见的造型,为自家空间增添南洋风,送给至亲好友也非常棒!

椰壳创意艺术品

到了泰国别说你没喝椰汁、没吃椰肉。原本被作为废弃物的椰壳,经艺术家的创意构思,摇身变成各种装饰品,甚至是实用器具,例如家居饰品、玩具、服装饰品、餐具、杯碗或零钱包等。

大象造型产品

说到泰国的代表性动物,非大象莫属,自古以来大象在泰国就受到很高的待遇。你如果喜爱大象,在泰国可以选择喂食大象,或者到清迈或素林府的大象村做义工。若时间不允许,那么也可以购买大象造型的商品,满足自己的童心。

句型

你们有______吗?

คุณมี ____ ไหมคะ

[khun1 - mi:1 _____ mai5 - kha4]

[沐浴用品]

ผ้าขนหนู
[pha:3 - khon5 - nu:5]
毛巾

ครีมอาบน้ำ
[khri:m1 - a:p2 - nam4]
沐浴乳

สบู่
[sa2 bu:2]
香皂

ใยขัดตัว
[yai1 - khat2 - tua:1]
沐浴球

แชมพู
[chae:m1 - phu:1]
洗发乳

ครีมนวดผม
[khri:m1 - nua:t3 - phom5]
润发乳

[洗卸用品]

สบู่ล้างหน้า
[sa2 bu:2 - la:ng4 - na:3]
洗面皂

โฟมล้างหน้า
[fo:m1 - la:ng4 - na:3]
洗面乳

Cleansing Oil
[khli:n1 - sing3 - or:i1]
卸妆油

โฟมมูส
[fo:m1 - mu:s4]
洁颜慕斯

ครีมสครับ
[khri:m1 - sa2 khrap4]
去角质霜

[脸部保养]

โทนเนอร์
[tho:n1 - noe:3]
化妆水

โลชั่น
[lo:1 - chan3]
乳液

เอสเซ้น / เซรั่ม
[e:s4 - se:n4] /
[se:1 - ram3]
精华液

อายครีม
[a:i1 - khri:m1]
眼霜

เดย์ครีม
[de:1 - khri:m1]
日霜

ไนท์ครีม
[nai4 - khri:m1]
晚霜

ลิปมัน
[lip4 - man1]
护唇膏

อายเซรั่ม
[a:i1 - se:1 - ram3]
眼部精华液

[身体保养]

โลชั่นสำหรับผิวกาย
[lo:1 - chan3 - sam5 - rap2 - phio5 - ka:i1]
身体乳液

น้ำมันนวด
[nam4 - man1 - nua:t3]
按摩油

บอดี้ สครับ
[bor:1 - di:3 - sa2 khrap4]
身体磨砂霜

ครีมลดรอยแตกลาย
[khri:m1 - lot4 - ror:i1 - tae:k2 - la:i1]
除纹霜

ครีมบำรุงผิวกาย
[khri:m1 - bam1 - rung1 - phio5 - ka:i1]
身体护肤霜

______在哪里？
______ อยู่ตรงไหนหรอคะ
[______ yu:2 - trong1 - nai5 - ror:5 - kha4]

โซนสินค้าขายดี
[so:n1 - sin5 - kha:4 - kha:i5 - di:1]
畅销产品区

โซนผลิตภัณฑ์ดูแลผิว
[so:n1 - pha1 lit2 ta1 phan1 - du:1 - lae:1 - phio5]
保养品区

โซนเครื่องสำอาง
[so:n1 –khruea:ng3 - sam5 - a:ng1]
化妆品区

โซนขายยา
[so:n1 - kha:i5 - ya:1]
药品区

โซนขนม
[so:n1 - kha2 nom5]
零食区

เคาน์เตอร์ชำระเงิน
[khao4 - toe:3 - cham1 - ra4 - ngoe:n1]
结账柜台

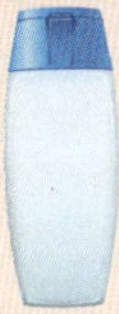

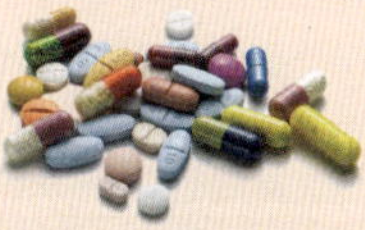

พนักงาน
[pha1 nak4 nga:n1]
店员

我想要请问有关______的事情。
ฉันอยากสอบถามเกี่ยวกับ ______
[chan5 - ya:k2 - sor:p2 - tha:m5 - kia:o2 - kap2 ______]

ข้อมูลสินค้า
[khor:3 - mu:n1 - sin5 - kha:4]
产品信息

ตำแหน่งสินค้า
[tam1 - nae:ng2 - sin5 - kha:4]
产品位置

ชุดพิเศษ
[chut4 - phi4 - se:t2]
特别组合

ราคา
[ra:1 - kha:1]
价钱

ส่วนลด
[sua:n2 - lot4]
折扣

โปรโมชั่น
[pro:1 - mo:1 - chan3]
优惠方案

คืนภาษี
[khue:n1 - pha:1 - si:5]
退税

单词

[保养品类]

มาร์คหน้า
[ma:k4 - na:3]
面膜

เซรั่มป้องกันจุดด่างดำ
[se:1 - ram3 - por:ng3 - kan1 - jut2 - da:ng2 - dam1]
淡斑精华

โลชั่นมอยส์เจอไรเซอร์
[lo:1 - chan3 - mor:is4 - joe:1 - rai4 - soe:3]
保湿乳液

ครีมรักษาสิว
[khri:m1 - rak4 - sa:5 - sio5]
除痘药膏

โลชั่นไวท์เทนนิ่ง
[lo:1 - chan3 - wai4 - the:n1 - ning3]
美白乳液

อายมาร์ค
[a:i1 - ma:k4]
眼膜

แฮนด์ครีม
[hae:n1 - khri:m1]
护手霜

สเปรย์โทนเนอร์
[sa2 pre:1 - tho:n1 - noe:3]
喷雾型化妆水

ขนาดพกพา
[kha2 na:t2 - phok4 - pha:1]
携带型

แผ่นมาร์คปาก
[phae:n2 - ma:k4 - pa:k2]
唇膜

[保养品功效]

ให้ความชุ่มชื้น
[hai3 - khwa:m1 - chum3 - chue:n4]
保湿

บำรุง
[bam1 - rung1]
滋润

ไวท์เทนนิ่ง
[wai4 - the:n1 - ning3]
美白

คุณสมบัติ
[khun1 - na1 - som5 - bat2]
功能

กระชับรูขุมขน
[kra1 - chap4 - ru:1 - khum5 - khon5]
缩小毛孔

กระชับผิว
[kra1 - chap4 - phio5]
紧实

ฟื้นฟู
[fue:n4 - fu:1]
修护

ลบเลือนจุดด่างดำ
[lop4 - luea:n1 - jut2 - da:ng2 - dam1]
淡斑

ป้องกันริ้วรอย
[por:ng3 - kan1 - rio4 - ror:i1]
抗皱

รักษาสิว
[rak4 - sa:5 - sio5]
治痘

ป้องกันสิว
[por:ng3 - kan1 - sio5]
抗痘

ขัดผิว
[khat2 - phio5]
去角质

ฟื้นฟูริ้วรอย
[fue:n4 - fu:1 - rio4 - ror:i1]
除皱

ควบคุมความมัน
[khua:p3 - khum1 - kwa:m1 - man1]
控油

[保养品成分]

คอลลาเจน
[khor:1 - la:1 - je:n3]
胶原蛋白

สมุนไพร
[sa2 mun5 phrai1]
草本

ส่วนผสมจากธรรมชาติ
[sua:n2 - pha2 som5 - ja:k2 - tham1 ma1 cha:t3]
天然成分

วิตามิน
[wi4 - ta:1 - min1]
维生素

เมือกหอยทาก
[muea:k3 - hor:i5 - tha:k3]
蜗牛黏液

[肌肤特性]

ผิวหน้า
[phio5 - na:3]
脸部肌肤

ผิวแห้ง
[phio5 - hae:ng3]
干燥皮肤

ผิวมัน
[phio5 - man1]
油性皮肤

ผิวผสม
[phio5 - pha2 som5]
混合皮肤

ผิวแพ้ง่าย
[phio5 - phae:4 - nga:i3]
敏感皮肤

[化妆品]

ครีมรองพื้น
[khri:m1 - ror:ng1 - phue:n4]
粉底液

แป้งพัฟ
[pae:ng3 - phap4]
粉饼

บีบีครีม
[bi:1 - bi:1 - khri:m1]
BB 霜

แป้งรองพื้น
[pae:ng3 - ror:ng1 - phue:n4]
粉底

คอนซีลเลอร์
[khor:n1 - si:n1 - loe:3]
遮瑕膏

เครื่องสำอาง
[khruea:ng3 - sam5 - a:ng1]
化妆品

อายแชโดว์
[a:i1 - chae:1 - do:3]
眼影

มาสคาร่า
[ma:s4 - kha:1 - ra:3]
睫毛膏

อายไลเนอร์
[a:i1 - lai1 - noe:3]
眼线笔

เมคอัพเบส
[me:k4 - ap3 - be:s2]
隔离霜

อายไลเนอร์แบบน้ำ
[a:i1 - lai1 - noe:3 - bae:p2 - nam4]
眼线液

อายไลเนอร์แบบเจล
[a:i1 - lai1 - noe:3 - bae:p2 - je:o1]
眼线胶

ดินสอเขียนคิ้ว
[din1 - sor:5 - khi:an5 - khio4]
眉笔

อายแชโดว์คิ้ว
[a:i1 - chae:1 - do:3 - khio4]
眉影

单词

ลิปสติก	บลัชออน	แป้ง Finish Powder	ลิปไลน์เนอร์
[lip4 - sa2 tik2]	[brat2 - or:n1]	[pae:ng3 - fi1 - nit4 - phao1 - doe:3]	[lip4 - lai1 - noe:3]
口红	腮红	蜜粉	唇笔

			ลิปกรอส
			[lip4 - kror:s4]
			唇蜜

ยาทาเล็บ	สติ๊กเกอร์ติดเล็บ	[化妆品功能]	กันน้ำ
[ya:1 - tha:1 - lep4]	[sa2 tik4 koe:3 - tit2 - lep4]		[kan1 - nam4]
指甲油	指甲贴		防水
	น้ำยาล้างเล็บ	ติดทนนาน	กันเลอะ
	[nam4 - ya:1 - la:ng4 - lep4]	[tit2 - thon1 - na:n1]	[kan1 - loe4]
	去光水	持久	防晕染

ดูดซับความมัน	เกลี่ยง่าย	อ่อนโยน	สีเด่นชัด
[du:t2 - sap4 - khwa:m1 - man1]	[kli:a2 - nga:i3]	[or:n2 - yo:n1]	[si:5 - de:n2 - chat4]
吸油	滑顺	温和的	显色

ไม่เป็นคราบ	[药品]	ยาสมุนไพร	ยาใช้ภายนอก
[mai3 - pen1 - khra:p3]		[ya:1 - sa2 mun5 phrai1]	[ya:1 - chai4 - pha:i1 - nor:k3]
不脱妆		草药	外用药

ยาทาแก้ปวดเมื่อย	ยาแก้ไอ	ยาแก้ปวด	ยาทากันยุง
[ya:1 - tha:1 - kae:3 - pua:t2 - muea:i3]	[ya:1 - kae:3 - ai1]	[ya:1 - kae:3 - pua:t2]	[ya:1 - tha:1 - kan1 - yung1]
酸痛药膏	止咳药	止痛药	防蚊液

พลาสเตอร์บรรเทาปวด	ยาทาแผลน้ำร้อนลวก	ยารักษาสิว	สติ๊กเกอร์กันยุง
[phla:s4 - toe:3 - ban1 - thao1 - pua:t2]	[ya:1 - tha:1 - phlae:5 - nam4 - ror:n4 - lua:k3]	[ya:1 - rak4 - sa:5 - sio5]	[sa2 tik4 koe:3 - kan1 - yung1]
酸痛贴	烫伤药	痘痘药膏	防蚊贴片

แมลงกัด [ma1 lae:ng1 - kat2] 蚊虫咬伤	[药品状态]	ผง [phong5] 粉状	เม็ด [met4] 片状
ยาน้ำ [ya:1 - nam4] 液状	ครีม [khri:m1] 膏状		
แคปซูล [khae:p4 - su:n1] 胶囊状	กล่อง [klor:ng2] 盒装	กระปุก [kra1 puk2] 瓶装	แผง [phae:ng5] 散包装

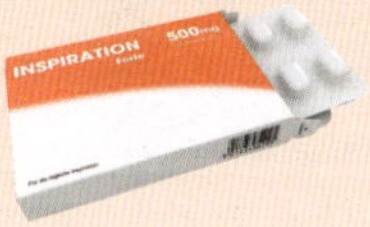

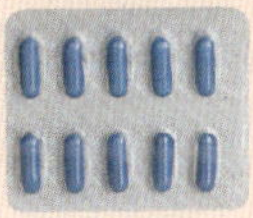

[身体清洁]	ยาสีฟัน [ya:1 - si:5 - fan1] 牙膏	แปรงสีฟัน [prae:ng1 - si:5 - fan1] 牙刷	ไหมขัดฟัน [mai5 - khat2 - fan1] 牙线
ครีมอาบน้ำ / สบู่เหลว [khri:m1 - a:p2 - nam4] / [sa2 bu:2 - le:o5] 沐浴乳	น้ำยาบ้วนปาก [nam4 - ya:1 - bua:n3 - pa:k2] 漱口水	แปรงซอกฟัน [prae:ng1 - sor:k3 - fan1] 牙间刷	ไหมขัดฟันชนิดด้าม [mai5 - khat2 - fan1 - cha1 nit4 - da:m3] 牙线棒
สบู่เหลวอนามัย [sa2 bu:2 - le:o5 - a1 na:1 mai1] 私密处清洁乳	เครื่องขัดส้นเท้า [khruea:ng3 - khat2 - son3 - thao4] 去足部硬皮机	ครีมกำจัดขน [khri:m1 - kam1 - jat2 - khon5] 脱毛膏	ไม้กดสิว [mai4 - kot2 - sio5] 粉刺棒
	ครีมทาส้นเท้า [khri:m1 - tha:1 - son3 - thao5] 足跟修护霜	แว็กซ์กำจัดขน [wae:k4 - kam1 - jat2 - khon5] 除毛蜜蜡	เกลือสปา [kluea:1 - sa2 pa:1] 去角质盐

单词

[头发相关]

ครีมนวดผม
[khri:m1 - nua:t3 - phom5]
润发乳

ทรีทเม้นท์บำรุงผม
[thri:t4 - me:n4 - bam1 - rung1 - phom5]
发膜

เซรั่มปลูกผม
[se:1 - ram3 - plu:k2 - phom5]
养发液

แชมพู
[chae:m1 - phu:1]
洗发乳

น้ำมันใส่ผม
[nam4 - man1 - sai2 - phom5]
护发油

ยาย้อมผม
[ya:1 - yor:m4 - phom5]
染发剂

กิ๊บติดผม
[kip4 - tit2 - phom5]
发夹

วิกผม
[wik4 - phom5]
假发

หวี
[wi:5]
扁梳

แปรง
[prae:ng1]
梳子

แปรงกลม
[prae:ng1 - klom1]
圆梳

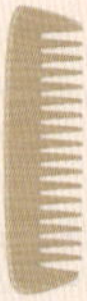

สเปรย์แต่งผม
[sa2 pre:1 - tae:ng2 - phom5]
定型液

เจลแต่งผม
[je:o1 - tae:ng2 - phom5]
发胶

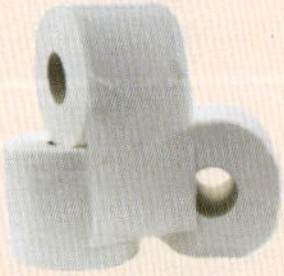

แว็กซ์แต่งผม
[wae:k4 - tae:ng2 - phom5]
发蜡

[居家用品]

กล่องใส่ทิชชู่
[klor:ng2 - sai2 - thit4 - chu:3]
面纸盒

กระดาษชำระ / ทิชชู่
[kra1 - da:t2 - cham1 - ra4] / [thit4 - chu:3]
卫生纸

เชิงเทียน
[choe:ng1 - thi:an1]
烛台

ปลอกหมอน
[plor:k2 - mor:n5]
枕头套

ปิ่นโต
[pin2 - to:1]
便当盒

กระดาษเช็ดหน้า
[kra1 - da:t2 - chet4 - na:3]
面纸

เจลน้ำหอมปรับอากาศ
[je:o1 - nam4 - hor:m5 - prap2 - a:1 - ka:t2]
空气清新剂

ผ้าอ้อมเด็ก
[pha:3 - or:m3 - dek2]
尿布

ทิชชู่เปียก
[thit4 - chu:3 - pi:ak2]
湿纸巾

[美容用品区]

อุปกรณ์แต่งหน้า
[up2 pa1 kor:n1 - tae:ng2 - na:3]
美容用品

สำลีเช็ดหน้า
[sam5 - li:1 - chet4 - na:3]
化妆棉

มีดกันคิ้ว
[mi:t3 - kan1 - khio4]
修眉刀

มีดโกนขน
[mi:t3 - ko:n1 - khon5]
剃毛刀

มีดโกนหนวด
[mi:t3 - ko:n1 - nua:t2]
刮胡刀

แปรงปัดแป้ง
[prae:ng1 - pat2 - pae:ng3]
蜜粉刷

แปรงคิ้ว
[prae:ng1 - khio4]
眉刷

แปรงอายแชโดว์
[prae:ng1 - a:i1 - chae:1 - do:3]
眼影刷

แปรงปัดแก้ม
[prae:ng1 - pat2 - kae:m3]
腮红刷

พัฟแป้ง
[phap4 - pae:ng3]
粉扑

ฟองน้ำ
[for:ng1 - nam4]
海绵

กรรไกรตัดเล็บ
[kan1 - kai1 - tat2 - lep4]
指甲剪

ตะไบเล็บ
[ta1 - bai1 - lep4]
磨甲片

ตะไบเล็บเงา
[ta1 - bai1 - lep4 - ngao1]
抛光棒

ที่ดัดขนตา
[thi:3 - dat2 - khon5 - ta:1]
睫毛夹

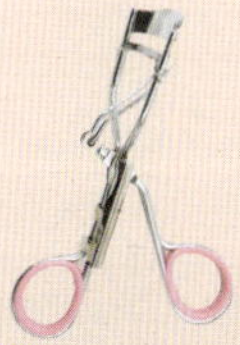

กระจกแต่งหน้า
[kra1 - jok2 - tae:ng2 - na:3]
化妆镜

สำลีก้าน
[sam5 - li:1 - ka:n3]
棉花棒

ผ้าอนามัย
[pha:3 - a1 na:1 mai1]
卫生棉

ผ้าอนามัยแบบสอด
[pha:3 - a1 na:1 mai1 - bae:p2 - sor:t2]
卫生棉条

♪ 165

在泰国购物常用的句型

我可以看那一件吗?
ขอดูตัวนั้นได้ไหมคะ
[khor:5 - du:1 - tua:1 - nan4 - dai3 - mai5 - kha4]

（使用情况）

ตัวนั้น [tua:1 - nan4] 指的是"那一个",可以通用大部分的商品,包含衣服、药品、纪念品等。

而其他如鞋子或成对的东西,可以用 คู่นั้น [khu:3 - nan4] "那一双"。一组或一套,包括整套服饰、一组饰品,可以用 ชุดนั้น [chut4 - nan4] "那一套"。食物则依照包装的形式来称呼,如 จานนั้น [ja:n1 - nan4] "那盘"、ถุงนั้น [thung5 - nan4] "那包"、ถาดนั้น [tha:t2 - nan4] "那托盘" 等。

（使用情况）

想购买衣物,询问是否可以试穿时使用。

可以试穿吗?
ลองใส่ได้ไหมคะ
[lor:g1 - sai2 - dai3 - mai5 - kha4]

有些没有试衣间的店家或路边摊,会准备有松紧带的深色围布,让你在比较隐秘的角落试穿。男士千万不要为了试衣服而当众脱衣,因为这是很不雅的举动。而试鞋子的话,店家普遍不会帮你准备袜子,而且可以接受你光脚试鞋。

还要注意的情况是,泰国很多地方会卖二手衣服和鞋,尤其是路边摊和市集。若架上的衣服款式都不一样,只有一个尺寸,没有吊牌或包装袋,那八九不离十是二手商品了。如果不确定的话,也可以这样直接问老板……

请问这是二手的吗?
นี่มือสองหรือเปล่าคะ
[ni:3 - mue:1 - sor:ng5 - rue:5 - plao2 - kha4]

称呼老板的时候，可以叫他 **พี่คะ / พี่ครับ** [phi:3 - kha4] / [phi:3 - khrap4]，适用于称呼年龄比自己小的人，即便老板是爷爷奶奶级的，这样称呼有表示尊重的意思，而且也不会把对方叫得太老。

如果对方小自己很多，不好意思叫对方是 **พี่**，那就叫 **น้องคะ / น้องครับ** [nor:ng4 - kha4] / [nor:ng4 - khrap4] 吧。

（使用情况）

空白处可以填商品名称、颜色、款式、大小等。

> 有 _____ 的吗？
> **มี _____ ไหมคะ**
> [mi:1 _____ mai5 - kha4]

> 那我要 ___ ___ ___。
> **งั้นฉันขอ** _____ _____ _____
> [ngan4 - chan5 - khor:5 _____ _____ _____]

（使用情况）

决定要买什么了，就直接告诉老板，你要那一件的什么款式吧！第一格放商品名称，第二格放款式或尺寸，第三格放数量。

> 谢谢你！
> **ขอบคุณนะคะ**
> [khor:p2 - khun1 - na4 - kha4]

（使用情况）

最后如果看了不喜欢，可以说谢谢之后，微笑走人。

> 我先去逛逛。
> **เดี๋ยวขอไปเดินก่อน**
> [dia:o5 - khor:5 - pai1 - doe:n1 - kor:n2]

> 回家之前再来买。
> **เดี๋ยวก่อนกลับแวะมาซื้อ**
> [dia:o5 - kor:n2 - klap2 - wae4 - ma:1 - sue:4]

（使用情况）

想离开又有点不好意思，或想要再回来，都可以用这两句。这两句可以单独使用，也可以连在一起使用。

泰国退税注意事项

在泰国购物退税的规定比较麻烦,如果想要顺利退税的话,这里将告诉你不可不知的规定。

退税步骤

1. 确认店家门口有 "VAT REFUND FOR TOURISTS" 的牌子。
2. 同一天在同一家店购买商品累积金额超过 2 000 泰铢。
3. 于当天在该店家填写退税单,并且出示护照,连同原发票,若刷卡则须与护照上同一个名字。
4. 离境当天于国际机场托运行李之前,带着退税单连同发票和购买品到退税服务处办理。泰方人员检查完后会在退税单上盖章,就可以把物品收进行李箱内托运了。
5. 通过出入境管理的检查护照手续之后,再到里面的退税处,出示护照、退税单、发票,领取退税的款项,退税额大约为7%。若是贵重物品,单价超过 10 000 泰铢,该商品则需要让税务员再检查一次。

退税有哪些注意事项?

- 购买、填单、店家盖章,必须在同一天内完成。
- 店家通常没有专门的退税柜台,须询问结账柜台,结账后填写退税单。如果是大卖场,则询问服务台。
- 退税服务处只有在国际机场才有。
- 在机场检查退税单与购买物品之后,退税员必须在退税单上盖章。
- 如果购买品是单价超过 10 000 泰铢的珠宝、黄金类商品,手表、眼镜或笔等,在托运前检查过一次,过海关后,到了里面的退税处还会再检查一次,所以高价商品必须随身带着。
- 退税金额最后将由税务人员核定,退税幅度约7%。
- 申请退税的商品,从购买日算起必须在 60 天内,而且搭乘飞机的方式离境,才能退税。
- 曼谷国际机场,尤其是素万那普机场,因为旅客非常多,就算不办理退税也要提前两个小时到达机场,需退税的旅客则要更提前一些。
- 官方规定在托运前的检验步骤,会检查每一项购买品,但偶尔会遇到抽验的方式。若你买的是衣服,而衣服是穿在身上的,你就必须证明已经穿在身上的衣服与文件上的品项是同一件。

Chapter 7 泰国交通

如果游玩的重点是逛街和看城市风景,靠轻轨／地铁就够你玩一个星期了。若希望前往轻轨／地铁不能到达的地方,有哪些交通方式可以选择,以及需要知道哪些对话呢?

ขึ้นรถ ลงเรือ ไปเหนือ ล่องใต้
[khuen3 - rot4 - long1 - ruea:1 - pai1 - nuea:5 - lor:ng3 - tai3]
上车下船,游遍南北!

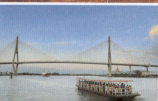

坐地铁就能到处走走逛逛

坐轻轨/地铁超简单，百货公司也沿着路线分布，去机场也能坐轻轨。

买票

我想换零钱。	ฉันอยากแลกเหรียญค่ะ [chan5 - ya:k2 - lae:k3 - ri:an5 - kha3]
请到售票机购票。	กรุณาซื้อตั๋วเดินทางที่เครื่องขายบัตรนะคะ [ka1 ru4 na:1 - sue:4 - tua:5 - doe:n1 - tha:ng1 - thi:3 - khruea:ng3 - kha:i5 - bat2 - na4 - kha4]
请问你要去哪一站？	คุณจะไปสถานีไหนคะ [khun1 - ja2 - pai1 - sa2 tha:5 ni:1 - nai5 - kha4]
↓	
SILOM 站，两个人。	สถานีสีลม สองคนค่ะ [sa2 tha:5 ni:1 - si:5 - lom1 sor:ng5 - khon1 - kha3]
我想要两张票，去 SILOM 站。	ฉันขอตั๋วสองใบ ไปสถานีสีลมค่ะ [chan5 - khor:5 - tua:5 - sor:ng5 - bai1 pai1 - sa2 tha:5 ni:1 - si:5 - lom1 - kha3]
找零钱 16 铢。	เงินทอน 16 บาทค่ะ [ngoe:n1 - thor:n1 - sip2 - hok2 - ba:t2 - kha3]
我想买一张 RABBIT CARD。	ฉันอยากซื้อ RABBIT CARD ใบนึงค่ะ [chan5 - ya:k2 - sue:4 - rae:p4 - bit2 - ka:t4 - bai1 - nueng1 - kha3]
我想储值。	ฉันอยากเติมเงินค่ะ [chan5 - ya:k2 - toe:m1 - ngoe:n1 - kha3]
↓	
请问要储值多少？	เติมเท่าไหร่คะ [toe:m1 - thao3 - rai2 - kha4]
↓	
储值 500 铢。	เติม 500 บาทค่ะ [toe:m1 - ha:3 - ror:i4 - ba:t2 - kha3]

可以刷卡吗？	รูดบัตรเครดิตได้ไหมคะ
	[ru:t3 - bat2 - khre:1 - dit2 - dai3 - mai5 - kha4]

储值 500 铢，卡内余额 513 铢。	เติมเงิน 500 บาท จำนวนเงินในบัตรเหลือ 513 บาทค่ะ
	[toe:m1 - ngoe:n1 - ha:3 - ror:i4 - ba:t2 - jam1 - nua:n1 - ngoe:n1 - nai1 - bat2 - luea:5 - ha:3 - ror:i4 - sip2 - sa:m5 - ba:t2 - kha3]

▌自动售票机

请问自动售票机要怎么操作？	เครื่องจำหน่ายตั๋ว ต้องใช้ยังไงหรอคะ
	[khruea:ng3 - jam1 - na:i2 - tua:5 tor:ng3 - chai4 - yang1 - ngai1 - ror:5 - kha4]

你要坐到哪一站？	คุณจะไปสถานีไหนคะ
	[khun1 - ja1 - pai1 - sa2 tha:5 ni:1 - nai5 - kha4]

我要去 SIAM 站。	ฉันจะไปสถานีสยาม
	[chan5 - ja1 - pai1 - sa2 tha:5 ni:1 - sa2 ya:m5]

可以请你帮我按吗？	คุณช่วยกดให้ฉันได้ไหมคะ
	[khun1 - chuai3 - kot2 - hai3 - chan5 - dai3 - mai5 - kha4]

请取票和找零。	รับตั๋วกับเงินทอนด้วยนะคะ
	[rap4 - tua:5 - kap2 - ngoe:n1 - thor:n1 - duai3 - na4 - kha4]

这一台可以用纸钞吗？	เครื่องนี้ใช้แบงค์ได้ไหมคะ
	[khruea:ng3 - ni:4 - chai4 - bae:ng4 - dai3 - mai5 - kha4]

机器不收这张纸钞，你要换另一张纸钞。	เครื่องไม่รับแบงค์ใบนี้ค่ะ คุณต้องเปลี่ยนใบใหม่
	[khruea:ng3 - mai3 - rap4 - bae:ng4 - bai1 - ni:4 - kha3 - khun1 - tor:ng3 - pli:an2 - bai1 - mai2]

♪ 171

走吧！一起用泰语去旅行！

这台机器只收硬币，不接收纸钞。	เครื่องนี้รับแต่เหรียญ ไม่รับแบงค์ค่ะ [khruea:ng3 - ni:4 - rap4 - tae:2 - ri:an5 - mai3 - rap4 - bae:ng4 - kha3]
你必须先到柜台换零钱。	คุณต้องไปแลกเหรียญที่เคาน์เตอร์ก่อน [khun1 - tor:ng3 - pai1 - lae:k3 - ri:an5 - thi:3 - kao4 - toe:3 - kor:n2]
这台机器坏了，你要换另一台使用。	เครื่องเสียค่ะ คุณต้องไปใช้เครื่องอื่น [khruea:ng3 - si:a5 - kha3 khun1 - tor:ng3 - pai1 - chai4 - khruea:ng3 - ue:n2]

询问路线

请问有**行车路线地图**吗？	ไม่ทราบว่ามี**แผนที่เดินรถ**ไหมคะ [mai3 - sa:p3 - wa:3 - mi:1 - phae:n5 - thi:3 - doe:n1 - rot4 - mai5 - kha4]
请问下一站是什么站呢？	ไม่ทราบว่าสถานีต่อไป เป็นสถานีอะไรคะ [mai3 - sa:p3 - wa:3 - sa2 tha:5 ni:1 - tor:2 - pai1 pen1 - sa2 tha:5 ni:1 - a1 rai1 - kha4]
我想去 EKKAMAI，要搭这一列车对吗？	ฉันอยากไปเอกมัย ต้องนั่งสายนี้ถูกไหมคะ [chan5 - ya:k2 - pai1 - e:k2 ka1 mai1 tor:ng3 - nang3 - sa:i5 - ni:4 - thu:k2 - mai5 - kha4]
这一列车可以到 EKKAMAI 吗？	สายนี้ไปเอกมัยได้ไหมคะ [sa:i5 - ni:4 - pai1 - e:k2 ka1 mai1 - dai3 - mai5 - kha4]
我还要去 SIAM 换车吗？	ฉันต้องไปเปลี่ยนรถที่สยามก่อนไหมคะ [chan5 - tor:ng3 - pai1 - pli:an2 - rot4 - thi:3 - sa2 ya:m5 - kor:n2 - mai5 - kha4]
你要搭到 SIAM 再换车。	คุณต้องนั่งไปเปลี่ยนรถที่สยามนะคะ [khun1 - tor:ng3 - nang3 - pai1 - pli:an2 - rot4 - thi:3 - sa2 ya:m5 - na4 - kha4]

如果想去拜**四面佛**，要<u>坐</u>到哪一站呢？	ถ้าจะไปไหว้พระพรหม ต้องไปลงสถานีไหนหรอคะ [tha:3 - ja1 - pai1 - wai3 - phra4 - phrom1 tor:ng3 - pai1 - long1 - thi:3 - sa2 tha:5 ni:1 - nai5 - ror:5 - kha4]
你要搭到 SUKHUMVIT 站，去换乘 BTS。	คุณต้องไปเปลี่ยนเป็น BTS ที่สถานีสุขุมวิทนะคะ [khun1 - tor:ng3 - pai1 - pli:an2 - pen1 - bi:1 - thi:1 - e:s4 - thi:3 - sa2 tha:5 ni:1 - su2 - khum5 - wit4 - na4 - kha4]
然后再搭到 CHIT LOM 站，再继续徒步一小段。	แล้วก็นั่งไปถึงสถานีชิดลม แล้วเดินต่ออีกนิดนึง [lae:o4 - kor:3 - nang3 - pai1 - thueng5 - sa2 tha:5 ni:1 - chit4 - lom1 lae:o4 - doe:n1 - tor:2 - i:k2 - nit4 - nueng1]
我想去 CENTRAL WORLD，要从哪个出口出去呢？	ฉันจะไป Central World ต้องไปทางออกไหนคะ [chan5 - ja1 - pai1 - sen1 - than3 - woe:1 tor:ng3 - pai1 - tha:ng1 - or:k2 - nai5 - kha4]
你要从六号出口出去，然后沿着天桥继续走。	คุณต้องไปทางออก 6 แล้วเดินตามทาง SKY WALK ไปนะคะ [khun1 - tor:ng3 - pai1 - tha:ng1 - or:k2 - hok2 lae:o4 - doe:n1 - ta:m1 - tha:ng1 - sa2 ka:i1 wor:k4 - pai1 - na4 - kha4]

机场轻轨

请问要在哪里**买票**呢？	ไม่ทราบว่าซื้อตั๋วที่ไหนหรอคะ [mai3 - sa:p3 - wa:3 - sue:4 - tua:5 - thi:3 - nai5 - ror:5 - kha4]
我想搭到**帕亚泰站**，然后再继续搭 BTS。	ฉันจะนั่งถึงสถานีพญาไท แล้วไปต่อด้วย BTS [chan5 - ja1 - nang3 - thueng5 - sa2 tha:5 ni:1 - pha1 ya:1 - thai1 lae:o4 - pai1 - tor:2 - duai3 - bi:1 - thi:1 - e:s4]

走吧！一起用泰语去旅行！

请问 City Line 线的下一班列车，几点发车呢？	City Line ขบวนต่อไป ออกรถกี่โมงหรอคะ [si4 - ti:3 - la:i1 - kha2 bua:n1 - tor:2 - pai1 or:k2 - rot4 - ki:2 - mo:ng1 - ror:5 - kha4]
你也是来曼谷旅游的吗？	คุณก็มาเที่ยวกรุงเทพเหมือนกันหรอคะ [khun1 - kor:3 - ma:1 - thia:o3 - krung1 - the:p3 - muea:n5 - kan1 - ror:5 - kha4]
我打算去 KHAOSAN 路。	ฉันกะว่าจะไปพักที่ถนนข้าวสาร [chan5 - ka2 - wa:3 - ja1 - pai1 - phak4 - thi:3 - tha2 non5 - kha:o3 - sa:n5]
今天是万圣节，那边会堵车。	วันนี้เป็นวัน Halloween แถวนั้นรถติดนะคะ [wan1 - ni:4 - pen1 - wan1 - ha:1 lo:1 wi:n1 - thae:o5 - nan4 - rot4 - tit2 - na4 - kha4]
KHAOSAN 路的气氛会特别热闹。	บรรยากาศที่ข้าวสารจะคึกคักเป็นพิเศษ [ban1 - ya:1 - ka:t2 - thi:3 - kha:o3 - sa:n5 - ja1 - khuek4 - khak4 - pen1 - phi4 - se:t2]
祝你玩得愉快！	เที่ยวให้สนุกนะคะ [thia:o3 - hai3 - sa2 nuk2 - na4 - kha4]
今天星期一，规定不能摆地摊。	วันนี้วันจันทร์ กำหนดห้ามวางแผงลอย [wan1 - ni:4 - wan1 - jan1 kam1 - not2 - ha:m3 - wa:ng1 - phae:ng4 - lor:i1]
KHAOSAN 路会比平常安静一点。	ถนนข้าวสารจะเงียบกว่าปกตินะคะ [tha2 non5 - kha:o3 - sa:n5 - ja1 - ngi:ap3 - kwa:2 - pok2 ka1 ti2 - na4 - kha4]
不好意思，我需要帮助。	ขอโทษนะคะ ฉันอยากขอความช่วยเหลือ [khor:5 - tho:t3 - na4 - kha4 chan5 - ya:k2 - khor:5 - khwa:m1 - chuai3 - luea:5]
我的东西掉到轨道上了。	ของๆฉันตกลงไปในรางค่ะ [khor:ng5 - khor:ng5 - chan5 - tok2 - long1 - pai1 - nai1 - ra:ng1 - kha3]

BRT

不好意思，请问 BRT 要怎么走？	ขอโทษนะคะ BRT ต้องไปทางไหนหรอคะ [khor:5 - tho:t3 - na4 - kha4 - bi:1 - a:1 - thi:1 - tor:ng3 - pai1 - tha:ng1 - nai5 - ror:5 - kha4]
可以用 RABBIT CARD 搭乘吗？	ใช้ RABBIT CARD โดยสารได้ไหมคะ [chai4 - rae:p4 - bit2 - ka:t4 - do:i1 - sa:n5 - dai3 - mai5 - kha4]
今天是国际无车日，搭乘免费。	วันนี้เป็นวัน CAR FREE DAY นั่งได้ฟรีค่ะ [wan1 - ni:4 - pen1 - wan1 - kha:1 - fri:1 - de:1 - nang3 - dai3 - fri:1 - kha3]
我要坐到**拉玛九世桥站**，在这边上车吗？	ฉันจะนั่งไปสะพานพระราม 9 นั่งฝั่งนี้ใช่ไหมคะ [chan5 - ja1 - nang3 - pai1 - sa2 - pha:n1 - phra1 - ra:m1 - kao3 - nang3 - fang2 - ni:4 - chai3 - mai5 - kha4]
请问要去**转乘船**，是去哪一站呢？	ไม่ทราบว่านั่งไปต่อเรือได้ ที่สถานีไหนคะ [mai3 - sa:p3 - wa:3 - nang3 - pai1 - tor:2 - ruea:1 - dai3 - thi:3 - sa2 tha:5 - ni:1 - nai5 - kha4]

♪ 175

句型

这是往______的车吗?

สายนี้ไป ____ ใช่ไหมคะ

[sa:i5 - ni:4 - pai1 ____ chai3 - mai5 - kha4]

[BTS]

หมอชิต
[mor:5 - chit4]
Mo Chit 蒙七

สยาม
[sa2 - ya:m5]
Siam 暹罗

อนุสาวรีย์ชัย
[a1 nu4
- sa:o5 wa1 ri:1 - chai1]
胜利纪念碑

ช่องนนทรี
[chor:ng3 - non1 - si:1]
Chong Nonsi 崇侬西

ศาลาแดง
[sa:5 - la:1 - dae:ng1]
Sala Daeng 萨拉登

อโศก
[a1 - so:k2]
Asok
阿索

ทองหล่อ
[thor:ng1 - lor:2]
Thong Lo
通罗

พร้อมพงษ์
[phror:m4 - phong1]
Phrom Phong
澎蓬

สุรศักดิ์
[su2 ra1 sak2]
Surasak
苏拉沙

พญาไท
[pha1 ya:1 - thai1]
Phaya Thai
帕亚泰

เอกมัย
[e:k2 ka1 mai1]
Ekkamai 伊卡迈

สะพานตากสิน
[sa2 pha:n1 - ta:k2 - sin5]
郑信桥

[MRT]

รัชดาภิเษก
[rat4 - cha1 da:1
- phi5 - se:k2]
Ratchada Phisek
拉差达碧色

สวนจตุจักร
[su:an5 - ja1 tu1 jak2]
乍都乍公园

บางซื่อ
[ba:ng1 - sue:3]
Bang Sue 邦实

ห้วยขวาง
[huai3 - kwa:ng5]
Huai Khwang 汇匡

ศูนย์สิริกิติ์
[su:n5 - si2 - ri2 - kit2]
Queen Sirikit Centre
诗丽吉国际
会议中心

สีลม
[si:5 - lom1]
Si Lom
席隆

สามย่าน
[sa:m5 - ya:n3]
山燕

พระราม 9
[phra1 - ra:m1 - kao3]
拉玛九世

ศูนย์วัฒนธรรม
[su:n5
- wat4 tha1 na4 tham1]
泰国文化中心

สุขุมวิท
[su2 - khum5 - wit4]
Sukhumvit
苏坤威

______在哪里？
______ อยู่ที่ไหนคะ
[______ yu:2 - thi:3 - nai5 - kha4]

[地点]

สนามบิน
[sa2 na:m5 bin1]
机场

สุวรรณภูมิ
[su2 wa:n1 na1 phu:m1]
素万那普机场

ดอนเมือง
[dor:n1 - muea:ng1]
廊曼机场

หัวลำโพง
[hua:5 - lam1 - pho:ng1]
华蓝蓬火车站

ท่าเรือสาธร
[tha:3 - ruea:1 - sa:5 - thor:n1]
沙吞码头

สถานีรถไฟ
[sa2 tha:5 ni:1 - rot4 - fai1]
火车站

ท่าเรือ
[tha:3 - ruea:1]
码头

[车站内部]

ห้องจำหน่ายบัตร
[hor:ng3 - jam1 - na:i2 - bat2]
售票柜台

เครื่องจำหน่ายตั๋ว
[khruea:ng3 - jam1 - na:i2 - tua:5]
自动售票机

ชานชาลา
[cha:n1 - cha:1 - la:1]
乘车月台

บันไดเลื่อน
[ban1 - dai1 - luea:n3]
手扶梯

ทางเข้า
[tha:ng1 - khao3]
入口

แผนที่เดินรถ
[phae:n5 - thi:3 - doe:n1 - rot4]
行车路线图

ทางออก
[tha:ng1 - or:k3]
出口

[车站外部]

ป้ายรถเมล์
[pa:i3 - rot4 - me:1]
公车站牌

จุดจอดรถแท็กซี่
[jut2 - jor:t2 - rot4 - thae:k4 - si:3]
出租车招呼站

วินมอเตอร์ไซค์
[win1 - mor:1 - toe:1 - sai1]
出租摩托车服务站

ทางเชื่อมไป BTS
[tha:ng1 - chuea:m3 - pai1 - bi:1 - thi:1 - e:s4]
通往轻轨站的通道

ร้านขายเครื่องดื่ม
[ra:n4 - kha:i5 - khruea:ng3 - due:m2]
饮料店

ร้านสะดวกซื้อ
[ra:n4 - sa2 - dua:k2 - sue:4]
便利商店

วัด
[wat4]
庙宇

ห้างสรรพสินค้า / ห้าง
[ha:ng3 - sap2 pha1 sin5 - kha:4] / [ha:ng3]
百货公司 / 购物商场

曼谷的交通

曼谷的交通发达，可运用的交通工具也有很多种，在此介绍各种交通工具的特性。

轨道列车

曼谷的轨道交通有以下这四种：

BTS 轻轨

路线主要分布在曼谷市区，并延伸到曼谷的南部。只在地上轨道运行，不会跑一跑钻到地下去。

MRT 地铁

路线主要分布在曼谷市区。只在地下运行。

Airport Rail Link

机场快轨，也称 Airport Link，从机场直接通往曼谷市区，终点站与 BTS 相接。

BRT

有专用道路的快捷巴士。

其他的交通方式

公交车

รถเมล์ [rot4 - me:1]

公交车分为无冷气和有冷气两种，都有售票员来收钱、找钱。无冷气的公交车，单一票价，根据不同车型有不同价格，但建议不要乘小绿车。有冷气的公交车，必须告知要在哪里下车，售票员在计算票价后要收钱找零钱给你。

出租车

แท็กซี่ [thae:k4 - si:3]

按里程收费，曼谷市区因堵车问题严重，建议尽量乘坐地铁。

从机场坐出租车，会酌情收手续费，且单子要自己留着，以免有问题或有东西掉了，可以联系到出租车。虽然司机开后备厢没有规定要加收费用，但如果司机帮忙提行李上下车，礼貌上应该给小费。

出租摩托车

มอเตอร์ไซค์รับจ้าง [mor:1 - toe:1 - sai1 - rap4 - ja:ng3]

短距离交通可选择乘坐出租摩托车，要排队依序搭乘，限载一名乘客。出租摩托车的服务站通常会聚集在巷口。

乘坐时要先跟司机说下车地点，并先问好价格，否则到了目的地才问车费的话，容易被坑，最好先向住在附近的人了解车费情况。有些正式的有规模的服务站，会贴出价目表，照实收费。有些过了晚上十点会加收 10%～30% 不等的费用。

出租摩托车对于在堵车时段要赶路的乘客，是非常好的选择。如果要去的地方比较远，只要和司机谈好价格就可以了。

★ 出租摩托车通常都有地区划分，司机身上不同颜色的背心表示是不同地区的车。如果半路拦车不停的话，原因可能是该地盘不是他们的，不能抢别人的客人，也可能是你离服务站近了，他们得回去乖乖排队，依序接客人。

★ 即使都是在曼谷，市中心和郊区的车费也不同，因此建议在上车之前问清楚车费，可以接受的话再搭乘。

嘟嘟车

ตุ๊กตุ๊ก / สามล้อ [tuk4 - tuk4] / [sa:m5 - lor:4]

泰国最具代表性的交通工具,搭乘费用也相对高一些,需事先谈好价。路上可拦车搭乘,但是数量越来越少了,在市中心比较常见,大部分乘客是旅游者,搭乘的方式与出租车相同,只是没冷气、没计价器。

双条车

สองแถว [sor:ng5 - thae:o5]

分成小车和大车,它们都会跑固定的路线,也有多种不同的改装车型。只要你确定该车的路线和行车的方向是正确的,就可以在路边拦车,下车时付费给司机。

小双条车是跑小街道的,可沿路拦车,按车上的停车铃,可以随时下车,但是没有站牌,需要先询问当地人要去什么地方在哪里等车。跑大马路的双条车,只会停靠车站,不接受站外停车。若你不确定这辆车是不是会经过你要去的地方,则可以在上车之前,先询问司机。

船

เรือ [ruea:1]

泰国当地人喜欢乘船避开陆上的堵车路段,但是可以乘船的路线是有限的。它的优点是可以快速到达比较远的地方,缺点是目的地受限,而且运河里的水会有一点儿味道。

乘坐昭披耶河的快船,则可以欣赏两岸的风光。傍晚时在船上看晚霞,是一幅美不胜收的景象。

小巴士

รถตู้ [rot4 - tu:3]

九座汽车改装成可容纳 12～15 人的小巴士,它可分成市区小巴和长途小巴。

市区小巴会沿路载人,搭乘方式与公交车一样,但与公交车不同的是,小巴一旦座位满了就不加收乘客了。有些小巴会跑高速公路,因此速度远胜于公交车。到站前要提前告知司机,否则很容易过站,下车前付车费,并且告知自己上车的地点。搭乘小巴虽然可以自由选择座位,但门边的位置请尽量让出来。

长途小巴可以到达较远的地方,车子体积比大巴小,开得也比较快。有一些小巴士没有固定的发车时间,先收钱,坐满人就立刻发车,直接开往目的地。对于要去外县市旅行的游客,是非常方便的选择,但不能携带大件行李。

大巴士(客运)

รถทัวร์ [rot4 - thua:1]

大巴士又叫 **รถ บขส.**。它是前往较远的县市的最佳选择。远途大巴上会发饮料与零食,也会停靠休息区,让乘客吃饭、购物或上厕所。直达的大巴速度快,只会在比较大的城市停靠。

尝试不同的交通方式

想去捷运/地铁到不了的地方,那试试看这些多元的交通方式吧!

公交车

请问**公交车站牌**在哪里呢?	ไม่ทราบว่า**ป้ายรถเมล์**อยู่ตรงไหนหรอคะ [mai3 - sa:p3 - wa:3 - pa:i3 - rot4 - me:1 - yu:2 - trong1 - nai5 - ror:5 - kha4]
如果要去LOTUS,有哪些路线(的公交车)可以去呢?	ถ้าจะไป LOTUS สายไหนไปได้บ้างคะ [tha:3 - ja1 - pai1 - lo:1 - tat4 - sa:i5 - nai5 - pai1 - dai3 - ba:ng3 - kha4]
去 LOTUS 要在**这一边**上车是吗?	ไป LOTUS นั่งรถ**ฝั่งนี้**ใช่ไหมคะ [pai1 - lo:1 - tat4 - nang3 - rot4 - fang2 - ni:4 - chai3 - mai5 - kha4]
这辆车可以到 LOTUS 吗?	คันนี้ไป LOTUS ได้ไหมคะ [khan1 - ni:4 - pai1 - lo:1 - tat4 - dai3 - mai5 - kha4]
(对售票员)BIG C 下车,2个人。	ลงที่ BIG C สองคนค่ะ [long1 - thi:3 - bik4 - si:1 - sor:ng5 - khon1 - kha4]
2 个人的**车费**多少钱?	**ค่ารถ**สองคนเท่าไหร่หรอคะ [kha:3 - rot4 - sor:ng5 - khon1 - thao3 - rai2 - ror:5 - kha4]
我想去 IMPACT ARENA,到站时可以告诉我吗?	ฉันอยากไป อิมแพคอารีน่า ถ้าถึงแล้วช่วยบอกป้ายลงให้หน่อยได้ไหมคะ [chan5 - ya:k2 - pai1 - im1 - phae:k2 - a:1 ri:1 na:3 - tha:3 - thueng5 - lae:o4 - chuai3 - bor:k2 - pa:i3 - long1 - hai3 - nor:i2 - dai3 - mai5 - kha4]

♪ 182

| 不好意思，请问已经快到 IMPACT ARENA 那一站了吗？ | ขอโทษนะคะ
จะถึง**ป้ายอิมแพคอารีน่า**หรือยังคะ
[khor:5 - tho:t3 - na4 - kha4
ja1 - thueng5 - pa:i3 - im1 - phae:k2 - a:1 ri:1 na:3
- rue:5 - yang1 - kha4] |

▎双条车

我想去 THE MALL BANG KAPI，可以坐什么车去呢？	ฉันอยากไป**เดอะมอลล์บางกะปิ** ไปด้วยรถอะไรได้บ้างคะ [chan5 - ya:k2 - pai1 - doe2 - mor:1 - ba:ng1 - ka1 - pi2 - pai1 - duai3 - rot4 - a1 - rai1 - dai3 - ba:ng3 - kha4]
现在去会堵车吗？	ไปตอนนี้รถติดไหมคะ [pai1 - tor:n1 - ni:4 - rot4 - tit2 - mai5 - kha4]
请问**双条车**是在这边等吗？	รอ**สองแถว**ต้องรอตรงนี้ใช่ไหมคะ [ror:1 - sor:ng5 - thae:o5 - tor:ng3 - ror:1 - trong1 - ni:4 - chai3 - mai5 - kha4]
这边的双条车可以到 MAKRO 吗？	สองแถวตรงนี้ ไป**แมคโคร**หรือเปล่าคะ [sor:ng5 - thae:o5 - trong1 - ni:4 - pai1 - mae:k4 - khro:1 - rue:5 - plao2 - kha4]
（问司机）大哥/大姐，请问经过 MAKRO 吗？	พี่คะ ผ่านแมคโครไหมคะ [phi:3 - kha4 - pha:n2 - mae:k4 - khro:1 - mai5 - kha4]
（拜托乘客）到了 MAKRO 可以告诉我吗？	รบกวนถึงแมคโครแล้ว ช่วยบอกด้วยได้ไหม [rop4 - kua:n1 - thueng5 - mae:k4 - khro:1 - lae:o4 - chuai3 - bor:k2 - duai3 - dai3 - mai5]
好啊。	ได้ค่ะ / OK [dai3 - kha3] / [o:1 - khe:1]

等一下我会先下车，不好意思！	เดี๋ยวเราต้องลงก่อน ต้องขอโทษด้วยนะคะ [dia:o5 - rao1 - tor:ng3 - long1 - kor:n2 tor:ng3 - khor:5 - tho:t3 - duai3 - na4 - kha4]
请问快到 MAKRO 了吗？	ไม่ทราบว่าถึงแมคโครหรือยังคะ [mai3 - sa:p3 - wa:3 - thueng5 - mae:k4 - khro:1 - rue:5 - yang1 - kha4]
MAKRO 还有很远吗？	แมคโครยังอีกไกลไหมคะ [mae:k4 - khro:1 - yang1 - i:k2 - klai1 - mai5 - kha4]
请问哪里可以按下车铃？	กดกริ่งตรงไหนหรอคะ [kot2 - kring2 - trong1 - nai5 - ror:5 - kha4]
请问车费一个人多少钱？	ค่ารถคนละเท่าไหร่หรอคะ [kha:3 - rot4 - khon1 - la1 - thao3 - rai2 - ror:5 - kha4]
要我帮忙拿东西吗？	ให้ช่วยถือของไหมคะ [hai3 - chuai3 - thue:5 - khor:ng5 - mai5 - kha4]
等一下我要下车了。	เดี๋ยวฉันจะลงแล้วค่ะ [dia:o5 - chan5 - ja1 - long1 - lae:o4 - kha3]

出租摩托车

这附近有出租摩托车服务站吗？	แถวนี้มีวินมอเตอร์ไซค์ไหมคะ [thae:o5 - ni:4 - mi:1 - win1 - mor:1 - toe:1 - sai1 - mai5 - kha4]
去 GRAMMY 大楼，请问多少钱？	ไปตึก GRAMMY ค่ะ เท่าไหร่หรอคะ [pai1 - tuek2 - krae:m1 - mi:3 - kha3 - thao3 - rai2 - ror:5 - kha4]

15 铢。	15 บาทครับ [sip2 - ha:3 - ba:t2 - krap4]
我有点赶时间，麻烦你快一点。	ฉันค่อนข้างรีบ ช่วยเร่งให้หน่อยนะคะ [chan5 - khor:n3 - kha:ng3 - ri:p3 - chuai3 - re:ng3 - hai3 - nor:i3 - na4 - kha4]
去 ABC 社区，请问多少钱？	ไปหมู่บ้าน ABC ค่ะ เท่าไหร่หรอคะ [pai1 - mu:2 - ba:n3 - e:1 - bi:1 - si:1 -kha3 - thao3 - rai2 - ror:5 - kha4]
要停在哪一栋房子前呢？	จอดบ้านหลังไหนหรอครับ [jor:t2 - ba:n3 - lang5 - nai5 - ror:5 - khrap4]
麻烦你停在橘色栅栏的房子前。	ช่วยจอดหน้าบ้านรั้วสีส้มค่ะ [chuai3 - jor:t2 - na:3 - ba:n3 - rua:4 - si:5 - som3 - kha3]
麻烦你停在前面。	ช่วยจอดข้างหน้าค่ะ [chuai3 - jor:t2 - kha:ng3 - na:3 - kha3]

出租汽车

巷口那里，常常有出租车停在那里。	ที่ปากซอย มีแท็กซี่จอดประจำค่ะ [thi:3 - pa:k2 - sor:i1 mi:1 - thae:k4 - si:3 - jor:t2 - pra1 - jam1 - kha3]
这里不能停车接送乘客。	ตรงนี้ห้ามจอดรับส่งผู้โดยสารค่ะ [trong1 - ni:4 - ha:m3 - jor:t2 - rap4 - song2 - phu:3 - do:i1 - sa:n5 - kha3]
请问打电话叫出租车，要打什么号呢？	โทรเรียกแท็กซี่ ต้องโทรเบอร์ไหนคะ [tho:1 - ri:ak3 - thae:k4 - si:3 - tor:ng3 - tho:1 - boe:1 - nai5 - kha4]

♪ 185

可以麻烦你帮我打电话**叫出租车**吗？	รบกวนช่วยโทร**เรียกแท็กซี่**ให้ที่ได้ไหมคะ [rop4 - kua:n1 - chuai3 - tho:1 - ri:ak3 - thae:k4 - si:3 - hai3 – thi:1 - dai3 - mai5 - kha4]
请问你要去哪里呢？	คุณจะไปไหนคะ [khun1 - ja1 - pai1 - nai5 - kha4]
我要去廊曼机场。	ไปสนามบินดอนเมืองค่ะ [pai1 - sa2 na:m5 - bin1 - dor:n1 - muea:ng1 - kha3]
我们还有行李箱，麻烦你帮忙**开后备厢**。	เรามีกระเป๋าเดินทางด้วย ช่วยเปิดท้ายรถให้หน่อยค่ะ [rao1 - mi:1 - kra1 - pao5 - doe:n1 - tha:ng1 - duai3 - chuai3 - poe:t2 - tha:i4 - rot4 - hai3- nor:i2 - kha3]
这边的过路费是25铢。	ค่าทางด่วนตรงนี้ 25 บาทค่ะ [kha:3 - tha:ng1 - dua:n2 - trong1 - ni:4 - yi:3 - sip2 - ha:3 - ba:t2 - kha3]
请给我收据。	ฉันขอใบเสร็จด้วยค่ะ [chan5 - khor:5 - bai1 - set2 - duai3 - kha3]
请问你搭乘哪个**航空公司**的飞机，我帮你把车停近一点。	คุณนั่ง**สายการบิน**ไหนคะ ฉันจะจอดให้คุณลงใกล้ๆ [khun1 - nang3 - sa:i5 - ka:n1 - bin1 - nai5 - kha4 - chan5 - ja1 - jor:t2 - hai3 - khun1 - long1 - klai3 - klai3]
请问车费多少钱？	ค่ารถเท่าไหร่คะ [kha:3 - rot4 - thao3 - rai2 - kha4]
请问车费有收据吗？	มีใบเสร็จค่ารถไหมคะ [mi:1 - bai1 - set2 - kha:3 - rot4 - mai5 - kha4]
RAMINTRA 第 4 公里处，请问可以去吗？	ไปรามอินทรา กม.4 ไปไหมคะ [pai1 - ra:m1 - in1 - tra:1 - kor:1 - mor:1 - si:2 - pai1 - mai5 - kha4]

我想到这个地址。	ฉันอยากไปตามที่อยู่นี้ค่ะ	[chan5 - ya:k2 - pai1 - ta:m1 - thi:3 - yu:2 - ni:4 - kha3]
请在 Lotus Express 那边右转。	เลี้ยวขวาตรง Lotus Express ค่ะ	[lia:o4 - kwa:5 - trong1 - lo:1 - tat4 - ek4 - phre:s4 - kha3]
再开过去一点点。	ไปอีกนิดนึงค่ะ	[pai1 - i:k2 - nit4 - nueng1 - kha3]
请停在蓝色楼房前面。	จอดตรงหน้าตึกสีฟ้านะคะ	[jor:t2 - trong1 - na:3 - tuek2 - si:5 - fa:4 - na4 - kha4]
请送我到 NOVOTEL PRATUMAN 饭店。	ช่วยไปส่งที่โรงแรม NOVOTEL ประตูน้ำค่ะ	[chuai3 - pai1 - song2 - thi:3 - ro:ng1 - rae:m1 - no:1 - wo:1 - the:o1 - pra1 - tu:1 - nam4 - kha3]
现在堵车，你在这里下车然后走过去，会比较快。	ตอนนี้รถติด คุณลงตรงนี้แล้วข้ามฝั่งเอาจะเร็วกว่านะคะ	[tor:n1 - ni:4 - rot4 - tit2 khun1 - long1 - trong1 - ni:4 - lae:o4 - kha:m3 - fang2 - ao1 ja1 - reo1 - kwa:2 - na4 - kha4]
这样，麻烦你停在前面的天桥那边，谢谢你。	ถ้าอย่างนั้น ช่วยจอดที่สะพานลอยข้างหน้าค่ะ ขอบคุณค่ะ	[tha:3 - ya:ng2 - nan4 - chuai3 - jor:t2 - thi:3 - sa2 - pha:n1 - lor:i1 - kha:ng3 - na:3 - kha3 - khor:p2 - khun1 - kha3]
请问你有名片吗？改天我想打电话叫你的车。	คุณมีนามบัตรไหมคะ วันหลังฉันอยากโทรเรียกรถคุณ	[khun1 - mi:1 - na:m1 - bat2 - mai5 - kha4 wan1 - lang5 - chan5 - ya:k2 - tho:1 - ri:ak3 - rot4 - khun1]

走吧！一起用泰语去旅行！

船

请问码头怎么走？	ท่าเรือไปทางไหนคะ [tha:3 - ruea:1 - pai1 - tha:ng1 - nai5 - kha4]
去 THE MALL BANG KAPI，请问要在哪一边上船呢？	จะไปเดอะมอลบางกะปิ ต้องนั่งเรือฝั่งไหนคะ [ja1 - pai1 - doe2 - mor:1 - ba:ng1 - ka1 - pi2 tor:ng3 - nang3 - ruea:1 - fang2 - nai5 - kha4]
请问船费多少钱？	ค่าตั๋วเรือเท่าไหร่คะ [kha:3 - tua:5 - ruea:1 - thao3 - rai2 - kha4]
今天人好多！	วันนี้คนเยอะเนอะ [wan1 - ni:4 - khon1 - yoe4 - noe4]
我想去玉佛寺，请问要搭到哪一个码头上岸？	ฉันจะไปวัดพระแก้ว ต้องขึ้นฝั่งที่ท่าไหนคะ [chan5 - ja1 - pai1 - wat4 - phra1 - kae:o3 tor:ng3 - khuen3 - fang2 - thi:3 - tha:3 - nai5 - kha4]
去 THA CHANG 码头，请问是搭这一班船吗？	ไปท่าช้าง ขึ้นเรือลำนี้หรือเปล่าคะ [pai1 - tha:3 - cha:ng4 khuen3 - ruea:1 - lam1 - ni:4 - rue:5 - plao2 - kha4]
（售票员要收钱）请问你要搭到哪里？	คุณจะลงท่าไหนคะ [khun1 - ja1 - long1 - tha:3 - nai5 - kha4]
我想搭到 THA TIAN 站。	ฉันจะลงท่าเตียนค่ะ [chan5 - ja1 - long1 - tha:3 - ti:an1 - kha3]

♪ 188

小巴士

| 请问经过 SIAM 吗？ | ผ่านสยามไหมคะ
[pha:n2 - sa2 ya:m5 - mai5 - kha4] |

| 去 SIAM 要在哪一站下车，可以请你告诉我吗？ | ไปสยามต้องลงป้ายไหนคะ
ช่วยบอกให้ด้วยได้ไหมคะ
[pai1 - sa2 ya:m5 - tor:ng3 - long1 - pa:i3 - nai5 - kha4
chuai3 - bor:k2 - hai3 - duai3 - dai3 - mai5 - kha4] |

| （车子到站前对着司机喊）下一站下车。 | ลงป้ายหน้าค่ะ
[long1 - pa:i3 - na:3 - kha3] |

| 请问车费多少？ | ค่ารถเท่าไหร่คะ
[kha:3 - rot4 - thao3 - rai2 - kha4] |

| 去美功市场，要在哪里搭车呢？ | ไปตลาดแม่กลอง ต้องขึ้นรถที่ไหนคะ
[pai1 - ta1 - la:t2 - mae:3 - klor:ng1
tor:ng3 - khuen3 - rot4 - thi:3 - nai5 - kha4] |

| 请问这辆车要去美功市场吗？ | คันนี้ไปตลาดแม่กลองใช่ไหมคะ
[khan1 - ni:4 - pai1 - ta1 - la:t2 - mae:3 - klor:ng1 -
chai3 - mai5 - kha4] |

| 我可以先上车坐着等吗？ | ฉันขอขึ้นไปนั่งรอในรถก่อนได้ไหมคะ
[chan5 - khor:5 - khuen3 - pai1 - nang3 - ror:1
- nai1 - rot4 - kor:n2 - dai3 - mai5 - kha4] |

| 麻烦你停在美功市场那一站。 | ช่วยจอดป้ายตลาดแม่กลองด้วยค่ะ
[chuai3 - jor:t2 - pa:i3 - ta1 la:t2 - mae:3 - klor:ng1
- duai3 - kha3] |

| 离开美功市场之后，你还打算去哪里玩呢？ | ออกจากแม่กลองแล้ว
คุณจะไปเที่ยวไหนต่อคะ
[or:k2 - ja:k2 - mae:3 - klor:ng1 - lae:o4
khun1 - ja1 - pai1 - thia:o3 - nai5 - tor:2 - kha4] |

| 我要去安帕瓦水上市场。 | ฉันจะไปตลาดน้ำอัมพวาต่อค่ะ
[chan5 - ja1 - pai1 - ta1 la:t2 - nam4
- am1 pha1 wa:1 - tor:2 - kha4] |

♪ 189

走吧！一起用泰语去旅行！

大巴士

要去沙美，请问在哪一个柜台购票呢？	จะไปเสม็ด ต้องซื้อตั๋วช่องไหนคะ [ja1 - pai1 - sa2 met2 tor:ng3 - sue:4 - tua:5 - chor:ng3 - nai5 - kha4]
请问车子会一直沿途接乘客吗？	ไม่ทราบว่ารถจะจอดรับคน ตลอดทางไหมคะ [mai3 - sa:p3 - wa:3 - rot4 - ja1 - jor:t2 - rap4 - khon1 - ta2 - lor:t2 - tha:ng1- mai5 - kha4]
请问几点发车？	รถออกกี่โมงคะ [rot4 - or:k2 - ki:2 - mo:ng1 - kha4]
请问几点会到 BAN PAE 呢？	ไปถึงบ้านเพกี่โมงหรอคะ [pai1 - thueng5 - ba:n3 - phe:1 - ki:2 - mo:ng1 - ror:5 - kha4]
请给我前面的座位，因为我会晕车，谢谢。	ขอที่นั่งด้านหน้านะคะ คือว่าฉันเมารถค่ะ [khor:5 - thi:3 - nang3 - da:n3 - na:3 - na4 - kha4 khue:1 - wa:3 - chan5 - mao1- rot4 - kha3]
我有行李，想放车底的置物箱内。	ฉันมีกระเป๋า อยากฝากใต้ท้องรถค่ะ [chan5 - mi:1 - kra1 - pao5 ya:k2 - fa:k2 - tai3 - thor:ng4 - rot4 - kha3]
（到休息站）请问车子休息几分钟？	รถจอดพักกี่นาทีคะ [rot4 - jor:t2 - phak4 - ki:2 - na:1 - thi:1 - kha4]
准备要发车了！	รถจะออกแล้วนะคะ [rot4 - ja1 - or:k2 - lae:o4 - na4 - kha4]

♪ 190

不好意思，我肚子疼想上厕所，可以帮我找加油站停一下吗？	ขอโทษนะคะ ฉันปวดท้องอยากเข้าห้องน้ำ ช่วยหาปั๊มให้หน่อยได้ไหมคะ [khor:4 - tho:t3 - na4 - kha4 chan5 - pua:t2 - thor:ng4 - ya:k2 - khao3 - hor:ng3 - nam4 chuai3 - ha:5 - pam4 - hai3 - nor:i2 - dai3 - mai5 - kha4]
快到车站了，再等一下你还行吗？	ใกล้ถึงท่ารถแล้วนะคะ รออีกหน่อยไหวไหมคะ [klai3 - thueng5 - tha:3 - rot4 - lae:o4 - na4 - kha4 - ror:1 - i:k2 - nor:i2 - wai5 - mai5 - kha4]
我肚子疼，快等不及了。	ฉันปวดท้อง รอไม่ไหวแล้วค่ะ [chan5 - pua:t2 - thor:ng4 ror:1 - mai3 - wai5 - lae:o4 - kha3]
已经到 BAN PAE 车站了吗？	ถึงท่าเรือบ้านเพแล้วใช่ไหมคะ [thueng5 - tha:3 - ruea:1 - ba:n3 - phe:1 - lae:o4 - chai3 - mai5 - kha4]
还可以忍一下，但请问还要很久吗？	ยังพอไหวค่ะ แต่นานไหมคะกว่าจะถึง [yang1 - phor:1 - wai5 - kha3 - tae:2 - na:n1 - mai5 - kha4 - kwa:2 - ja1 - thueng5]
请将手机关掉声音，为了避免打扰其他乘客。	กรุณาปิดเสียงโทรศัพท์ เพื่อไม่เป็นการรบกวนผู้โดยสารท่านอื่น [ka1 ru1 na:1 - pit2 - si:ang5 - tho:1 ra1 sap2 - phuea:3 - mai3 - pen1 - ka:n1 - rop4 - ku:an1 - phu:3 - do:i1 - sa:n5 - tha:n3 - ue:n2]
下车前，请检查行李。	กรุณาตรวจสัมภาระก่อนลงจากรถ [ka1 ru1 na:1 - tru:at2 - sam5 pha:1 ra1 - kor:n2 - long1 - ja:k2 - rot4]

单词

| [乘车资讯] | ตั๋วรถ [tua:5 - rot4] 车票 | สายที่ [sa:i5 - thi:3] 服务路线 | หมายเลขรถ [ma:i5 - le:k3 - rot4] 车辆编号 |

เลขที่
[le:k3 - thi:3]
票号

ต้นทาง
[ton3 - tha:ng1]
发车站

ปลายทาง
[pla:i1 - tha:ng1]
终点站

วัน/เวลาเดินทาง
[wan1 / we:1 - la:1 - doe:n1 - tha:ng1]
出发日期 / 时间

ชานชาลา
[cha:n1 - cha:1 - la:1]
月台

เลขที่นั่ง
[le:k3 - thi:3 - nang3]
座位号码

คนขับ
[khon1 - khap2]
司机

ค่าโดยสาร
[kha:3 - do:i1 - sa:n5]
乘车费用

ค่าธรรมเนียม
[kha:3 - tham1 - ni:am1]
手续费

รวมเงิน
[rua:m1 - ngoe:n1]
总计

พนักงานขายตั๋ว
[pha1 nak4 nga:n1 - kha:i5 - tua:5]
售票员

[车站资讯]

เจ้าหน้าที่ท่ารถ(ท่าเรือ)
[jao3 - na:3 - thi:3 - tha:3 - rot4 (tha:3 - ruea:1)]
车站（码头）工作人员

ตารางเวลาเดินรถ
[ta:1 - ra:ng1 - we:1 - la1 - doe:n1 - rot4]
发车时刻表

เส้นทางเดินรถ
[se:n3 - tha:ng1 - doe:n1 - rot4]
行车路线

เวลาออกต้นทาง
[we:1 - la1 - or:k2 - ton3 - tha:ng1]
发车时间

ต้นทาง
[ton3 - tha:ng1]
发车站

จุดขึ้นรถ
[jut2 - khuen3 - rot4]
上车地点

ขึ้นรถ
[khuen3 - rot4]
上车

เวลาถึงปลายทาง
[we:1 - la1 - thueng5 - pla:i1 - tha:ng1]
到达时间

ปลายทาง
[pla:i1 - tha:ng1]
终点站

จุดลงรถ
[jut3 - long1 - rot4]
下车地点

ลงรถ
[long1 - rot4]
下车

ประเภทรถ
[pra1 - phe:t3 - rot4]
车型

ออกรถ
[or:k2 - rot4]
发车

ต่อรถ
[tor:2 - rot4]
转车

ห้องน้ำ / สุขา
[hor:ng3 - nam4] / [su2 - kha:5]
洗手间

[车子类型]

รถเมล์
[rot4 - me:1]
公交车

รถไฟฟ้า BTS
[rot4 - fai1 - fa:4 - bi:1 - thi:1 - e:s4]
轻轨

รถไฟฟ้าใต้ดิน MRT
[rot4 - fai1 - fa:4 - tai3 - din1]
地铁

รถ
[rot4]
车

รถเมล์ร่วม
[rot4 - me:1 - rua:m3]
民营公交车

รถยนต์
[rot4 - yon1]
汽车

ตุ๊กตุ๊ก / สามล้อ
[tuk4 - tuk4] / [sa:m5 - lor:4]
嘟嘟车

สองแถว
[sor:ng5 - thae:o5]
双条车

แท็กซี่
[thae:k4 - si:3]
出租车

มอเตอร์ไซค์รับจ้าง
[mor:1 - toe:1 - sai1 - rap4 - ja:ng3]
出租摩托车

รถไฟ
[rot4 - fai1]
火车

เรือ
[ruea:1]
船

รถตู้
[rot4 - tu:3]
小巴士

รถทัวร์
[rot4 - tua:1]
大巴士

ขึ้นเรือ / ลงเรือ
[khuen3 - ruea:1] / [long1 - ruea:1]
上船 / 下船

ขึ้นฝั่ง
[khuen3 - fang2]
上岸

สถานี
[sa2 tha:5 - ni:1]
站

ป้าย
[pa:i3]
站牌

เส้นทางเดินเรือ
[se:n3 - tha:ng1 - doe:n1 - ruea:1]
行船路线

ค่าโดยสาร
[kha:3 - do:i1 - sa:n5]
搭乘费用

สถานีต้นทาง
[sa2 tha:5 - ni:1 - ton3 - tha:ng1]
起点站

สถานีปลายทาง
[sa2 tha:5 - ni:1 - pla:i1 - tha:ng1]
终点站

单词

[车子内部]

ที่นั่ง
[thi:3 - nang3]
座位

ห่วง
[hua:ng2]
拉环

ราว
[ra:o1]
扶手

ทางเดิน
[tha:ng1 - doe:n1]
走道

หน้าต่าง
[na:3 - ta:ng2]
窗户

ชั้นวางของ
[chan5 - wa:ng1 - khor:ng5]
置物架

ช่องเก็บของใต้ท้องรถ
[chor:ng3 - kep2 - khor:ng5 - tai3 - thor:ng4 - rot4]
车底置物空间

ที่วางแก้ว
[thi:3 - wa:ng1 - kae:o3]
杯架

เบาะนั่ง
[bor2 - nang3]
坐垫

ที่นั่งสำรองบุคคลพิเศษ
[thi:3 - nang3 - sam5 - ror:ng1 - buk2 - khon1 - phi4 - se:t2]
博爱座

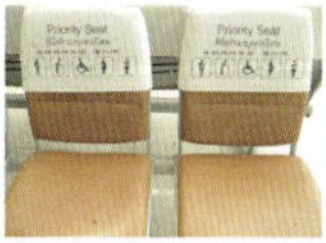

ที่นั่งสำรองสำหรับ พระภิกษุ - สามเณร
[thi:3 - nang3 - sam5 - ror:ng1 - sam5 - rap2 - phra4 - phik4 - su2 - sa:m5 ma1 ne:n1]
僧侣保留座

ที่นั่ง ข้างคนขับ
[thi:3 - nang3 kha:ng3 - khon1 - khap2]
副驾驶座

ที่นั่งริม หน้าต่าง
[thi:3 - nang3 - rim1 - na:3 - ta:ng2]
靠窗户的位置

ที่นั่งติด ทางเดิน
[thi:3 - nang3 - tid2 - tha:ng1 - doe:n1]
靠走道的位置

รางรถ
[ra:ng1 - rot4]
轨道

[车体]

หัวรถ
[hua:5 - rot4]
车头

ตู้รถ
[tu:3 - rot4]
车厢

ประตู
[pra1 - tu:1]
车门

ขบวนรถ
[kha2 bua:n1 - rot4]
列车

ตัวรถ
[tua:1 - rot4]
车身

ล้อ
[lor:4]
轮胎

[火车形式]

นายตรวจตั๋ว
[na:i1 - trua:t2 - tua:5]
验票员

รถนอน ชั้น 1 แอร์
[rot4 - nor:n1 - chan4 - nueng2 - ae:1]
有冷气的头等卧铺列车

รถนอน ชั้น 2 แอร์
[rot4 - nor:n1 - chan4 - sor:ng5 - ae:1]
有冷气的二等卧铺列车

รถนอนชั้น 2
[rot4 - nor:n1 - chan4 - sor:ng5]
无冷气的二等卧铺列车

รถไฟชั้น 2 แอร์
[rot4 - fai1 - chan4 - sor:ng5 - ae:1]
有冷气的二等列车

รถไฟชั้น 3
[rot4 - fai1 - chan4 - sa:m5]
无冷气的三等列车

รถไฟด่วน
[rot4 - fai1 - dua:n2]
快车

รถไฟด่วนพิเศษ
[rot4 - fai1 - dua:n2 - phi4 - se:t2]
特快车

รถไฟธรรมดา
[rot4 - fai1 - tham1 ma1 da:1]
普通列车

ขบวนรถท้องถิ่น
[kha2 bua:n1 - rot4 - thor:ng4 - thin2]
通勤列车

ขบวนรถเร็ว
[kha2 bua:n1 - rot4 - reo1]
普快列车

ขบวนรถชานเมือง
[kha2 bua:n1 - rot4 - cha:n1 - muea:ng1]
郊区列车

ขบวนรถท่องเที่ยว
[kha2 bua:n1 - rot4 - thor:ng3 - thia:o3]
观光列车

แอร์ / ปรับอากาศ
[ae:1] / [prap2 - a:1 - ka:t2]
冷气

[曼谷的巴士转运站]

ผู้โดยสาร
[phu:3 - do:i1 - sa:n5]
乘客

สถานีขนส่งสายใต้
[sa2 tha:5 - ni:1 - khon5 - song2 - sa:i5 - tai3]
南方线巴士转运站

สถานีขนส่งเอกมัย
[sa2 tha:5 - ni:1 - khon5 - song2 - e:k2 ka1 mai1]
东方线巴士转运站

สถานีขนส่งหมอชิตใหม่
[sa2 tha:5 - ni:1 - khon5 - song2 - mor:5 - chit4 - mai2]
新 MO CHIT 巴士转运站

♪ 195

单词

[马路相关]

ถนน
[tha2 non5]
马路

ทางม้าลาย
[tha:ng1 - ma:4 - la:i1]
斑马线

สะพานลอย
[sa2 - pha:n1 - lor:i1]
天桥

ทาง One-way
[tha:ng1 - wan1 - we:1]
单行道

สี่แยก
[si:2 - yae:k3]
十字路口

สามแยก
[sa:m5 - yae:k3]
三岔路口

ไฟเขียวไฟแดง
[fai1 - khia:o5
- fai1 - dae:ng1]
红绿灯

ไฟจราจร
[fai1 - ja1 ra:1 - jor:n1]
交通标志

ฟุตปาธ
[fut4 - pa:t2]
人行道

หัวมุมถนน
[hua:5 - mum1
- tha2 non5]
街角

ซอย
[sor:i1]
巷子

ปากซอย
[pa:k2 - sor:i1]
巷子口

เกาะกลางถนน
[kor2 - kla:ng1
- tha2 non5]
分隔岛

สะพานข้ามแยก
[sa2 pha:n1
- kha:m3 - yae:k3]
行车高架桥

ที่จอดรถ
[thi:3 - jor:t2 - rot4]
停车位

[乘车注意]

ห้ามรับประทานอาหารและเครื่องดื่ม
[ha:m3
- rap4 - pra1 - tha:n1
- a:1 - ha:n5 - lae1
- khruea:ng3 - due:m2]
禁止饮食

ประกาศ
[pra1 - ka:t2]
公告 / 广播

โฆษณา
[kho:1 sa2 na:1]
广告

ปิดเสียง
[pit2 - si:ang5]
静音

ห้ามดื่มสุรา
[ha:m3 - due:m2
- su2 - ra:1]
禁止饮酒

ห้ามสูบบุหรี่
[ha:m3
- su:p2 - bu1 - ri:2]
禁止吸烟

ห้ามถ่ายภาพ
[ha:m3
- tha:i2 - pha:p3]
禁止拍照 / 摄影

[方向]

หัวลูกศร
[hua:5 - lu:k3 - sor:n5]
箭头

หน้า
[na:3]
前

หลัง
[lang5]
后

ทิศทาง
[thit4 - tha:ng1]
方向

ซ้าย
[sa:i4]
左

ขวา
[khwa:5]
右

ทิศตะวันออก
[thit4 - ta1 - wan1 - or:k2]
东

ทิศเหนือ
[thit4 - nuea:5]
北

ทิศตะวันตก
[thit4 - ta1 - wan1 - tok2]
西

ทิศใต้
[thit4 - tai3]
南

[交通规则]

ห้ามคนผ่าน
[ha:m3 - khon1 - pha:n2]
禁止穿越

ห้ามเข้า
[ha:m3 - khao3]
禁止进入

หยุด
[yut2]
停车再开

กฎจราจร
[kot2 - ja1 ra:1 - jor:n1]
交通规则

จำกัดความเร็ว
[jam1 - kat2 - khwa:m1 - reo1]
时速限制

ระวังช้าง
[ra1 - wang1 - cha:ng4]
注意大象

ห้ามจอด
[ha:m3 - jor:t2]
请勿停车
（回转车用）

อุบัติเหตุ ข้างหน้า
[u1 - bat2 - ti2 - he:t2 - kha:ng3 - na:3]
前方有事故

ระวังรถไฟ
[ra1 - wang1 - rot4 - fai1]
注意！火车！

泰国各种大众交通的相关官方网站

曼谷的地铁与轻轨不断加开新站,最新情况都可以在官方网站上查询,如时间表、票价、路线、地图、出口等,且都有英语介绍。

轻轨 BTS

http://www.bts.co.th/customer/en/02-route-current_new.aspx

地铁 MRT

http://www.bangkokmetro.co.th/map.aspx?Lang=En&Menu=8

Airport Rail Link

http://www.srtet.co.th/index.php/en/

公交车

http://www.bmta.co.th/?q=en/bus-lines

出租车

★ 曼谷常用的叫出租车的电话号码

用当地的手机号，直接拨打以下的电话号码

1681

1661

0-2880-0888

0-2878-9000

建议提前15～30分钟打电话叫车，需另加20铢叫车费。

船

★ 昭披耶河快船

http://www.chaophrayaexpressboat.com/en/services/

★ 运河船

http://www.transitbangkok.com/cn/khlong_boats.html

小巴士

http://www.rottuthai.com/

大巴士

http://www.thaiticketmajor.com/bus/ttmbus/index.php?la=en

比较有规模的网站，且有英语界面。

搭乘交通工具的注意事项：

- 不可携带味道重的食物，例如榴梿、臭鱼。
- 优先礼让僧侣，然后是老弱妇孺。
- 在任何情况之下，女性都不能与僧侣有肢体碰触。
- 依序上下车，拉环、扶手要抓好抓稳。
- 请留意自己的行李与财物，即便是曼谷轻轨地铁车站内，监控的分布也有限。
- 较旧款的公交车，阶梯比较高，上下车请注意安全。

Chapter 8 紧急状况

出国，难免会有寄信、取钱、东西遗失、身体不适等状况，在异国无法用中文沟通的时候，掌握几句关键会话会非常有帮助。

ไม่รู้ไม่เป็นไร แต่ถ้ารู้ไว้จะช่วยได้เยอะ
[mai3 - ru:4 - mai3 - pen1 - rai1 - tae:2 - tha:3 - ru:4 - wai4 - ja1 - chuai3 - dai3 - yoe4]

不知道不要紧，
但知道的话就会帮上大忙。

换钱、取钱，一次搞定

换钱

| 请问哪里可以换钱？ | ไม่ทราบว่าที่ไหนแลกเงินได้บ้างคะ
[mai3 - sa:p3 - wa:3 - thi:3 - nai5 - lae:k3 - ngoe:n1 - dai3 - ba:ng3 - kha4] |

| 请问这里可以换钱吗？ | ไม่ทราบว่าที่นี่แลกเงินได้ไหมคะ
[mai3 - sa:p3 - wa:3 - thi:3 - ni:3 - lae:k3 - ngoe:n1 - dai3 - mai5 - kha4] |

| 你好，我想把这张旅行支票兑换成泰铢。 | สวัสดีค่ะ ฉันอยากแลกเช็คเดินทางเป็นเงินบาท
[sa2 wat2 di:1 kha3
chan5 - ya:k2 - lae:k3 - chek4 - doe:n1 - tha:ng1 - pen1 - ngoe:n1 - ba:t2] |

| 请问可以直接用人民币兑换成泰铢吗？ | ไม่ทราบว่าจะแลกเงินหยวนเป็นเงินบาทเลยได้ไหมคะ
[mai3 - sa:p3 - wa:3 - ja1 - lae:k3 - ngoe:n1 - yua:n5
pen1 - ngoe:n1 - ba:t2 - loe:i1 - dai3 - mai5 - kha4] |

| 可以，汇率是1人民币换4.95泰铢。 | ได้ค่ะ อัตราแลกเปลี่ยนอยู่ที่ 4.95 บาทต่อ 1 เงินหยวน
[dai3 - kha - at2 - tra:1 - lae:k3 - pli:an2 - yu:2 - thi:3
- nueng2 - jut2 - su:n5 - pae:t2 - ba:t2
- tor:2 - nueng2 - ngoe:n1 - yua:n5] |

| 可以，但是汇率要从美元换算。 | ได้ค่ะ แต่อัตราแลกเปลี่ยนต้องคิดจากดอลลาร์สหรัฐ(USD) นะคะ
[dai3 - kha - tae:2 - at2 - tra:1 - lae:k3 - pli:an2
- tor:ng3 - khit4 - ja:k2 - dor:n1 - la:3 - sa2 ha2 rat4
- na4 - kha4] |

| 请问您要换多少钱呢？ | คุณต้องการแลกเท่าไหร่คะ
[khun1 - tor:ng3 - ka:n1 - lae:k3 - thao3 - rai2 - kha4] |

不好意思，我们不收人民币。

ขอโทษด้วยนะคะ เราไม่ได้รับซื้อเงินหยวน
[khor:5 - tho:t3 - duai3 - na4 - kha4 rao1 - mai3 - dai3 - rap4 - sue:4 - ngoe:n1 - yua:n5]

你要换的泰铢，请问需要换成小额的钞票吗？

เงินที่คุณจะแลกต้องการแบงค์ย่อยด้วยไหมคะ
[ngoe:n1 - thi:3 - khun1 - ja1 - lae:k3 tor:ng3 - ka:n1 - bae:ng4 - yor:i3 - duai3 - mai5 - kha4]

我想要全部都是千元大钞。

ฉันขอแลกเป็นแบงค์พันทั้งหมดค่ะ
[chan5 - khor:5 - lae:k3 - pen1 - bae:ng4 - phan1 - thang4 - mot2 - kha3]

我想要一些小钞。

ฉันขอแบงค์ย่อยด้วยค่ะ
[chan5 - khor:5 - bae:ng4 - yor:i3 - duai3 - kha3]

请问有手续费吗？

ไม่ทราบว่ามีค่าธรรมเนียมหรือเปล่าคะ
[mai3 - sa:p3 - wa:3 - mi:1 - kha:3 - tham1 - ni:am1 - rue:5 - plao2 - kha4]

我想把 500 美元换成泰铢。

ฉันอยากแลก 500 ดอลล่าสหรัฐเป็นเงินบาท
[chan5 - ya:k2 - lae:k3 - ha:3 - ror:i4 - dor:n1 - la:3 - sa2 ha2 rat4 - pen1 - ngoe:n1 - ba:t2]

我想换 10 000 泰铢。

ฉันอยากซื้อเงินไทย 1 หมื่นบาท
[chan5 - ya:k2 - sue:4 - ngoe:n1 - thai1 - nueng2 - mue:n2 - ba:t2]

请问您要用什么币换呢？

ไม่ทราบลูกค้าต้องการแลกจากสกุลเงินอะไรคะ
[mai3 - sa:p3 - lu:k3 - kha:4 - tor:ng3 - ka:n1 - lae:k3 - ja:k2 - sa2 kun1 - ngoe:n1 - a1 - rai1 - kha4]

用人民币。

จากเงินหยวนค่ะ
[ja:k2 - ngoe:n1 - yua:n5 - kha3]

走吧！一起用泰语去旅行！

跨国提款

请问这台取款机有中文界面吗？	ไม่ทราบว่า ATM ตู้นี้ มีภาษาจีนไหมคะ [mai3 - sa:p3 - wa:3 - e:1 - thi:1 - em1 - tu:3 - ni:4 mi:1 - pha:1 - sa:5 - ji:n1 - mai5 - kha4]
泰国的取款机可以接受我这张卡提取泰铢吗？	ฉันใช้บัตรใบนี้ กดเงินที่ตู้ ATM ในเมืองไทยได้หรือเปล่าคะ [chan5 - chai4 - bat2 - bai1 - ni:4 kot2 - ngoe:n1 - thi:3 - tu:3 - e:1 - thi:1 - em1 - nai1 - muea:ng1 - thai1 - dai3 - rue:5 - plao2 - kha4]
请问手续费如何计算？	ไม่ทราบว่าค่าธรรมเนียมคิดยังไงหรอคะ [mai3 - sa:p3 - wa:3 - kha:3 - tham1 - ni:am1 - khit4 - yang1 - ngai1 - ror:5 - kha4]

汇款

（在门口取号码牌时）请问您要使用本行的什么服务呢？	คุณต้องการใช้บริการอะไรคะ [khun1 - tor:ng3 - ka:n1 - chai4 - bor:1 - ri1 - ka:n1 - a1 - rai1 - kha4]
我想汇款。	ฉันจะมาโอนเงินค่ะ [chan5 - ja1 - ma:1 - o:n1 - ngoe:n1 - kha3]
我想汇款到这个账户。	ฉันอยากโอนเงิน ไปที่บัญชีนี้ค่ะ [chan5 - ya:k2 - o:n1 - ngoe:n1 pai1 - thi:3 - ban1 - chi:1 - ni:4 - kha3]
需要填写汇款单吗？	ต้องเขียนใบโอนเงินไหมคะ [tor:ng3 - khi:an5 - bai1 - o:n1 - ngoe:n1 - mai5 - kha4]
请问汇款单在哪里呢？	ไม่ทราบว่าใบโอนเงินอยู่ตรงไหนหรอคะ [mai3 - sa:p3 - wa:3 - bai1 - o:n1 - ngoe:n1 - yu:2 - trong1 - nai5 - ror:5 - kha4]

不好意思，我不会写泰文，可以请你**帮我写**吗？	ขอโทษนะคะ ฉันเขียนภาษาไทยไม่เป็น รบกวนคุณ**ช่วยเขียน**ให้ได้ไหมคะ [khor:5 - tho:t3 - na4 - kha4 chan5 - khi:an5 - pha:1 - sa:5 - thai1 - mai3 - pen1 rob4 - kua:n1 - khun1 - chuai3 - khi:an5 - hai3 - dai3 - mai5 - kha4]
请问汇款有手续费吗？	โอนเงินมีค่าธรรมเนียมไหมคะ [o:n1 - ngoe:n1 - mi:1 - kha:3 - tham1 - ni:am1 - mai5 - kha4]
金额可以写成数字吗？	จำนวนเงินเขียนเป็นตัวเลขได้ไหมคะ [jam1 - nua:n1 - ngoe:n1 - khi:an5 - pen1 - tua:1 - le:k3 - dai3 - mai5 - kha4]
麻烦你帮我看一下，我有没有写对，谢谢你。	รบกวนคุณช่วยตรวจว่าฉันเขียนถูกหรือเปล่า ขอบคุณค่ะ [rob4 - kua:n1 - khun1 - chuai3 - trua:t2 - wa:3 - chan5 - khi:an5 - thu:k2 - rue:5 - plao2 khor:p2 - khun1 - kha3]
这张是汇款证明，感谢您使用本行的服务。	ใบนี้เป็นหลักฐานการโอนเงินค่ะ ขอบคุณที่ใช้บริการ [bai1 - ni:4 - pen1 - lak2 - tha:n5 - ka:n1 - o:n1 - ngoe:n1 - kha3 - khor:p2 - khun1 - thi:3 - chai4 - bor:1 ri1 ka:n1]

信用卡挂失

我的卡不见了，我要办理**卡片挂失**。	บัตรของฉันหาย ฉันอยากทำเรื่องอายัดบัตรค่ะ [bat2 - khor:ng5 - chan5 - ha:i5 chan5 - ya:k2 - tham1 - ruea:ng3 - a:1 - yat4 - bat2 - kha3]
请让我核对一下**卡片账户的信息**。	ขออนุญาติสอบถามข้อมูลผู้ถือบัตร [khor:5 - a1 nu4 ya:t3 - sor:p2 - tha:m5 - khor:3 - mu:n1 - phu:3 - thue:5 - bat2]

我泰语听力不太好，麻烦你说慢一点。

ช่วยพูดช้าๆ หน่อย
ฉันฟังภาษาไทยยังไม่คล่อง
[chuai3 - phu:t3 - cha:4 - cha:4 - nor:i2
- chan5 - fang1 - pha:1 - sa:5 - thai1 - yang1 - mai3 - khlo:ng3]

请问**卡片号码**或身份证号码是什么？

ขอทราบเลขที่บัตร
หรือเลขที่บัตรประชาชนด้วยค่ะ
[khor:5 - sa:p3 - le:k3 - thi:3 - bat2
rue:5 - le:k3 - thi:3 - bat2 - pra1 - cha:1 - chon1
- duai3 - kha3]

请问**卡片主人的名字**？

ขอทราบ**ชื่อผู้ถือบัตร**ด้วยค่ะ
[khor:5 - sa:p3 - chue:3 - phu:3 - thue:5 - bat2
- duai3 - kha3]

麻烦你**拼成**一个一个的英文字母。

รบกวนช่วยสะกดเป็นภาษาอังกฤษ
[rob4 - kua:n1 - chuai3 - sa2 - kot2
- pen1 - pha:1 - sa:5 - ang1 - krit2]

我**不记得**卡片的号码了。

ฉันจำเลขที่บัตรไม่ได้แล้วค่ะ
[chan5 - jam1 - le:k3 - thi:3 - bat2
- mai3 - dai3 - lae:o4 - kha3]

请问您的**生日**（日、月、年）。

ขอทราบวันเดือนปีเกิดด้วยค่ะ
[khor:5 - sa:p3 - wan1 - duea:n1 - pi:1 - koe:t2
- duai3 - kha3]

1980 年 2 月 26 日。

วันที่ 26 เดือนกุมภา ปี 1980 ค่ะ
[wan1 - thi:3 - yi:3 - sip2 - hok2
duea:n1 - kum1 - pha:1
pi:1 - nueng2 - kao3 - pae:t2 - su:n5 - kha3]

这张卡办过几张**附卡**呢？

บัตรใบนี้มี**บัตรเสริม**กี่ใบคะ
[bat2 - bai1 - ni:4 - mi:1 - bat2 - soe:m5
- ki:2 - bai1 - kha4]

这张卡片在哪个国家发卡的呢？

บัตรใบนี้ออกให้ที่ประเทศอะไรคะ
[bat2 - bai1 - ni:4 - or:k2 - hai3 - thi:3
- pra1 - the:t3 - a1 - rai1 - kha4]

是在中国发卡的。	ออกที่ไต้หวันค่ะ [or:k2 - thi:3 - tai3 - wan5 - kha3]
我可以申请办理新卡吗？这个星期我必须在泰国用现金。	ฉันขอทำบัตรใหม่ได้ไหมคะ อาทิตย์นี้ฉันต้องใช้เงินในเมืองไทย [chan5 - khor:5 - tham1 - bat2 - mai2 - dai3 - mai5 - kha4 a:1 - thit4 - ni:4 - chan5 - tor:ng3 - chai4 - ngoe:n1 - nai1 - muea:ng1 - thai1]
我应该怎么申请？	ฉันต้องทำเรื่องยังไงบ้างคะ [chan5 - tor:ng3 - tham1 - ruea:ng3 - yang1 - ngai1 - ba:ng3 - kha4]
信用卡挂失，需要酌收手续费。	การอายัดบัตรเครดิต มีค่าใช้จ่ายนะคะ [ka:n1 - a:1 - yat4 - bat2 - khre:1 - dit2 - mi:1 - kha:3 - chai4 - ja:i2 - na4 - kha4]
那这样，我先申请让这张卡停用。	ถ้าอย่างนั้น ฉันขอระงับการใช้งานของบัตรใบนี้ก่อน [tha:3 - ya:ng2 - nan4 - chan5 - khor:5 - ra1 - ngap4 - ka:n1 - chai4 - nga:n1 - khor:ng5 - bat2 - bai1 - ni:4 - kor:n2]

[信用卡资讯]

		หมายเลขบัตร [ma:i5 - le:k3 - bat2] 卡号
ชื่อผู้ถือบัตร [chue:3 - phu:3 - thue:5 - bat2] 持卡人名	ประเภทบัตร [pra1 - phe:t3 - bat2] 信用卡种类	วันหมดอายุ [wan1 - mot2 - a:1 - yu4] 有效期限
หมายเลขCVC [ma:i5 - le:k3 - si:1 - wi:1 - si:1] 信用卡安全码	ดอกเบี้ย [dor:k2 - bi:a3] 利息	ค่าธรรมเนียมรายปี [kha:3 - tham1 - ni:am1 - ra:i1 - pi:1] 年费
วงเงิน [wong1 - ngoe:n1] 信用额度	รูดบัตร [ru:t3 - bat2] 刷卡	ใบสลิปบัตรเครดิต [bai1 - sa2 lip4 - bat2 khre:1 dit2] 信用卡签单

单词

[银行]

ถอนเงิน
[thor:n5 - ngoe:n1]
取钱

แลกเงิน
[lae:k3 - ngoe:n1]
换钱

โอนเงิน
[o:n1 - ngoe:n1]
汇钱

เงินบาท
[ngoe:n1 - ba:t2]
泰铢

ค่าธรรมเนียม
[kha:3 - tham1 - ni:am1]
手续费

เช็คเดินทาง
[chek4 - doe:n1 - tha:ng1]
旅行支票

ใบโอนเงิน
[bai1 - o:n1 - ngoe:n1]
汇款单

แบงค์ย่อย
[bae:ng4 - yor:i3]
小钞

ดอลลาร์สหรัฐ
[dor:n1 - la:3 - sa2 ha2 rat4]
美元（USD）

เงินหยวน
[ngoe:n1 - yua:n5]
人民币（RMB）

อัตราแลกเปลี่ยน
[at2 - tra:1 - lae:k3 - pli:an2]
汇率

ธนาคาร
[tha2 na:1 kha:n1]
银行

แบงค์พัน
[bae:ng4 - phan1]
千元大钞

แบงค์ห้าร้อย
[bae:ng4 - ha:3 - ror:i4]
500 元钞票

แบงค์ร้อย
[bae:ng4 - ror:i4]
100 元钞票

สาขา
[sa:5 - kha:5]
分行

สำนักงานใหญ่
[sam5 - nak4 - nga:n1 - yai2]
总行

พนักงานธนาคาร / พนักงานแบงค์
[pha1 nak4 nga:n1 - tha1 na:1 kha:n1] / [pha1 nak4 nga:n1 - bae:ng4]
银行行员

แบงค์ห้าสิบ
[bae:ng4 - ha:3 - sip2]
50 元钞票

แบงค์ยี่สิบ
[bae:ng4 - yi:3 - sip2]
20 元钞票

ตู้ ATM [tu:3 - e:1 - thi:1 - em1] 自动取款机（ATM）	เครื่องฝากเงินสด [khruea:ng3 - fa:k2 - ngoe:n1 - sot2] 现金存款机（ADM）	เคาน์เตอร์ [khao4 - toe:3] 服务柜台	ถอนเงิน [thor:n5 - ngoe:n1] 取款
	ช่องบริการที่__ [chor:ng3 - bor:1 ri1 ka:n1 - thi:3 __] __号服务台	เครื่องกดบัตรคิว [khruea:ng3 - kot2 - bat2 - khio1] 号码牌机	ฝากเงิน [fa:k2 - ngoe:n1] 存款
เปิดบัญชี [poe:t2 - ban1 - chi:1] 开户	สมุดบัญชี [sa2 mut2 - ban1 - chi:1] 存折	เลขที่บัญชี [le:k3 - thi:3 - ban1 - chi:1] 账号	คงเหลือ [khong1 - luea:5] 结余
บัญชีเงินฝาก [ban1 - chi:1 - ngoe:n1 - fa:k2] 储蓄账户	ชื่อบัญชี [chue:3 - ban1 - chi:1] 账户名	ใบถอนเงิน [bai1 - thor:n5 - ngoe:n1] 提款单	ใบฝากเงิน [bai1 - fa:k2 - ngoe:n1] 存款单
บัตร VISA [bat2 - wi:1 - sa:3] VISA 卡	บัตร MASTER CARD [bat2 - ma:s4 - toe:3 - ka:t4] 万事达卡	บัตร JCB [bat2 - je:1 - si:1 - bi:1] JCB 卡	China unionPay [chai1 - na:3 - yu:1 - ni:an3 - phe:1] 中国银联卡
อายัดบัตร [a:1 - yat4 - bat2] 卡片挂失	เลขที่บัตร [le:k3 - thi:3 - bat2] 卡片号码	เลขที่บัตรประชาชน [le:k3 - thi:3 - bat2 - pra:1 - cha:1 - chon1] 身份证号	เลขที่หนังสือเดินทาง [le:k3 - thi:3 - nang5 - sue:5 - doe:n1 - tha:ng1] 护照号码
บัตร ATM [bat2 - e:1 - thi:1 - em1] 提款卡	บัตรเครดิต [bat2 - khre:1 - dit2] 信用卡	ใบสลิป ATM [bai1 - sa2 lip4 - e:1 - thi:1 - em1] 交易明细表	เลขที่พาสปอร์ต [le:k3 - thi:3 - pha:s4 - por:t2] 护照号码
บัตรเดบิต [bat2 - de:1 - bit2] 借记卡	บัตรเสริม [bat2 - soe:m5] 附卡	ผู้ถือบัตร [phu:3 - thue:5 - bat2] 持卡人	วันเดือนปีเกิด [wan1 - duea:n1 - pi:1 - koe:t2] 出生日、月、年

♪ 209

泰铢现金该如何安排

出国前必须准备一些现金在身上,以备不时之需。

如果办落地签证,除了签证费用 1 000 泰铢之外,海关可能还会要求检查你身上带的现金或旅行支票,一个人至少带 20 000 泰铢。

到了泰国,大家耳熟能详的换汇圣地就是 Super Rich,这里分绿色招牌和橘色招牌,两家汇率不同,兑换当天可以先查看一下汇率。机场和银行都有柜台可以换泰铢,汇率通常都比较高。如果要换的金额不多的话,其实去哪里换都相差不多。

橘色的 Super Rich

http://www.superrich1965.com/

绿色的 Super Rich

http://www.superrichthailand.com/

如果到 Super Rich 换汇,步骤会比到一般银行多一些,去换汇一定要带 护照。

1. 在门口领取号码牌
2. 准备好护照复印件,现场可复印,并在复印件上留下联系电话
3. 将护照正本、复印件、钱交给柜台
4. 柜台会将文件给你确认,确认信息和金额无误后签名,并再给你一次号码牌
5. 到另一边柜台等叫号,领取兑换的现金
6. 离开柜台前确认无误后,请将现金与护照妥善收好

到泰国用取款机取钱

行前准备
出国前与银行的客服确认,你的银行卡或信用卡是否可以在国外提取现金,以及确认相关的汇率、手续费用如何计算、设定好跨国取款密码,以及如果在当地遗失卡片的话,是否有当地的银行可以接受挂失。

确认类型
到泰国当地后,只要该取款机上有着和卡片背面一样的图案,代表这台自动取款机可以接受国外的卡片提款。

目前泰国最普及的信用卡类型是 VISA 与万事达,其次是银联。

Matyas Rehak / Shutterstock.com

提款
泰国的自动取款机的预设语言是泰文,现在很多银行推出具有中文界面的自动取款机,可以在自动取款机上辨识是否有"银联"的图样,如果有的话,便可以在自动取款机上找到"中文"服务的按钮。

注意事项
千万注意假自动取款机盗取卡片信息,尽量避免使用"可移动"的自动取款机,如放置在大卖场的入口处的自动取款机;镶在墙壁内的自动取款机,不能随意乱搬动的,会比较安全。

寄信和纪念品回家

买了东西,想寄点东西回家或寄给朋友。

寄信和明信片

请问这里可以**寄明信片**吗?	ที่นี่ส่งโปสการ์ดได้ไหมคะ [thi:3 - ni:3 - song2 - po:s4 - ka:t4 - dai3 - mai5 - kha4]
请问你有**代寄**明信片的服务吗?	คุณมีบริการรับฝากส่งโปสการ์ดไหมคะ [khun1 - mi:1 - bor:1 - ri1 - ka:n1 - rap4 - fa:k2 - song2 - po:s4 - ka:t4 - mai5 - kha4]
邮费和代寄费总共多少钱呢?	ค่าแสตมป์รวมค่าฝากส่งเป็นเงินเท่าไหร่คะ [kha:3 - sa2 tae:m1 - rua:m1 - kha:3 - fa:k2 - song2 - pen1 - ngoe:n1 - thao3 - rai2 - kha4]
寄明信片到香港,请问要贴多少钱的邮票呢?	ส่งโปสการ์ดไปฮ่องกง ต้องติดแสตมป์กี่บาทคะ [song2 - po:s4 - ka:t4 - pai1 - hor:ng3 - kong1 - tor:ng3 - tit2 - sa2 tae:m1 - ki:2 - ba:t2 - kha4]
寄明信片到香港,请问加上邮资总共多少钱呢?	ส่งโปสการ์ดไปฮ่องกง รวมค่าแสตมป์แล้วกี่บาทคะ [song2 - po:s4 - ka:t4 - pai1 - hor:ng3 - kong1 - rua:m1 - kha:3 – sa2 tae:m1 - lae:o4 - ki:2 - ba:t2 - kha4]
我想买 50 铢的邮票。	ฉันอยากได้แสตมป์ 50 บาท [chan5 - ya:k2 - dai3 - sa2 tae:m1 - ha:3 - sip2 - ba:t2]
我想要 10 张 5 铢的邮票。	ฉันอยากได้แสตมป์ 5 บาท 10 ดวง [chan5 - ya:k2 - dai3 - sa2 tae:m1 - ha:3 - ba:t2 - sip2 - dua:ng1]
我想要 5 铢和 10 铢邮票各 2 张。	ฉันอยากได้แสตมป์ 5 บาทกับ 10 บาท อย่างละ 2 ดวง [chan5 - ya:k2 - dai3 - sa2 tae:m1 - ha:3 - ba:t2 - kap2 - sip2 - ba:t2 - ya:ng2 - la1 –sor:ng5 - dua:ng1]

贴上足额的邮票，就可以直接投入邮筒了。	ติดแสตมป์ให้ครบค่าส่งแล้วก็หย่อนลงตู้ได้เลยค่ะ [tit2 - sa2 tae:m1 - hai3 - khrop4 - kha:3 - song2 - lae:o4 - kor:3 - yor:n2 - long1 - tu:3 - dai3 - loe:i1 - kha3]
我想寄信到香港。	ฉันจะส่งจดหมายไปฮ่องกงค่ะ [chan5 - ja1 - song2 - jot2 - ma:i5 - pai1 - hor:ng3 - kong1 - kha3]
请问要寄一般的航空邮件，还是 **EMS** 国际快件呢？	จะส่งจดหมายทางแอร์ หรือ EMS คะ [ja1 - song2 - jot2 - ma:i5 - tha:ng1 - ae:1 - rue:5 - i:1 - em1 - e:s4 - kha4]
麻烦你填上**联系电话**。	รบกวนเขียนเบอร์โทรติดต่อด้วยนะคะ [rop4 - kua:n1 - khi:an5 - boe:1 - tho:1 - tit2 - tor:2 - duai3 - na4 - kha4]
我想寄明信片，请问要给你多少钱呢？	ฉันอยากจะฝากส่งโปสการ์ดต้องจ่ายคุณเท่าไหร่คะ [chan5 - ya:k2 - ja1 - fa:k2 - song2 - po:s4 - ka:t4 - tor:ng3 - ja:i2 - khun1 - thao3 - rai2 - kha4]
请清楚填写收件地址和邮递区号。	เขียนที่อยู่ปลายทางและรหัสไปรษณีย์ให้ชัดเจน [khi:an5 - thi:3 - yu:2 - pla:i1 - tha:ng1 - lae4 - ra1 hat2 - prai1 sa2 ni:1 - hai3 - chat4 - je:n1]

寄包裹

我想**寄包裹**到清迈。	ฉันจะส่งพัสดุไปเชียงใหม่ค่ะ [chan5 - ja1 - song2 - phat4 sa2 du2 - pai1 - chi:ang1 - mai2 - kha3]
请问你卖纸箱吗？我想寄这些东西。	คุณมีกล่องขายไหมคะ ฉันจะส่งของพวกนี้ [khun1 - mi:1 - klor:ng2 - kha:i5 - mai5 - kha4 chan5 - ja1 - song2 - khor:ng5 - phua:k3 - ni:4]

走吧！一起用泰语去旅行！

请问你卖包裹的包装纸吗？	คุณมีกระดาษห่อพัสดุขายไหมคะ [khun1 - mi:1 - kra1 - da:t2 - hor:2 - phat4 sa2 du2 - kha:i5 - mai5 - kha4]
包装费用20铢。	ค่าห่อ 20 บาทค่ะ [kha:3 - hor:2 - yi:3 - sip2 - ba:t2 - kha3]
纸箱25铢。	ค่ากล่อง 25 บาทค่ะ [kha:3 - klor:ng2 - yi:3 - sip2 - ha:3 - ba:t2 - kha3]
这里不卖，你到隔壁店家问问看。	ที่นี่ไม่มีขายนะคะ คุณลองถามร้านข้างๆดู [thi:3 - ni:3 - mai3 - mi:1 - kha:i5 - na4 - kha4 - khun1 - lor:ng1 - tha:m5 - ra:n4 - kha:ng3 - kha:ng3 - du:1]
我想寄挂号的。	ฉันจะส่งแบบลงทะเบียนค่ะ [chan5 - ja1 - song2 - bae:p2 - long1 - tha1 - bi:an1 - kha3]
大约哪一天会到目的地呢？	ถึงปลายทางประมาณวันไหนคะ [thueng5 - pla:i1 - tha:ng1 - pra1 - ma:n1 - wan1 - nai5 - kha4]
寄空运大约几天会到呢？	ส่งทางแอร์ประมานกี่วันถึงคะ [song2 - tha:ng1 - ae:1 - pra1 - ma:n1 - ki:2 - wan1 - thueng5 - kha4]
包裹的邮资要照重量计算是吗？	ค่าส่งพัสดุต้องคิดตามน้ำหนักใช่ไหมคะ [kha:3 - song2 - phat4 sa2 du2 - tor:ng3 - khit4 - ta:m1 - nam4 - nak2 - chai3 - mai5 - kha4]
这一箱的运费，可以请你帮我估算一下，大概多少钱吗？	ค่าส่งพัสดุกล่องนี้ ช่วยคิดคราวๆให้หน่อยได้ไหมคะ ว่าประมานเท่าไหร่ [kha:3 - song2 - phat4 sa2 du2 - klor:ng2 - ni:4 - chuai3 - khit4 - khra:o3 - khra:o3 - hai3 - nor:i2 - dai3 - mai5 - kha4 wa:3 - pra1 - ma:n1 - thao3 - rai2]
我想寄EMS到普吉。	ฉันอยากส่ง EMS ไปภูเก็ตค่ะ [chan5 - ya:k2 - song2 - i:1 - em1 - e:s4 - pai1 - phu:1 - ket2 - kha3]

| 寄一般的邮件，不用挂号。 | ส่งแบบธรรมดา ไม่ต้องลงทะเบียน
[song2 - bae:p2 - tham1 ma1 da:1 - mai3 - tor:ng3 - long1 - tha1 - bi:an1] |
|---|---|
| 里面没有禁止寄送的物品。 | ข้างในไม่มีสิ่งของต้องห้ามนะคะ
[kha:ng3 - nai1 - mai3 - mi:1 - sing2 - khor:ng5 - tor:ng3 - ha:m3 - na4 - kha4] |

[寄件相关单词]

ส่ง~
[song2]
寄~

ส่งไป~
[song2 - pai1]
寄到~

จ่าหน้า
[ja:2 - na:3]
填写收件人资料

ติดแสตมป์
[tit2 - sa2 tae:m1]
贴邮票

ปิดผนึก
[pit2 - pha2 nuek2]
将信封袋或包装粘贴好

มัดเชือก
[mat4 - chuea:k3]
绑绳子

ชั่งน้ำหนัก
[chang3 - nam4 - nak2]
称重量

单词

[邮局]

| โปสการ์ด / ไปรษณียบัตร [po:s4 - ka:t4] / [prai1 sa2 ni:1 ya1 bat2] 明信片 | จดหมาย [jot2 - ma:i5] 信 | พัสดุ [phat4 sa2 du2] 包裹 |

ไปรษณีย์
[prai1 sa2 ni:1]
邮局

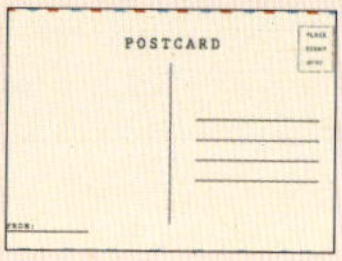

ไปรษณีย์กลาง
[prai1 sa2 ni:1 - kla:ng1]
中央邮局

ในประเทศ
[nai1 - pra1 the:t3]
国内

ระหว่างประเทศ
[ra4 - wa:ng2 - pra1 the:t3]
跨国、国际

สิ่งพิมพ์
[sing2 - phim1]
印刷物

ไปรษณีย์ย่อย
[prai1 sa2 ni:1 - yor:i3]
邮局分局

เบอร์โทรติดต่อ
[boe:1 - tho:1 - tit2 - tor:2]
联系电话

อัตราค่าส่ง
[at2 - tra:1 - kha:3 - song2]
邮寄资费

ตู้ไปรษณีย์
[tu:3 - prai1 sa2 ni:1]
邮筒

ชื่อผู้ส่ง
[chue:3 - phu:3 - song2]
寄件人名

ที่อยู่ผู้ส่ง
[thi:3 - yu:2 - phu:3 - song2]
寄件人地址

ผู้ส่ง
[phu:3 - song2]
寄件人

ชื่อผู้รับ
[chue:3 - phu:3 - rap4]
收件人名

ที่อยู่ผู้รับ
[thi:3 - yu:2 - phu:3 - rap4]
收件人地址

ผู้รับ
[phu:3 - rap4]
收件人

บุรุษไปรษณีย์
[bu1 - rut2 - prai1 sa2 ni:1]
邮递员

ลงทะเบียน
[long1 - tha1 - bi:an1]
挂号

ทางแอร์
[tha:ng1 - ae:1]
空运

ทางเรือ
[tha:ng1 - ruea:1]
海运

รหัสไปรษณีย์
[ra1 hat2 - prai1 sa2 ni:1]
邮递区号

♪ 216

แสตมป์ [sa2 tae:m1] 邮票	EMS [i:1 - em1 - e:s4] EMS 快递邮件	ของแตกง่าย [khor:ng5 - tae:k2 - nga:i3] 易碎品	ค่าประกันสินค้า [kha:3 - pra1 - kan1 - sin5 - kha:4] 保险费
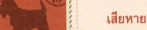	เสียหาย [si:a5 - ha:i5] 损坏	สูญหาย [su:n5 - ha:i5] 遗失	หุ้มห่อ / แพค [hum3 - hor:2] / [phae:k4] 包装
หนังสือพิมพ์ [nang5 - sue:5 - phim1] 报纸	เชือกมัด [chuea:k3 - mat4] 绑绳	วัสดุกันกระแทก [wat4 sa2 du2 - kan1 - kra1 - thae:k3] 防震材料	ซองกันกระแทก [sor:ng1 - kan1 - kra1 - thae:k3] 防震信封袋
บัตรคิว [bat2 - khio1] 号码牌	รอคิว [ror:1 - khio1] 等候排队		
ตาชั่ง / เครื่องชั่ง [ta:1 - chang3] / [khruea:ng3 - chang3] 称重机	เทปกาว [the:p4 - ka:o1] 胶带	ซองจดหมาย [sor:ng1 - jot2 - ma:i5] 信封	กล่องกระดาษ [klor:ng2 - kra1 - da:d2] 纸箱

สถานะการส่ง [sa2 tha:5 na4 - ka:n1 - song2] 寄送追踪查询	Tracking Number [thrae:k2 - king3 - nam1 - boe:1] 货件追踪号码	รับของถึงที่ [rap4 - khor:ng5 - thueng5 - thi:3] 收件	กระดาษห่อ [kra1 - da:t2 - hor:2] 包装纸

泰国邮寄包裹

泰国的邮局分为国有和民营代办，百货公司内开设的邮局都是民营的，属于代收服务，费用会比较高，但是按照百货公司营业时间上下班，非常方便。

如果怕包裹内的东西在邮寄过程中摔坏的话，建议在包装上花多一点的心思防震，或利用邮局提供的包装服务。寄东西也可以选择快递公司，如 DHL 或 UPS。

泰国邮局禁止寄送以下九种东西：

活体动物或昆虫

毒品

色情刊物或物品

爆裂物

易燃物

利器

污秽物或有毒物

现金

违法仿冒品

依据《万国邮政公约》的规定，禁止邮寄的物品：锐利金属、贵重物品、寄达国禁止进口的物品、动物、猥亵物品、危险物品、麻醉药品类、其他禁寄物品。

航空邮件撰写格式

邮件信封

名字和地址最好全部用英文填写，至少保证人名、城市、国家要用英文书写。无论寄国内还是寄国际，邮政区号都必填。

```
✈ BY AIR MAIL

From
Jingven
No.95, Ramintra Rd.
Bangkhen Dist., Bangkok
Thailand 10220

                To
                DAVID YOU
                No. 70, Zhongguancun Rd., Haidian
                Dist.,
                Beijing China
                (100080)
```

明信片

如果要写上寄件人的信息，请加注 TO 和 FROM，且寄件人的信息写小一点，避免邮递员误会。

```
POSTCARD                          PLACE
                                  STAMP
                                  HERE

              DAVID YOU
              北京市海淀区中关村大街
              70 号
              (100080)

FROM:
```

应对特殊情况

东西丢失

哎？我的包**不见了**。	**เฮ้ย กระเป๋าฉันหาย** [hoe:i3 - kra1 - pao5 - chan5 - ha:i5]
我把相机忘在客车上了。	ฉันลืมกล้องไว้บนรถทัวร์ [chan5 - lue:m1 - klor:ng3 - wai4 - bon1 - rot4 - thua:1]
我觉得我好像在餐厅里掉了钱包。	ฉันว่าฉันทำกระเป๋าสตางค์หล่นไว้ที่ร้านอาหาร [chan5 - wa:3 - chan5 - tham1 - kra1 - pao5 - sa2 ta:ng1 - lon2 - wai4 - thi:3 - ra:n4 - a:1 - ha:n5]
糟糕，我把袋子忘在轻轨上了。	**แย่แล้ว ฉันลืมถุงไว้บนรถไฟฟ้า** [yae:3 - lae:o4 - chan5 - lue:m1 - thung5 - wai4 - bon1 - rot4 - fai1 - fa:4]
请问有人看到我的**手机**吗？	**มีคนเห็นมือถือฉันไหมคะ** [mi:1 - khon1 - hen5 - mue:1 - thue:5 - chan5 - mai5 - kha4]
请问看到一个黑色背包吗？	ไม่ทราบว่าคุณเห็นเป้สีดำไหมคะ [mai3 - sa:p3 - wa:3 - khun1 - hen5 - pe:3 - si:5 - dam1 - mai5 - kha4]
请问有人捡到我的佳能相机吗？	ไม่ทราบว่ามีคนเก็บกล้อง CANON ได้หรือเปล่าคะ [mai3 - sa:p3 - wa:3 - mi:1 - khon1 - kep2 - klor:ng3 - khae:n1 - nor:n3 - dai3 - rue:5 - plao2 - kha4]
请先留下联系方式，如果有人发现失物，我就会联系你。	คุณเขียนเบอร์ติดต่อไว้ก่อนนะ ถ้ามีใครเจอของหาย ฉันจะติดต่อกลับไป [khun1 - khi:an5 - boe:1 - tit2 - tor:2 - wai4 - kor:n2 - na4 - tha:3 - mi:1 - khrai1 - joe:1 - khor:ng5 - ha:i5 - chan5 - ja1 - tit2 - tor:2 - klap2 - pai1]

遭到盗窃

我的钱包**被偷了**，我确定我是放在这里的。	กระเป๋าสตางค์ฉัน**โดนล้วง**ไป ฉันแน่ใจว่าฉันไว้ในนี้นะคะ [kra1 - pao5 - sa2 ta:ng1 - chan5 - do:n1 - lua:ng4 - pai1 - chan5 - nae:3 - jai1 - wa:3 - chan5 - wai4 - nai1 - ni:4 - na4 - kha4]
我的包被割破了，钱包和**手机**不见了。	ฉันโดนกรีดกระเป๋า กระเป๋าสตางค์กับ**มือถือ**หายไป [chan5 - do:n1 - kri:t2 - kra1 - pao5 - kra1 - pao5 - sa2 ta:ng1 - kap2 - mue:1 - thue:5 - ha:i5 - pai1]
我的护照不见了，怎么办？	พาสปอร์ตฉันหายไป ทำยังไงดี [pha:s4 - por:t2 - chan5 - ha:i5 - pai1 - tham1 - yang1 - ngai1 - di:1]
我要去哪里办**紧急护照**呢？	ฉันต้องไปทำพาสปอร์ตฉุกเฉินที่ไหนคะ [chan5 - tor:ng3 - pai1 - tham1 - pha:s4 - por:t2 - chuk2 - choe:n5 - thi:3 - nai5 - kha4]
请问你来自哪个国家呢？	ไม่ทราบว่าคุณมาจากประเทศอะไรคะ [mai3 - sa:p3 - wa:3 - khun1 - ma:1 - ja:k2 - pra1 - the:t3 - a1 - rai1 - kha4]
我要**报案**，有东西不见了。	ฉันจะ**แจ้งความ**ของหายค่ะ [chan5 - ja1 - jae:ng3 - khwa:m1 - khor:ng5 - ha:i5 - kha3]
有人趁我们不在时，偷偷进入房间。	มีคนเข้าไปในห้องฉัน ตอนที่ฉันไม่อยู่ค่ะ [mi:1 - khon1 - khao3 - pai1 - nai1 - hor:ng3 - chan5 - tor:n1 - thi:3 - chan5 - mai3 - yu:2 - kha3]
房间的门锁**被撬开**了。	ประตูห้อง**โดนงัด**ค่ะ [pra1 - tu:1 - hor:ng3 - do:n1 - ngat4 - kha3]
警察先生，我**被打劫**了。	คุณตำรวจคะ ฉัน**โดนจี้ชิงทรัพย์**ค่ะ [khun1 - tam1 - rua:t2 - kha4 - chan5 - do:n1 - ji:3 - ching1 - sap4 - kha3]

♪ 221

走吧！一起用泰语去旅行！

发生意外

在过马路时，被汽车撞到了。	ตอนฉันข้ามถนน มีรถยนต์คันนึงมาเฉี่ยวเข้า [tor:n1 - chan5 - kha:m3 - tha2 non5 - mi:1 - rot4 - yon1 - khan1 - nueng1 - ma:1 - chia:o2 - khao3]
被水蓝色的自行车撞到了。	โดนจักรยานสีฟ้าชน [do:n1 - jak2 ka1 ya:n1 - si:5 - fa:4 - chon1]
请帮我打电话叫救护车。	ช่วยโทรเรียกรถพยาบาลให้ที่ค่ะ [chuai3 - tho:1 - ri:ak3 - rot4 - pha1 ya:1 ba:n1 - hai3 - thi:1 - kha3]
请帮我叫警察。	ช่วยโทรแจ้งตำรวจให้หน่อยค่ะ [chuai3 - tho:1 - jae:ng3 - tam1 - rua:t2 - hai3 - nor:i2 - kha3]
你情况还好吗？有哪里疼吗？	คุณเป็นอะไรมากไหม เจ็บตรงไหนบ้าง [khun1 - pen1 - a1 - rai1 - ma:k3 - mai5 jep2 - trong1 - nai5 - ba:ng3]
我的手臂很疼。	แขนฉันเจ็บมาก [khae:n5 - chan5 - jep2 - ma:k3]
我的脚无法走路。	ขาฉันเดินไม่ได้ [kha:5 - chan5 - doe:n1 - mai3 - dai3]

生病就医

我生病了。	ฉันรู้สึกไม่สบาย [chan5 - ru:4 - suek2 - mai3 - sa2 ba:i1]
我觉得肌肉酸痛、四肢无力。	ฉันรู้สึกครั่นเนื้อครั่นตัว ไม่มีแรง [chan5 - ru:4 - suek2 - khran3 - nuea:4 - khran3 - tua:1 - mai3 - mi:1 - rae:ng1]

我从昨天拉肚子到现在。	ฉันท้องเสียตั้งแต่เมื่อคืน ตอนนี้ก็ยังไม่หาย [chan5 - thor:ng4 - si:a5 - tang3 - tae:2 - muea:3 - khue:n1 - tor:n1 - ni:4 - kor:3 - yang1 - mai3 - ha:i5]
请问你对什么过敏吗?	คุณมีอาการแพ้อะไรไหม [khun1 - mi:1 - a:1 - ka:n1 - phae:4 - a1 - rai1 - mai5]
我对虾过敏。	ฉันแพ้กุ้งค่ะ [chan5 - phae:4 - gung3 - kha3]
我也不知道碰到什么，但是这边非常刺痛。	ฉันก็ไม่รู้ว่าโดนอะไร แต่ตรงนี้แสบมากเลยค่ะ [chan5 - kor:3 - mai3 - ru:4 - wa:3 - do:n1 - a1 - rai1 - tae:2 - trong1 - ni:4 - sae:p2 - ma:k3 - loe:i1 - kha3]
我的血型是O型。	เลือดของฉันกรุ๊ป O ค่ะ [luea:t3 - khor:ng5 - chan5 - krup4 - o:1 - kha3]
我被热水烫伤了。	ฉันโดนน้ำร้อนลวกค่ะ [chan5 - do:n1 - nam4 - ror:n4 - lua:k3 - kha3]
我需要住院治疗吗?	ฉันต้องนอนโรงพยาบาลหรือเปล่าคะ [chan5 - tor:ng3 - nor:n1 - ro:ng1 - pha1 ya:1 ba:n1 - rue:5 - plao2 - kha4]
（医生）我要先对你抽血检查。	หมอขอเจาะเลือดคุณตรวจดูก่อนนะคะ [mor:5 - khor:5 - jor2 - luea:t3 - khun1 - trua:t2 - du:1 - kor:n2 - na4 - kha4]
（医生）我建议先住院一个晚上，为了观察情况。	หมอแนะนำให้นอนโรงพยาบาลคืนนึง เพื่อดูอาการก่อนค่ะ [mor:5 - nae4 - nam1 - hai3 - nor:n1 - ro:ng1 - pha1 ya:1 ba:n1 - khue:n1 - nueng1 - phuea:3 - du:1 - a:1 - ka:n1 - kor:n2 - kha3]

走吧！一起用泰语去旅行！

现在你的状况，只要休息一下，等着**吊完点滴**就好了。

อาการอย่างนี้ นอนพักสักครู่ รอให้น้ำเกลือก็พอค่ะ

[a:1 - ka:n1 - ya:ng2 - ni:4 - nor:n1 - phak4 - sak2 - kru:3 - ror:1 - hai3 - nam4 - kluea:1 - kor:3 - phor:1 - kha3]

可以麻烦医生帮我开**诊断证明**吗？

รบกวนคุณหมอช่วยออกใบรับรองแพทย์ให้ได้ไหมคะ

[rop4 - kua:n1 - khun1 - mor:5 - chuai3 - or:k2 - bai1 - rap4 - ror:ng1 - phae:t3 - hai3 - dai3 - mai5 - kha4]

可以请你开所有文件，包括诊断证明和**收据**的时候，全都用英文吗？

ช่วยออกเอกสารทั้งหมด รวมใบรับรองแพทย์และใบเสร็จ เป็นภาษาอังกฤษให้ได้ไหมคะ

[chuai3 - or:k2 - e:k2 ka1 sa:n5 - thang4 - mot2 - rua:m1 - bai1 - rap4 - ror:ng1 - phae:t3 - lae4 - bai1 - set2 - pen1 - pha:1 - sa:5 - ang1 - krit2 - hai3 - dai3 - mai5 - kha4]

请问医疗费会很贵吗？

ค่ารักษาแพงมากไหมคะ

[kha:3 - rak4 - sa:5 - phae:ng1 - ma:k3 - mai5 - kha4]

我想要**感冒药**。

ฉันขอยาแก้หวัดค่ะ

[chan5 - khor:5 - ya:1 - kae:3 - wat2 - kha3]

请问你对什么药物过敏吗？

แพ้ยาอะไรไหมคะ

[phae:4 - ya:1 - a1 - rai1 - mai5 - kha4]

请问你有什么**慢性疾病**吗？

มีโรคประจำตัวไหมคะ

[mi:1 - ro:k3 - pra1 - jam1 - tua:1 - mai5 - kha4]

请问这个药吃了会想睡觉吗？

ยานี้ทานแล้วง่วงไหมคะ

[ya:1 - ni:4 - tha:n1 - lae:o4 - ngua:ng3 - mai5 - kha4]

我这里痒，请问有止痒的药膏吗？	ฉันคันตรงนี้ มียาทาแก้คันไหมคะ [chan5 - khan1 - trong1 - ni:4 - mi:1 - ya:1 - tha:1 - kae:3 - khan1 - mai5 - kha4]
我喉咙疼，但是没有咳嗽，没有痰。	ฉันเจ็บคอ แต่ไม่ได้ไอ ไม่มีเสมหะ [chan5 - jep2 - khor:1 - tae:2 - mai3 - dai3 - ai1 - mai1 - mi:1 - se:m5 ha2]
你要药剂师帮你抓药吗？	คุณจะเอาเป็นยาชุดไหม [khun1 - ja1 - ao1 - pen1 - ya:1 - chut4 - mai5]
请给我一般的药品就好了。	ฉันขอเป็นยาสามัญทั่วไปดีกว่าค่ะ [chan5 - khor:5 - pen1 - ya:1 - sa:5 - man1 - thu:a3 - pai1 - di:1 - kwa:2 - kha3]

打电话

请问这附近有公共电话吗？	แถวนี้มีตู้โทรศัพท์ไหมคะ [thae:o5 - ni:4 - mi:1 - tu:3 - tho:1 ra1 sap2 - mai5 - kha4]
如果要打电话，请问要怎么拨号呢？	ถ้าจะโทรไปไต้หวัน ต้องกดเบอร์อะไรคะ [tha:3 - ja1 - tho:1 - pai1 - tai3 - wan5 - tor:ng3 - kot2 - boe:1 - a1 - rai1 - kha4]
我想打电话让对方付费，请问要怎么打呢？	ฉันจะโทรแบบเรียกเก็บเงินปลายทาง ต้องกดยังไงหรอคะ [chan5 - ja1 - tho:1 - bae:p2 - ria:k3 - kep2 - ngoe:n1 - pla:i1 - tha:ng1 - tor:ng3 - kot2 - yang1 - ngai1 - ror:5 - kha4]

♪ 225

句型

请问有看到_____吗?
ไม่ทราบว่ามีคนเห็น _____ ไหมคะ
[mai3 - sa:p3 - wa:3 - mi:1 - khon1 - hen5 _____ mai5 - kha4]

กระเป๋าสตางค์
[kra1 - pao5 - sa2 ta:ng1]
皮夹 / 钱包

กระเป๋าโน๊ตบุ๊ค
[kra1 - pao5 - no:t4 - buk4]
电脑包

เป้
[pe:3]
后背包

กระเป๋าสะพาย
[kra1 - pao5 - sa2 - pha:i1]
肩背包

กระเป๋าถือ
[kra1 - pao5 - thue:5]
手提包

กระเป๋าเดินทาง
[kra1 - pao5 - doe:n1 - tha:ng1]
行李箱

กล้องถ่ายรูป / กล้อง
[klor:ng3 - tha:i2 - ru:p3] / [klor:ng3]
相机

มือถือ
[mue:1 - thue:5]
手机

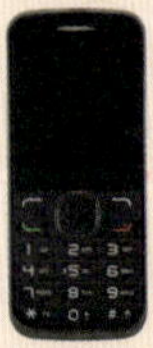

SMART PHONE
[sa2 ma:t4 - fo:n1]
智能手机

Tablet
[thae:p4 - let2]
平板电脑

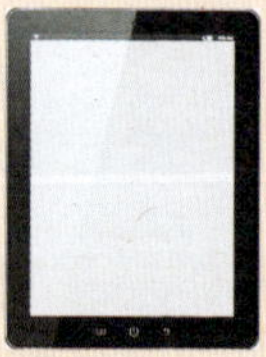

เครื่องเล่น MP3
[khruea:ng3 - le:n3 - em1 - phi:1 - sa:m5]
MP3 播放器

หนังสือเดินทาง / พาสปอร์ต
[nang5 - sue:5 - doe:n1 -tha:ng1] / [pha:s4 - por:t2]
护照

สมุดจด
[sa2 mut2 - jot2]
笔记本

บัตรเครดิต
[bat2 - khre:1 - dit2]
信用卡

สร้อยข้อมือ
[sor:i3 - khor:3 - mue:1]
手链

เช็คเดินทาง
[chek4 - doe:n1 - tha:ng1]
旅行支票

[紧急状况]

[紧急状况]	สถานีตำรวจ [sa2 tha:5 ni:1 - tam1 - rua:t2] 警察局	โรงพัก [ro:ng1 - phak4] 派出所	ตำรวจ [tam1 - rua:t2] 警察
แจ้งความ [jae:ng3 - khwa:m1] 报案	ห้องคุก / ห้องควบคุม [hor:ng3 - khuk4] / [hor:ng3 - khua:p3 - khum1] 拘留所	ชี้ตัว [chi:4 - tua:1] 指认	ผู้ต้องหา [phu:3 - tor:ng3 - ha:5] 嫌犯
ทำบันทึกประจำวัน [tham1 - ban1 - thuek4 - pra1 - jam1 - wan1] 备案	ฟ้องร้อง [for:ng4 - ror:ng4] 提告	คนร้าย [khon1 - ra:i4] 犯罪者	ขโมย [kha2 - mo:i1] 窃贼
หาย [ha:i5] 不见了	โดนขโมย [do:n1 - kha2 - mo:i1] 被窃盗	โดนล้วง [do:n1 - lua:ng4] 被扒	โดนฉุด [do:n1 - chut2] 被抢
โดนกรีด [do:n1 - kri:t2] 被割	โดนชน [do:n1 - chon1] 被撞（迎面）	โดนเฉี่ยว [do:n1 - chia:o2] 被撞	ฉุกเฉิน [chuk2 - choe:n5] 紧急

[医院]

[医院]	โรงพยาบาล [ro:ng1 - pha1 ya:1 ba:n1] 医院	รถพยาบาล [rot4 - pha1 ya:1 ba:n1] 救护车	ชั่วคราว [chua:3 - khra:o1] 临时
ร้านขายยา [ra:n4 - kha:i5 - ya:1] 药店			นอนโรงพยาบาล / แอ็ดมิท [nor:n1 - ro:ng1 - pha1 ya:1 ba:n1] / [ae:t4 - mit4] 住院
ห้องฉุกเฉิน [hor:ng3 - chuk2 - choe:n5] 急诊室	ยาOO [ya:1 OO] OO药	เภสัชกร [phe:1 - sat2 cha1 - kor:n1] 药剂师	

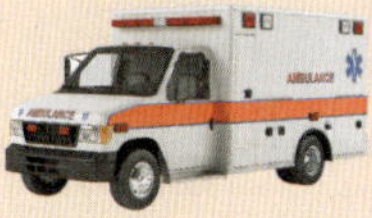

单词

[生病]

คุณหมอ
[khun1 - mor:5]
医生

แพ้ยา
[phe:4 - ya:1]
药物过敏

ทายา
[tha:1 - ya:1]
擦药

นางพยาบาล
[na:ng1 - pha1 ya:1 ba:n1]
护士

ฉีดยา
[chi:t2 - ya:1]
打针

พ่นยา
[phon3 - ya:1]
喷药

ผ่าตัด
[pha:2 - tat2]
开刀，动手术

ให้น้ำเกลือ
[hai3 - nam4 - kluea:1]
吊点滴

ค่ารักษาพยาบาล
[kha:3 - rak4 - sa:5 - pha1 ya:1 ba:n1]
医疗费

ค่ายา
[kha:3 - ya:1]
药费

ใบรับรองแพทย์
[bai1 - rap4 - ror:ng1 - phae:t3]
诊断证明书

ใบเสร็จ
[bai1 - set2]
收据

เวียนหัว
[wi:an1 - hua:5]
头晕

เป็นลม
[pen1 - lom1]
晕倒，昏倒

ไม่สบาย
[mai3 - sa2 ba:i1]
不舒服

อาการ
[a:1 - ka:n1]
病状

ไอ
[ai1]
咳嗽

เป็นหวัด
[pen1 - wat2]
感冒

มีไข้
[mi:1 - khai3]
发烧

ตัวร้อน
[tua:1 - ror:n4]
身体发烫

น้ำมูกไหล
[nam4 - muk3 - lai5]
流鼻涕

คัดจมูก
[khat4 - ja1 - mu:k2]
鼻塞

หายใจไม่ออก
[ha:i5 - jai1 - mai3 - or:k2]
呼吸困难

เจ็บ
[jep2]
疼痛

ปวด
[pua:t2]
酸痛

แสบร้อน
[sae:p2 - ror:n4]
刺痛

อักเสบ
[ak2 - se:p2]
发炎

หูอื้อ
[hu:5 - ue:3]
耳鸣

ท้องเสีย
[thor:ng4 - si:a5]
拉肚子，腹泻

ท้องอืด
[thor:ng5 - ue:t2]
消化不良

แพ้ (东西)	คัน	ช้ำ	ผื่นขึ้น
[phae:4 (东西)]	[khan1]	[cham4]	[phue:n2 - khuen3]
(东西) 过敏	痒	瘀青	起疹子

ความดันลูกตา	โรคความดันสูง	โรคเบาหวาน	หอบหืด
[khwa:m1 - dan1 - lu:k3 - ta:1]	[ro:k3 - khwa:m1 - dan1 - su:ng5]	[ro:k3 - bao1 - wa:n5]	[hor:p2 - hue:t2]
眼压	高血压	糖尿病	气喘

โดน (东西) บาด	แพลง / พลิก	เลือด	กรุ๊ปเลือด ~
[do:n1 (东西) ba:t2]	[phae:ng1] / [phik4]	[luea:t3]	[krup4 - luea:t ~]
被 (东西) 割伤	扭到	血液	血型 ~

อาหารเป็นพิษ	ภูมิคุ้มกัน	ลวก	กระดูกหัก
[a:1 - ha:n5 - pen1 - phit4]	[phu:m1 - khum4 - kan1]	[lua:k3]	[kra1 - du:k2 - hak2]
食物中毒	免疫系统	烫到	骨折

อาเจียน / อ้วก	ช็อก	[身体部位]	หัว / ศรีษะ
[a:1 - ji:an1] / [ua:k3]	[chor:k4]		[hua:5] / [si:5 - sa2]
呕吐	休克		头

ตา	คอ	มือ	หัวใจ
[ta:1]	[khor:1]	[mue:1]	[hua:5 - jai1]
眼睛	喉咙 / 脖子	手掌	心脏

ท้อง	ท้องน้อย	แขน	หน้าอก
[thor:ng4]	[thor:ng4 - nor:i4]	[khae:n5]	[na:3 - ok2]
肚子	小腹	手臂	胸部

กระเพาะ	ขา	หลัง	เอว
[kra1 - phor4]	[kha:5]	[lang5]	[e:o1]
胃	脚	背	腰

♪ 229

如何拨打国际电话

泰国的公共电话

泰国的公共电话分为可以拨打国外的和只能拨打本地的。又可以再分成投币式的和电话卡式的。电话卡式的公共电话，由几家不同公司发行，不同颜色代表不同公司，且一般电话卡不可通用。

拨打本地电话

在泰国拨打本地电话时，无论是用手机还是用电话，一律都要加区码，例如要打 02-234-5678。

拨打方式

| 拨号按 | 0-2-2-3-4-5-6-7-8 |

拨打国际电话

依次拨国家代码、地区码、电话号码。

可依照不同电信公司来选择拨打，会有更优惠的费率。

以拨打北京的电话 (010) 2345-7222 为例，拨打方式为：

086	10	23457222
国家码	地区号	电话号码

打给不同国家的国际电话费率不同

- 国际电话的费率，还要再加上 7% 的税。
- 费率越高者，通话品质越好。
- 拨打时若手机显示"+"符号，如中国的号码 +0086-0911-222-333，没有按国际代码而直接拨打的话，将依照电信业者预设的国际码，通常会比较贵。因此建议先去掉"+"，然后补上国际代码。
- 如果需确认最新的费用，可查询电信公司的网站，或询问柜台服务人员。

泰国就医、报案资讯

不怕一万，只怕万一，碰到紧急状况时，需知道如何求救与自保。

紧急求救时

旅游警察
拨打 1155
曼谷以外地区，
限用市话拨打

紧急求救电话
拨打 1599，123，191

紧急医疗（泰国全国）
拨打 1669

紧急医疗（曼谷）
拨打 1646

消防
拨打 199

紧急求救电话打不进去时，如果刚好身边有当地人，可以这样询问附近的派出所电话号码："คุณรู้เบอร์โทรของโรงพักแถวนี้ไหมคะ" [khun1 - ru:4 - boe:1 - tho:1 - khor:g5 - ro:ng1 - phak4 - thae:o5 - ni:4 - mai5 - kha4]

或找当地人帮忙，询问派出所的电话号码：

"คุณช่วยดูสติ๊กเกอร์บนตู้โทรศัพท์ให้หน่อยค่ะ ว่ามีเบอร์โทรโรงพักไหม"
[khun1 - chuai3 - du:1 - sa2 tik4 koe:3 - bon1 - tu:3 - tho:1 ra1 sap2 - hai3 - nor:i2 - kha3 - wa:3 - mi:1 - boe:1 - tho:1 - ro:ng1 - phak4 - mai5]

如果你不会泰语，不知道该怎么描述紧急状况的话，可以在接通后先说

"ฉันมาจากฮ่องกง พูดไทยไม่ได้ คุณพูดจีนได้ไหมคะ"
[chan5 - ma:1 - ja:k2 - hor:ng3 - kong1 - phu:t3 - thai1 - mai3 - dai3 - khun1 - pu:t3 - ji:n1 - dai3 - mai5 - kha4]

表示自己来自中国香港，不会说泰文，询问对方是否会讲中文，以便争取救援时间。

接受医疗服务

一般外籍人士的医疗费用，因为没有当地社保，费用会比较高，如果身上带的现金不够，通常可以刷卡支付。但要事先和医护人员交代清楚，请他们开英文的证明文件，回国后可向相关单位或保险公司申请理赔。

考虑到沟通问题，可寻求中国驻泰国使领馆帮助。

紧急求救资讯

中国驻泰国大使馆

中国驻泰国大使馆	
地址	57 Ratchadaphisek Road, Bangkok 10400, Thailand
电话	0066-2-24500800
网址	http://www.chinabassy.org/chn

领事保护：0066-8548（24小时值班电话）

外交部"全球领事保护与服务应急呼叫24小时热线电话"：0086-10-12308

如果中国人在泰国遇到人身安全受侵害等紧急情况，可以拨打全球领事保护热线电话，拨通号码后可以按"0"再按"9"直转人工服务。

看完了整本书,对于泰国是不是有更多向往,对于泰国之旅是不是有更多期待呢?动手写下你想去的地点、想吃的东西、想玩的景点吧!

[想去的地点]

地　　点:＿＿＿＿＿＿＿＿＿＿＿　　　地　　点:＿＿＿＿＿＿＿＿＿＿＿

地　　址:＿＿＿＿＿＿＿＿＿＿＿　　　地　　址:＿＿＿＿＿＿＿＿＿＿＿

交通方式:＿＿＿＿＿＿＿＿＿＿＿　　　交通方式:＿＿＿＿＿＿＿＿＿＿＿

地　　点:＿＿＿＿＿＿＿＿＿＿＿　　　地　　点:＿＿＿＿＿＿＿＿＿＿＿

地　　址:＿＿＿＿＿＿＿＿＿＿＿　　　地　　址:＿＿＿＿＿＿＿＿＿＿＿

交通方式:＿＿＿＿＿＿＿＿＿＿＿　　　交通方式:＿＿＿＿＿＿＿＿＿＿＿

地　　点:＿＿＿＿＿＿＿＿＿＿＿　　　地　　点:＿＿＿＿＿＿＿＿＿＿＿

地　　址:＿＿＿＿＿＿＿＿＿＿＿　　　地　　址:＿＿＿＿＿＿＿＿＿＿＿

交通方式:＿＿＿＿＿＿＿＿＿＿＿　　　交通方式:＿＿＿＿＿＿＿＿＿＿＿

[想吃的东西]

名　　称：＿＿＿＿＿＿＿＿＿＿　　　名　　称：＿＿＿＿＿＿＿＿＿＿

店　　名：＿＿＿＿＿＿＿＿＿＿　　　店　　名：＿＿＿＿＿＿＿＿＿＿

特殊要求：＿＿＿＿＿＿＿＿＿＿　　　特殊要求：＿＿＿＿＿＿＿＿＿＿

[想玩的景点]

地　　点：＿＿＿＿＿＿＿＿＿＿　　　地　　点：＿＿＿＿＿＿＿＿＿＿

地　　址：＿＿＿＿＿＿＿＿＿＿　　　地　　址：＿＿＿＿＿＿＿＿＿＿

交通方式：＿＿＿＿＿＿＿＿＿＿　　　交通方式：＿＿＿＿＿＿＿＿＿＿

费　　用：＿＿＿＿＿＿＿＿＿＿　　　费　　用：＿＿＿＿＿＿＿＿＿＿

泰语字母 → 辅音表

ก ไก่ 鸡 [kai2] 中	ข ไข่ 蛋 [khai2] 高	ฃ ฃวด 瓶子 [khua:t2] 高	ค ควาย 水牛 [khwa:i1] 低	ฅ ฅน 人 [khon1] 低
ฆ ระฆัง 钟 [ra1 khang1] 低	ง งู 蛇 [ngu:1] 低	จ จาน 盘子 [ja:n1] 中	ฉ ฉิ่ง 钹 [ching2] 高	ช ช้าง 大象 [cha:ng4] 低
ซ โซ่ 铁链 [so:3] 低	ฌ เฌอ 树 [choe:1] 低	ญ หญิง 女性 [ying5] 低	ฎ ชฎา [cha1 da:1] 传统舞帽 中	ฏ ปฏัก 矛 [pa1 tak2] 中
ฐ ฐาน 坛 [tha:n5] 高	ฑ มณโฑ [mon1 tho:1] 曼度陀女 低	ฒ ผู้เฒ่า [phu:3 thao3] 老者 低	ณ เณร 沙弥 [ne:n1] 低	ด เด็ก 小孩 [dek2] 中
ต เต่า 乌龟 [tao2] 中	ถ ถุง 袋子 [thung5] 高	ท ทหาร 军人 [tha1 ha:n5] 低	ธ ธง 旗子 [thong1] 低	น หนู 老鼠 [nu:5] 低
บ ใบไม้ 叶子 [bai1 mai4] 中	ป ปลา 鱼 [pla:1] 中	ผ ผึ้ง 蜜蜂 [phueng3] 高	ฝ ฝา 盖子 [fa:5] 高	พ พาน [pha:n1] 高脚盘 低
ฟ ฟัน 牙齿 [fan1] 低	ภ สำเภา [sam5 phao1] 中国帆船 低	ม ม้า 马 [ma:4] 低	ย ยักษ์ 夜叉 [yak4] 低	ร เรือ 船 [ruea:1] 低
ล ลิง 猴子 [ling1] 低	ว แหวน 戒指 [wae:n5] 低	ศ ศาลา 凉亭 [sa:5 la:1] 高	ษ ฤาษี 隐士 [rue:1 si:5] 高	ส เสือ 老虎 [suea:5] 高
ห หีบ 木箱 [hi:p2] 高	ฬ จุฬา [ju1 la:1] 一种风筝 低	อ อ่าง 盆子 [a:ng2] 中	ฮ นกฮูก [nok1 hu:k3] 猫头鹰 低	

版权专有 侵权必究

图书在版编目（CIP）数据

走吧！一起用泰语去旅行！/ 璟玟著.—北京：北京理工大学出版社，2019.7
ISBN 978-7-5682-7232-2

Ⅰ.①走… Ⅱ.①璟… Ⅲ.①泰语—口语—自学参考资料 Ⅳ.①H412.94

中国版本图书馆CIP数据核字（2019）第135021号

北京市版权局著作权合同登记号图字：01-2017-2398
简体中文版由我识出版社有限公司授权出版发行
走吧！一起用泰语去旅行！，璟玟著，2016年，初版
ISBN：9789869267854

出版发行 /	北京理工大学出版社有限责任公司
社　　址 /	北京市海淀区中关村南大街5号
邮　　编 /	100081
电　　话 /	（010）68914775（总编室）
	（010）82562903（教材售后服务热线）
	（010）68948351（其他图书服务热线）
网　　址 /	http://www.bitpress.com.cn
经　　销 /	全国各地新华书店
印　　刷 /	河北鸿祥信彩印刷有限公司
开　　本 /	850毫米×1168毫米　1/32
印　　张 /	7.75
字　　数 /	214千字
版　　次 /	2019年7月第1版　2019年7月第1次印刷
定　　价 /	36.00元

责任编辑 / 潘　昊
文案编辑 / 潘　昊
责任校对 / 周瑞红
责任印制 / 李志强

图书出现印装质量问题，请拨打售后服务热线，本社负责调换